中国社科

科技风险型邻避冲突
生成机理与治理变革

张海柱◎著

光明日报出版社

图书在版编目（CIP）数据

科技风险型邻避冲突：生成机理与治理变革 ／ 张海柱著. --北京：光明日报出版社，2024.6. -- ISBN 978－7－5194－8071－4

Ⅰ．F204

中国国家版本馆 CIP 数据核字第 20241JS197 号

科技风险型邻避冲突：生成机理与治理变革
KEJI FENGXIANXING LINBI CHONGTU: SHENGCHENG JILI YU ZHILI BIANGE

著　　者：张海柱	
责任编辑：杨　娜	责任校对：杨　茹　李佳莹
封面设计：中联华文	责任印制：曹　净

出版发行：光明日报出版社

地　　址：北京市西城区永安路 106 号，100050

电　　话：010-63169890（咨询），010-63131930（邮购）

传　　真：010-63131930

网　　址：http://book.gmw.cn

E － mail：gmrbcbs@ gmw．cn

法律顾问：北京市兰台律师事务所龚柳方律师

印　　刷：三河市华东印刷有限公司

装　　订：三河市华东印刷有限公司

本书如有破损、缺页、装订错误，请与本社联系调换，电话：010-63131930

开　　本：170mm×240mm	
字　　数：245 千字	印　　张：15
版　　次：2025 年 1 月第 1 版	印　　次：2025 年 1 月第 1 次印刷
书　　号：ISBN 978－7－5194－8071－4	
定　　价：95.00 元	

版权所有　　翻印必究

目 录
CONTENTS

第一章 导论 科技风险与邻避研究的新视野 ········· 1
 第一节 研究问题与价值 ········· 2
 第二节 邻避研究的学术脉络 ········· 7
 第三节 研究视角与理论资源 ········· 28
 第四节 研究思路与方法 ········· 34

第二章 从工业社会到风险社会：邻避冲突的现代性背景 ········· 38
 第一节 工业现代化及其结构性基础 ········· 39
 第二节 反身性现代化与风险社会的形成 ········· 47
 第三节 中国风险社会与现代邻避冲突 ········· 57

第三章 风险分配与生产：邻避冲突的生成根源 ········· 63
 第一节 风险分配不正义：邻避冲突的伦理维度 ········· 63
 第二节 从风险分配到风险生产：邻避冲突的再审视 ········· 73
 第三节 认知不正义：邻避冲突的深层根源 ········· 81

第四章 风险抗争：邻避冲突中的公众抗争 ········· 87
 第一节 风险抗争：理解邻避抗争的概念框架 ········· 87
 第二节 风险呈现：垃圾焚烧冲突中的风险论争 ········· 93
 第三节 风险隐匿：基站冲突中的策略化抗争 ········· 110
 第四节 风险抗争的社会政治效应 ········· 123

第五章　技术治理：邻避冲突的政府治理范式 ········ 127
第一节　技术治理的兴起及其理论逻辑 ········ 127
第二节　现代国家治理中的技术治理机制 ········ 135
第三节　科技风险型邻避冲突的技术治理 ········ 140

第六章　科学不确定性：邻避冲突技术治理的内在困境 ········ 152
第一节　科学不确定性的内涵与来源 ········ 152
第二节　邻避冲突中的科学不确定性问题 ········ 159
第三节　科学不确定性背景下的邻避治理困境 ········ 166

第七章　民主治理：基于知识民主的邻避治理新范式 ········ 175
第一节　民主治理：邻避治理的"反身性"范式 ········ 175
第二节　风险理性：邻避冲突民主治理的理性基础 ········ 188
第三节　包容性审议：邻避冲突民主治理的实践模式 ········ 199
第四节　认知正义：邻避冲突民主治理的伦理原则 ········ 209
第五节　信任重建：邻避冲突民主治理的目标诉求 ········ 216

结　语　走向合作：风险社会中的秩序重构 ········ 222

参考文献 ········ 225

第一章

导论 科技风险与邻避研究的新视野

对二甲苯（paraxylene）是一种有机化合物，分子式为 C_8H_{10}，是重要的芳烃产品之一，主要用于制备对苯二甲酸（PTA）以及对苯二甲酸二甲酯（DMT），进而生产聚对苯二甲酸乙二醇酯（PET），还可用作溶剂以及作为医药、香料、油墨等的生产原料，用途广泛。[①]

以上对"对二甲苯"这一化学品的专业性描述可能很难引起普通公众以及人文社科研究者的兴趣，甚至难以被"外行"理解。然而，如果谈起该化学品的简称"PX"，可能很多人会立刻恍然大悟，"原来这就是PX"！2007年厦门PX事件的发生揭开了我国后续多地反对PX项目建设事件的序幕，甚至使许多人到了"谈PX色变"的地步。同时，厦门PX事件的重要意义还在于，它使"邻避"这一专业概念开始进入公众视野，"邻避冲突"作为一种特定的环境或社会冲突类型也开始成为国内学界近年来研究的重要领域。正是在此意义上，有媒体将厦门PX事件称为"中国邻避运动的开始"[②]。

在以PX事件为代表的邻避冲突中，部分公众声称的PX具有"剧毒性"或"致癌性"是冲突产生的直接原因。这一现象在很大程度上意味着，人们与PX所代表的工业制品以及相关生产设施、技术装置或工厂项目等"技术物"（technical artifacts）的关联发生了新的变化。普通人不再仅仅作为技术物的消费者或受益者而与之发生关联，相反也可能因技术物带来的风险（潜在的负面安全影响）而与之发生关联。邻避冲突的发生正是这种"人"与"物"间新的关联的

[①] 摘自百度百科"对二甲苯"词条，查询时间：2022年9月27日。
[②] 谢良兵. 厦门PX事件：中国邻避运动的开始 [J]. 中国新闻周刊, 2013 (6)：78-79.

集中呈现。有鉴于此，以科技应用之"风险"为切入点来考察邻避冲突问题，不仅成为可能，而且十分必要。

第一节 研究问题与价值

一、研究对象与问题

科学技术是传统社会向现代社会转型中的重要助推力量，也是"人类社会与它所依赖的生态环境系统之间最重要的联系"[1]。不过科学技术积极作用的发挥很大程度上有赖于相关制度体系对其进行引导、调试甚至控制。在现代社会中，科技创新的速度在日益提升，并逐渐"超过了社会能够设计出新的补充性制度的速度"[2]。在此情况下，科技的快速发展及其应用必然会对生态环境或人体健康造成潜在的"副作用"。随着这种副作用变得"日益全球化"，它成为德国学者乌尔里希·贝克（Ulrich Beck）所提出的"风险社会"理论的重要主题，"从现代化进程的自反性角度来看，生产力丧失了其清白无辜的面目"，"技术—经济的'进步'带来的力量，日益为风险生产的阴影所笼罩"[3]。风险社会理论的另一位重要学者安东尼·吉登斯（Anthony Giddens）同样关注"'生产力'拓展所具有的大规模毁灭物质环境的潜力"[4]。不同于传统社会因自然因素造成的传统风险（例如洪涝风险、地震风险等），吉登斯指出现代风险主要是一种"人造风险"，它们来源于科学与技术不受限制的推进所造成的"新的不确定性"[5]。

随着民众风险意识与权利观念的觉醒，他们必然会对这种科技"副作用"做出反应，由此产生了各种风险论争或抗争行动。其中，在特定科技工业设施（例如化工厂、核电站、垃圾焚烧厂、通信基站等）的选址建设过程中，当地居

---

[1] 王芳. 不确定性与脱嵌：环境风险生成中的科技失灵 [J]. 华东理工大学学报（社会科学版），2016（4）：1.
[2] JUMA C. Innovation and Its Enemies: Why People Resist New Technologies [M]. New York: Oxford University Press, 2016：12.
[3] 贝克. 风险社会 [M]. 张文杰，何博闻，译. 南京：译林出版社，2018：7.
[4] 吉登斯，皮尔森. 现代性的后果 [M]. 田禾，译. 南京：译林出版社，2000：7.
[5] 吉登斯. 现代性：吉登斯访谈录 [M]. 尹宏毅，译. 北京：新华出版社，2000：195.

民基于风险忧虑甚至恐惧而提出了"不要在我家附近"的诉求,这被称为"邻避"（Not In My Backyard, NIMBY）现象①。

尽管现实中邻避冲突的发生往往是多重因素交织互动下的结果,然而只要对相关冲突事件进行简单考察即可发现,地方居民的质疑或反对往往起源于特定科技应用的潜在危害或风险后果。例如在前述PX事件中,这种风险后果主要体现为部分公众所认为的PX这一化学品自身的危害性;在反对垃圾焚烧项目的邻避事件中,这种风险后果主要体现为垃圾焚烧过程中产生的二噁英等物质的危害性;在反对核电项目的邻避事件中,这种风险后果主要体现为核辐射引发的严重的短期与长期危害;而在反对通信基站建设的邻避事件中,这种风险后果则主要体现为基站电磁辐射引发的潜移默化中的健康危害。在这些邻避冲突事件中,公众的反对或抗争行动在很大程度上体现为他们在与科技应用过程或技术物发生遭遇时的风险规避行为。

需指出的是,现实邻避冲突中居民抗议的对象范围更为广泛（例如医院、公墓、精神病院、养老院、高速公路、机场等）,其中很多抗议对象并不涉及科学技术的应用及其负面后果问题,因此不属于本研究的讨论范围。本研究所关注的主要是各类具有潜在环境或健康危害的科技工业设施,这可以称为"科技风险型邻避设施",由此产生的邻避冲突则可以称为"科技风险型邻避冲突"。

本研究的考察对象"科技风险型邻避冲突",特指具有科技风险属性的工业设施或工程项目选址建设所引发的群体性冲突。如前所述,"科技风险型邻避冲突"的概念无法涵盖所有的邻避冲突现象,就此而言,本研究所考察的是一种特殊的邻避冲突类型。然而,如果将邻避冲突置于现代社会情境中加以考察的话,则会发现作为一种"现代性危机"表征的邻避冲突多根源于科技风险问题。例如在我国近年来发生的各类邻避冲突事件中,PX项目、垃圾焚烧与核电项目最具典型性,这些均涉及特定的争议性科技风险议题。因此可以说,当前时期

---

① 英文NIMBY的直译是"不要在我家后院",不过在中国社会语境中并不存在"后院"的概念,因此本研究将其替换为更广泛意义上的"附近",只要因科技工业设施或工程项目的选址建设而引发附近居民的反对或冲突均可以称为邻避冲突。而且,本研究不对NIMBY与其他相关概念例如LULU（Locally Unwanted Land Use,地方不期望的土地利用）、NIABY（Not In Anybody's Backyard,不要在任何人的后院）、BANANA（Build Absolutely Nothing at All Near Anybody,建设时绝对不要靠近任何人）等进行严格区分,而是将该概念用于指称一般意义上的选址冲突。

人们所关注或讨论的"邻避冲突"现象，在很大程度上已经成为现代性情境中科技风险所引发的群体焦虑与社会矛盾的缩影。在此意义上，本研究所考察的"科技风险型邻避冲突"已经不仅仅是众多邻避冲突类型中的"其中之一"，还可以指称较为普遍意义上的现代邻避冲突现象。这也是本研究选择以科技风险作为切入点来考察邻避冲突问题的重要原因。

在明确了研究对象的基础上，本研究想要具体探究的是，科技风险是如何引发邻避冲突的，以及如何打破"一建就闹、一闹就停"的困局进而实现邻避冲突的有效治理。对这些问题的回答关键在于对科技风险引发邻避冲突的生成演化机理进行系统性研究，而这一生成演化过程又涉及多重因素间的复杂互动。因此本研究的展开又具体涉及对以下"次级"问题的解答：邻避设施及其选址所涉及的科技风险自身是如何生成的？这些科技风险是如何向社会领域进行传导的？地方居民或普通公众在遭遇科技风险时是如何进行抗争的？政府部门又是如何应对科技风险以及公众邻避抗争的？政府的传统应对或治理模式在科技风险情境中面临着怎样的困境？如何经由治理理念或范式的转换走出邻避治理的困境？

近年来，邻避冲突事件在我国各地频频发生，有媒体指出我国已经进入"邻避时代"[①]。在此背景下，邻避问题成为近十多年来国内学界研究的热点议题。不过，现有研究多将邻避冲突置于城市化进程中进行考察，[②] 对其中的利益冲突、权利冲突等问题进行了大量讨论，然而对冲突中所涉及的科技风险问题（以及与此相关的认知冲突或知识冲突）的关注则明显不足。也有许多研究关注邻避冲突中的环境冲突或环境风险问题，[③] 由此实现了对邻避冲突生成原因更为深入的挖掘，然而如果单纯将环境风险作为邻避冲突分析的逻辑起点的话，则可能忽视了环境风险背后更为深层次的根源。

事实上，有别于传统社会自然灾害对生态环境造成的冲击（例如洪涝风险、地震风险等），现代社会中的环境风险大多来自人类高度发达的科学技术及其应用，是一种新型的现代性风险。这种环境风险的实质是知识（特别是科学知识

---

① 王琳. 走出"一闹就停"的"邻避时代"[N]. 新京报, 2014-09-19 (3).
② 王佃利. 邻避困境：城市治理的挑战与转型[M]. 北京：北京大学出版社, 2017.
③ 郭巍青, 陈晓运. 风险社会的环境异议：以广州市民反对垃圾焚烧厂建设为例[J]. 公共行政评论, 2011 (1): 95-121.

或专业知识）的不确定性所引发的科技风险作用于生态环境以及人类健康领域的结果。正因如此，长期以来围绕环境风险议题的社会论争或冲突往往聚焦于特定领域的科技风险论争。就此而言，对邻避冲突中环境相关议题的研究也不应忽视科技风险问题。

总之，在现代社会不断出现的各类邻避冲突事件中，我们往往能够发现科技风险的"在场"，而对科技风险问题的发现和重视在很大程度上拓展了邻避冲突研究的对象范围。更重要的则是，当我们选择将科技风险作为逻辑起点来考察邻避冲突时，事实上是将这种社会冲突置于科技与社会系统互动的宏观背景下进行考察，这有助于为邻避冲突研究打开新的视野。而通过引入科技风险研究以及科学技术与社会研究的相关理论，可以为邻避冲突研究提供新的问题意识、理论视角或分析工具，进而更为深入地理解现代邻避冲突的深层根源与生成演化逻辑，并由此为邻避冲突的长效治理奠定知识基础，这正是本研究的主要目的和预期目标。

二、选题研究价值

一般而言，一项学术研究的主要价值应当体现在"学术累积"和"社会发展"两个方面。前者是指它在"研究方向、研究方法、论证逻辑体系或研究基本结论"上，能够对已有研究进行补充或修正；后者则是指它应当能够体现出"对现实社会问题的理性关怀"，要能够生产出有助于改善现实实践的"有用知识"。① 就此而言，本研究作为一项基础性研究与理论研究，主要目的在于为邻避研究提供新的切入点、视角或研究方向，以期对邻避冲突的产生根源与生成演化机理提出新的解释。同时，尽管本研究的定位并不属于应用性或对策性研究，并不以对中国邻避冲突整体状况的系统性调查以及提出具有可操作性的邻避冲突化解对策为直接目标，但是基础理论研究所生产出的"知识"也意在回应现实冲突问题，推动邻避治理理念、范式与实践模式的变革，这也是本研究的基本意图。

具体来说，本研究的理论价值主要包括四方面。第一，本研究提出了"科

---

① 于建嵘. 岳村政治：转型期中国乡村政治结构的变迁 [M]. 北京：商务印书馆，2001：12.

技风险型邻避冲突"这一新的研究概念,这既体现为一种新的研究对象,也可以视为邻避研究中新的研究视角和切入点,从而有助于进一步拓展邻避研究的学术视野。第二,将邻避冲突置于现代性情境中进行考察,并且以科技风险作为解释邻避冲突的逻辑起点,有助于更深入地探究邻避冲突背后的深层次根源,更全面地理解邻避冲突的发生机理和演化路径。第三,邻避冲突往往涉及科技与社会的复杂互动,是多重风险共生演化的结果,而对科技与社会风险等问题的研究分散于不同学科中,彼此之间的交流或借鉴不足。本研究则力求实现学科视阈的整合,通过吸纳社会学、政治学、科学社会学等多个学科的知识,共同构建邻避研究的分析框架,从而深化对邻避冲突的理解。第四,将"科技风险"与"邻避冲突"进行关联,除了能够为邻避冲突研究打开新的研究视野外,也能够为科技风险问题研究提供新的经验考察场景。邻避冲突作为科技风险生成演化及其社会传导下的结果,对这种社会冲突现象的系统性考察能够帮助我们理解科学技术与社会的复杂关系,社会公众面对科技风险时的认知、经验与行为倾向,以及科技风险生成与扩散过程中政府、专家与公众的复杂关系等问题,从而为科技风险相关理论命题提供现实经验支撑。

  本研究的现实价值主要体现在两方面。第一,本研究意在为邻避冲突的有效治理提供新的思路。近年来邻避冲突事件在我国许多地方接续发生,已经成为我国地方社会稳定的严重隐患,科技风险型邻避冲突则是其中的重要类型,对此政府部门尚缺乏有效的治理机制,甚至陷入了"一建就闹、一闹就停"的困局。本研究致力于考察科技风险型邻避冲突的生成演化机理,以及当前政府应对或治理模式的误区与面临的困境,进而从科技风险治理与邻避治理范式转换的角度为政府部门从源头上防范化解邻避冲突提供对策建议。第二,本研究对邻避冲突场景中科技风险问题的考察也有助于为我国科技发展及其风险治理改革提供一些借鉴。具体来说,以科技工业设施或工程项目选址建设为抗议对象的邻避冲突的不断发生不仅阻碍了地方产业的发展,而且在一定程度上会影响到国家科技战略的顺利实施。本研究关注科技应用对社会领域造成的潜在风险及其治理问题,有助于全面认识与协调不同主体对科技风险的认知及反应,并增进对现代科技发展取向的反思,从而更好地促进国家高科技产业发展战略的实现。

第二节 邻避研究的学术脉络

"邻避"（NIMBY）与西方20世纪70年代兴起的环境运动密切相关，西方邻避研究也在70年代后期逐渐出现。① 就我国而言，邻避研究也是伴随着邻避冲突现象的出现而逐渐展开。我国台湾地区学者在20世纪90年代较早进行了相关研究②，大陆学者的研究则始于2006年③。自2007年厦门PX事件后，许多地方接续出现邻避冲突事件，从而推动邻避研究在近十多年中迅速成为国内社会科学相关学科的研究热点，较短时间内积累了丰富的研究成果。

就本研究而言，以科技风险为切入点考察邻避冲突问题，在很大程度上是在现有研究基础上进行进一步开拓的一种尝试。因此为了更好地理解本研究在整个邻避研究脉络中的"位置"及其理论价值，首先需要对现有研究状况进行大致梳理。下文将依照研究范围收缩与主题聚焦的思路，分别梳理邻避冲突研究的整体状况、邻避研究中的"风险"议题以及邻避研究中的"科技风险"问题，以求清晰呈现该领域研究的学术脉络。

一、邻避研究的多元视角与主题

作为社会冲突的一种特定类型，"邻避冲突"常被置于不同的学术范畴内进行考察，例如"环境抗争""群体性事件""环境运动""抗争政治"等。总体来讲，西方学界除了使用NIMBY概念外，较多地使用"选址冲突"（siting conflict）等概念。④ 而在中文学术界，由于将NIMBY译为"邻避"同时具有音译和意译的双重效果，因此推动了该概念的流行和普遍采用。但也有一些研究选择使用了其他相关概念，例如，除了前述概念外，一些学者还会直接使用"反

---

① O'HARE M. Not on My Block You Don't: Facility Siting and The Strategic Importance of Compensation [J]. Public policy, 1977, 24 (4): 405-413.
② 李永展. 邻避症候群之解析 [J]. 都市与计划, 1997 (1): 69-79.
③ 何艳玲. "邻避冲突"及其解决: 基于一次城市集体抗争的分析 [J]. 公共管理研究, 2006 (1): 93-103.
④ BOHOLM A, LOFSTEDT R. Facility Siting: Risk, Power and Identity in Land Use Planning [M]. London: Earthscan, 2004.

对XX（某一项目或设施）事件"的表述方式①。

邻避冲突涉及经济、社会、环境、政治、文化等众多领域，相关研究也呈现出了多元视角、方法与主题并存的复杂景观。本部分选择从研究视角和研究主题两个方面对现有研究进行梳理。其中所谓的"视角"是指不同学科或不同学者在考察邻避冲突现象时所持有的理论立场、分析角度或切入点。不同视角选择意味着对邻避冲突现象的某一属性进行的选择性强调，并由此可能形成对邻避冲突现象的不同解释。而所谓的"主题"即是研究者意在解答的具体问题，例如邻避冲突的产生根源、邻避冲突的演化逻辑以及邻避冲突的治理途径等。当然，就一项具体研究而言，可能同时涉及多个视角或者涵盖多个主题，同时特定研究视角与主题之间也可能存在交叉，由此体现了当前邻避研究的复杂状况。

（一）邻避冲突研究的多元视角

现实邻避冲突涉及的范围、领域与类型较为广泛，但是总体而言，近年来屡屡发生的邻避冲突多发生在城市区域，且多涉及生态环境议题。因此现有研究多将邻避冲突置于城市化或环境冲突的现实背景下进行考察，这也构成了邻避冲突生成演化所置于其中的两大实践场景。而在这两大实践场景下，众多研究者从不同角度展开了对邻避冲突的研究，其研究切入点和侧重点多有所不同。例如从学科视角来看，现有研究主要涉及经济学视角（例如利益冲突、利益博弈）、心理学视角（例如焦虑情绪、邻避情结）、社会学视角（例如抗争行动、社会运动、社会信任）、政治学或公共管理学视角（例如政府决策、公众参与、协商民主、危机或冲突管理）、伦理学视角（例如环境正义、分配正义、公共价值）、传播学视角（例如媒介传播、网络舆情、谣言）甚至地理学视角（例如空间规划）等。当然随着跨学科研究的不断开展，上述学科视角间的交叉也日益显著。总体而言，结合学科属性以及研究切入点的具体选择，现有研究涉及的主要研究视角可以归纳为以下多个方面。②

---

① 陈晓运. 去组织化：业主集体行动的策略——以G市反对垃圾焚烧厂建设事件为例[J]. 公共管理学报，2012（2）：67-75.
② 本部分对邻避冲突研究视角的梳理没有涉及"风险"相关视角，这些将在后文另行梳理。

1. 利益冲突视角

邻避冲突涉及不同类型或主体间的利益冲突，而抗争主体往往提出明确的利益诉求，这是早期研究认为的邻避冲突最为显著的特征。这种利益冲突的产生很大程度上源于邻避设施自身的属性，例如最早研究邻避问题的西方学者米歇尔·欧海尔（Michael O'Hare）即指出，邻避设施的兴建"能够带来整体的社会利益，但是对周围居民会产生负面影响"[1]。罗伯特·莱克（Robert Lake）进一步指出，邻避设施作为公共设施本身为社会所必需，但是其外部性会对地方造成不良影响，由此产生"自私的地方狭隘主义阻碍社会公益实现的可能"[2]。在这种"公益—私利"冲突的认知立场下，地方居民的反对或抗争已经不仅仅被视为维护自身利益的体现，而且往往被贴上"自私自利"的负面标签。在对中国邻避冲突的解释中，有研究者甚至提出"私民社会"的概念以凸显个人利益取向在公众抗争行动中的主导性作用。[3] 同时也正是由于对这种"公益—私利"冲突的认定，对设施周边的居民进行一定的利益补偿被视为换取其"同意"的重要手段。[4] 此外，从主体角度看，邻避冲突中的利益冲突还体现为地方居民与企业、政府等主体间的利益分歧，多元主体间的复杂利益博弈贯穿了整个冲突过程，因此一些研究也从利益结构或演化博弈等角度进行了研究。[5]

2. 社会心理视角

邻避既是一种行为，也是一种态度或社会心态，是部分公众对邻避设施的"厌恶""质疑""忧虑"甚至"恐惧"的心理或情绪性反应。因此许多学者选择从心理学特别是社会心理学角度来考察邻避态度或邻避情结的形成与影响问题。例如赫伯特·因哈珀（Herbert Inhaber）即指出邻避情结是"对于不喜欢或

---

[1] O'HARE M. Not on My Block You Don't: Facility Siting and the Strategic Importance of Compensation [J]. Public policy, 1977, 24 (4): 410.
[2] LAKE R. Rethinking NIMBY [J]. Journal of the American Planning Association, 1993, 59 (1): 89.
[3] 郎友兴, 薛晓婧. "私民社会": 解释中国式"邻避"运动的新框架 [J]. 探索与争鸣, 2015 (12): 40.
[4] 黄峥. 金钱、公园还是养老保障: 邻避设施的补偿效应研究 [J]. 中国行政管理, 2017 (10): 108-113.
[5] 康伟, 杜蕾. 邻避冲突中的利益相关者演化博弈分析: 以污染类邻避设施为例 [J]. 运筹与管理, 2018 (3): 82-92.

厌恶性的公共设施所产生的排斥性心理",并具有强烈的破坏性。[1] 就此而言,邻避情结很大程度上也是一种消极或负面的心理倾向,是对邻避设施的误解或对私利的过分追逐。在这方面,一些学者甚至以"邻避症候群"(NIMBY syndrome)的概念来描述地方居民的反对心态或行为,[2] 此时居民的反对已经不仅仅是"非理性"的体现,而且在一定程度上呈现出"病态"特征。在对公众邻避心理进行界定的基础上,一些研究进一步考察了该种心理的形成过程,例如有研究将其划分为风险判断、心理失衡与信任缺失三个阶段[3]。何艳玲的研究中则更细致地考察了地方居民在面对邻避设施时是如何经历了由"不怕"到"我怕"的转变的,她分析指出"我怕"心理"虽然是风险社会中个体焦虑的典型反映,但它在更大范围上则体现为政府、经济集团和科学家这一专家共同体面对的信任危机"[4],由此深化了对邻避心理的认识。此外也有一些研究从更为微观的人性假设的角度来解释公众邻避心理的形成,例如有研究分别从"经济人""政治人""社会人"假设出发来解释公众参与邻避冲突的心理动机[5],也有学者提出"敏感人"假设以更为针对地解释邻避冲突中民众的心理和行为属性[6]。

3. 公民权利视角

除了对邻避冲突中地方居民行为的负面评价外,还有许多研究从积极的角度看待居民抗争行为,其中最具代表性的是公民权利视角,认为邻避设施的建设在某种程度上会损害地方居民的合法权利,因此公众抗争是针对自身合法权利的观念彰显与维护的体现。具体来说,公民权利涉及多个方面,其中最典型的是环境权,这是由于邻避设施往往具有污染性,会损害当地的生态环境。而无论是西方还是我国,随着现代环境观念的发展,公众基于环境权提出各种正

---

[1] INHABER H. Slaying the NIMBY Dragon [M]. New Brunswick:Transaction Publishers,1998:12.
[2] 李永展. 邻避症候群之解析 [J]. 都市与计划,1997(1):69-79.
[3] 刘晶晶. "不要建在我家后院"的心理形成过程及启示 [J]. 领导科学,2014(12):8-10.
[4] 何艳玲,陈晓运. 从"不怕"到"我怕":"一般人群"在邻避冲突中如何形成抗争动机 [J]. 学术研究,2012(5):62.
[5] 赵小燕. 邻避冲突参与动机及其治理:基于三种人性假设的视角 [J]. 武汉大学学报(哲学社会科学版),2014(2):36-41.
[6] 胡象明,刘浩然. "敏感人":一项分析邻避效应的人性假设 [J]. 理论探讨,2017(1):127-132.

当诉求的行为日益普遍，邻避冲突即是一种典型体现。除环境权外，与此紧密相关的健康权、经济权也多成为抗争居民的主要诉求。其中经济权主要涉及产权问题，这既可能是因为邻避设施选址涉及土地规划利用问题从而引起拥有土地产权的居民的异议，也可能是因为邻避设施建设使得居民房屋等财产贬值而引发争议。此外，邻避冲突中的公民权利还涉及政治权利问题，主要体现为普通公众在邻避选址决策中的参与权问题，政府与专家对决策过程的垄断以及对普通公众的排斥被视为邻避冲突的重要根源。在此基础上，针对邻避冲突涉及的环境或科技议题，一些学者进一步提出要保障抗争居民的"环境公民权"[1]或"科技公民权"[2]，从而使该领域的讨论更为细致深入。

4. 公众参与视角

如前所述，在对邻避冲突中公民权利的讨论中，政治权利或参与权问题是其中的重要构成，而事实上从公众参与角度进行的邻避研究已经成为学界特别是国内学界最为热门的研究领域之一。现有研究在公众参与邻避设施选址相关决策的必要性问题上已经存在较大共识，在此基础上许多学者进一步思考了如何完善参与模式或机制、拓展公众参与的范围和程度等问题。例如有研究指出中国情境下公民参与的制度选择倾向于采取法团主义模式[3]，这与西方国家可能存在差异。在公众参与的具体方式上，一些学者倡导将协商式民意调查、共识会议等机制引入决策过程中[4]，从而更好地汇聚民意并实现决策中不同观点诉求的平衡。同时，鉴于现实决策过程中公众参与往往停留于程序或形式的问题，也有学者指出更重要的是保障公众的实质性参与，即公众要作为"认知"上的代表[5]，他们的观点或价值诉求要能够切实影响到最终决策，这在很大程度上体现了对当前公众参与现状的深刻反思。此外，除了从积极角度看待公众参与问

---

[1] 谭爽. 邻避运动与环境公民社会建构：一项"后传式"的跨案例研究[J]. 公共管理学报, 2017 (2)：48-58.

[2] 陈晓运. 争取科技公民权：为什么邻避从抗争转向社会运动——以中国城市反焚事件 (2009—2013年) 为例[J]. 甘肃行政学院学报, 2017 (6)：77-92.

[3] 汤汇浩. 邻避效应：公益性项目的补偿机制与公民参与[J]. 中国行政管理, 2011 (7)：111.

[4] 王佃利, 王庆歌. 风险社会邻避困境的化解：以共识会议实现公民有效参与[J]. 理论探讨, 2015 (5)：138-143.

[5] 张海柱. 风险分配与认知正义：理解邻避冲突的新视角[J]. 江海学刊, 2019 (3)：134.

题外，也有一些学者清醒地意识到不受约束的参与或过度参与也可能暴露出公众"非理性"的一面，使得抗议公众"俘获"政府决策，最终形成"公众参与悖论"。①

5. 抗争政治视角

邻避冲突基本上以公众的质疑、反对或抗议为开端，因此许多学者专门针对邻避抗争的逻辑展开了研究。作为社会抗争的一种特定类型，邻避抗争在很多方面呈现出了抗争政治的共性特征。在社会抗争的组织动员与行动策略等方面，西方学界在集体行动、社会运动与抗争政治领域内进行了大量研究，并逐渐形成了资源动员、政治机会与框架过程等主流的解释视角，这些理论视角也被大量应用于对中国社会抗争行动的研究中。同时，许多国内学者也在有意识地基于中国社会抗争的特殊性提炼更具本土化特征的解释框架，这方面的研究包括对中国情境下政治机会结构的界定、对抗争目标复合性特征的考察以及对各类抗争策略的研究。这些抗争政治研究的理论视角也被大量应用于对邻避抗争的研究中，用以解释中国邻避抗争行动的组织动员机制与行动策略选择等问题。既有研究指出邻避抗争多发生于较小的地域范围内，居民基于地缘关系形成的社会网络有助于抗争动员的实现，小区业主论坛等互联网平台则有助于降低抗争动员与沟通成本②。基于抗争合法性的考虑，中国邻避抗争具有"去组织化"特征③，并且在抗争行动的选择上一般采取先制度内后制度外的方式。不过如果常规渠道无法奏效的话，将会引起公众对政府的不信任，此时也会诉诸"闹大"逻辑④，通过对地方政府施压促使问题解决。此外，许多研究指出中国邻避抗争具有鲜明的策略性特征，往往通过对抗争目标的包装⑤、对地方政

---

① 侯光辉. 公众参与悖论与空间权博弈：重视邻避冲突背后的权利逻辑 [J]. 吉首大学学报（社会科学版），2017（1）：117-123.
② 盛智明. 组织动员、行动策略与机会结构：业主集体行动结果的影响因素分析 [J]. 社会，2016（3）：110-139.
③ 陈晓运. 去组织化：业主集体行动的策略：以G市反对垃圾焚烧厂建设事件为例 [J]. 公共管理学报，2012（2）：67-75.
④ 韩志明. 利益表达、资源动员与议程设置：对于"闹大"现象的描述性分析 [J]. 甘肃行政学院学报，2012（2）：52-66.
⑤ 何艳玲. "中国式"邻避冲突：基于事件的分析 [J]. 开放时代，2009（12）：102-114.

府的"忠诚呼吁"①、对抗争议题进行策略性框定②等手段以实现抗争诉求。

6. 社会运动视角

许多研究将邻避冲突或邻避抗争置于社会运动的视域下进行考察（多称之为"邻避运动"），但在具体的研究取向和侧重上则有所不同。例如，当将研究重点放在考察邻避运动的组织过程或行动策略时，其研究取向在很大程度上与前述抗争政治视角相类似。除此之外，更具价值的研究取向是考察邻避抗争的规范性意涵，这又与前述对邻避抗争"理性/非理性"的评价相关联。具体来说，社会运动一般涉及较广泛层面的社会集体行动，并以公共议题或公共利益为核心诉求，从而区别于纯粹的自利追求。就此而言，西方邻避抗争由于往往以环保等公共价值或公民权利为核心诉求，因此相关研究多将其归入环境运动的范畴。而在我国，由于抗争居民往往暴露出明确的自利取向而缺乏公益态度（例如只要不建在自家附近即可，并不反对建在别处），因此许多研究认为中国邻避冲突并不具备西方社会运动的特征。例如，有研究指出从西方经验看，邻避抗议的目标往往会从设施建设本身慢慢过渡到环保政治、族裔平等多个议题，然而中国邻避抗争中却存在"行动议题难以拓展"的问题，冲突中可能也会提出诸如"环保"等诉求，但它们往往并不是真实的行动目标，而只是动员与抗争的策略。③ 不过随着中国邻避实践的发展，这一情况也可能发生变化，这在反对垃圾焚烧的抗争行动中得到了较为典型的体现。一些学者基于对垃圾焚烧案例的考察认为中国邻避抗争开始向社会运动进行转变。④

7. 公共政策视角

邻避设施选址建设往往涉及政府决策或公共政策制定过程，而邻避抗争很大程度上体现为一种"政策不服从"⑤，并以影响政府决策的改变（停建或迁址）为最终目标，因此许多学者选择从公共政策角度展开研究。一方面，有研

---

① 熊易寒. 忠诚呼吁：为什么中产阶级偏好协商而非抗争 [J]. 华中师范大学学报（人文社会科学版），2015 (3)：22-30.
② 杨志军，欧阳文忠. 消极改变政策决策：当代中国城市邻避抗争的结果效应分析 [J]. 甘肃行政学院学报，2017 (1)：22-36.
③ 何艳玲. "中国式"邻避冲突：基于事件的分析 [J]. 开放时代，2009 (12)：106.
④ 陈晓运. 争取科技公民权：为什么邻避从抗争转向社会运动——以中国城市反焚事件（2009—2013 年）为例 [J]. 甘肃行政学院学报，2017 (6)：77-92.
⑤ 王佃利. 邻避困境：城市治理的挑战与转型 [M]. 北京：北京大学出版社，2017：197.

究考察了政府决策对邻避冲突的影响，认为邻避冲突的发生源自政府决策不当进而触发社会稳定风险的结果。① 另一方面，也有研究对邻避冲突如何影响政府决策问题进行了考察，例如有研究指出中国许多邻避抗争事件成功地改变了政府决策，但最终出现了"政府邻避决策的回退现象"，并将该现象称为"消极改变政策决策"。② 也有研究从政府决策过程优化的角度探讨邻避冲突的治理思路，例如认为应当引入更多的公民参与决策，在具体的参与模式上有研究提出"封闭决策+半开放的政策过程"是一种具有中国特殊性的参与模式③。此外，也有一些研究针对邻避决策自身的逻辑特征进行了经验考察，例如基于对领导干部的调查来分析邻避决策的制定逻辑④，以及基于多案例比较分析来考察邻避冲突治理中政策工具的选择逻辑⑤。

8. 社会信任视角

邻避抗争源于地方居民对邻避设施危害的体会和认知，然而公众的认知往往与专家或政府存在差异从而被视为"误解"或"非理性"感知，这会损害抗争公众对专家与政府的信任。这种信任的丧失被视为"邻避综合征"的典型特征⑥，而信任的逐渐丧失会进一步激化矛盾冲突，进而形成难以化解的邻避僵局。鉴于该问题的重要性，许多研究基于社会信任视角展开了相关研究，例如一些研究指出信任的缺失会显著提升公众对邻避设施危害或风险的感知，因此重建信任被视为邻避冲突治理的重要途径。⑦ 也有研究对信任流失的具体过程进行了考察，发现"邻避危机中政府信任的消解是信息失衡、回应失灵、政府强

---

① 陈玲，李利利．政府决策与邻避运动：公共项目决策中的社会稳定风险触发机制及改进方向［J］．公共行政评论，2016（1）：26-38．
② 杨志军，欧阳文忠．消极改变政策决策：当代中国城市邻避抗争的结果效应分析［J］．甘肃行政学院学报，2017（1）：22．
③ 黄振威．"半公众参与决策模式"：应对邻避冲突的政府策略［J］．湖南大学学报（社会科学版），2015（4）：132-136．
④ 黄振威．邻避项目决策是如何做出来的？——基于领导干部调查问卷的分析［J］．探索，2018（1）：74-81．
⑤ 王英伟．权威应援、资源整合与外压中和：邻避抗争治理中政策工具的选择逻辑——基于（fsQCA）模糊集定性比较分析［J］．公共管理学报，2020（2）：27-39．
⑥ SMITH E, MARQUEZ M. The Other Side of the NIMBY Syndrome［J］. Society & Natural Resources, 2000, 13（3）：275．
⑦ 吴家清，刘亚娟．邻避冲突的化解：基于信任的利益平衡［J］．求是学刊，2018（6）：87-94．

干预、政策妥协等多重因素叠加的结果"[1]。同时,基于中国实践场景,有研究发现抗争公众对不同政府主体的信任状况存在差异,呈现出"差序政府信任"特征,即对高层政府信任度往往较高,而对基层政府信任度较低的现象。[2] 此外,一个重要的研究问题是公众参与和信任改善的关系,对此有研究指出包括公众参与在内的选址决策程序的改进会提升政府信任以及公众对邻避设施的接受度。[3] 然而也有研究发现公众参与和信任之间的关系更为复杂,例如"无序的弥散性参与行为"会抑制政府和专家信任,"规制性参与行为"则有助于促进系统信任。[4]

9. 危机管理视角

邻避冲突作为社会冲突的特定类型,往往伴随着较为激烈的论争与冲突,甚至可能演化为暴力冲突等公共危机事件,从而严重威胁社会秩序以及政府决策合法性。因此就政府管理部门而言,当冲突事件发生后如何进行有效的危机管理或冲突管理,防止冲突扩大或危机升级,进而实现冲突的有效化解即成为一个紧迫任务。鉴于危机或冲突管理的重要性,一些学者也从这一角度展开了研究。其中一些学者对邻避危机的生成演化过程进行了考察,发现邻避危机的生成是公众感知、外部情境、政府应对策略等多重因素共同作用下的结果。[5] 也有研究侧重强调政府因素,认为政府职能的缺位、错位和越位是邻避冲突不断出现的重要原因。[6] 针对政府管理部门应对邻避危机过程中的乏力现象,有研究指出当前邻避冲突管理已经陷入一种"决策困境",具体体现为"决策问题表述

---

[1] 辛方坤. 邻避风险社会放大过程中的政府信任:从流失到重构 [J]. 中国行政管理, 2018 (8):126.
[2] 沈毅,刘俊雅. "韧武器抗争"与"差序政府信任"的解构:以H村机场噪音环境抗争为个案 [J]. 南京农业大学学报(社会科学版), 2017 (3):9.
[3] 刘冰. 风险、信任与程序公正:邻避态度的影响因素及路径分析 [J]. 西南民族大学学报(人文社科版), 2016 (9):99-105.
[4] 龚文娟. 环境风险沟通中的公众参与和系统信任 [J]. 社会学研究, 2016 (3):47.
[5] 侯光辉,王元地. 邻避危机何以愈演愈烈:一个整合性归因模型 [J]. 公共管理学报, 2014 (3):80-92.
[6] 谭爽,胡象明. 环境污染型邻避冲突管理中的政府职能缺失与对策分析 [J]. 北京社会科学, 2014 (5):37-42.

15

不清楚、决策依据标准不一致、决策价值冲突不妥协以及决策参与地位不平等"。① 针对当前政府危机管理中的缺陷，许多学者重点探讨了各种完善途径，例如有研究强调了社会组织的积极作用②，还有研究分析认为政府通过"双环危机学习"有助于打破"一闹就停"的邻避困境③。

10. 社区治理视角

邻避冲突多发生在地方较为有限的地域范围内，特别是针对小型邻避设施的抗争基本上集中在社区（或小区）层面，因此一些学者选择从社区治理的角度探究邻避冲突的产生及其治理问题。例如有研究考察了社区居委会在邻避治理中的角色问题，认为有效的邻避治理需要构建地方政府和社区居委会的"协作"关系。④ 也有研究指出通过社区利益协议实现邻避设施建设利益与负担的公平分配是化解邻避冲突的重要途径。⑤ 除上述零散研究外，我国台湾学者丘昌泰对邻避冲突的社区治理问题进行了系统性研究，他基于对台湾地区邻避事件的大量考察发现，邻避抗争困局的出现"在于邻避情结所形塑的消极型、抗争型的社区"，而抗争的出路则在于"回归社区主义精神，透过社区参与，实践社区治理，以培育积极型、营造型的环境社区"。⑥ 总体来讲，丘昌泰所倡导的社区治理意在通过社区民众的积极参与培育具有良好环境意识与公共精神的社区公民，并实现社区民众、政府部门与企业间的良性互动，进而消解民众长期所持有的"民间社会对抗国家机制的消极反抗意识"，从而推动"邻避情结"走向"迎臂效应"。⑦

---

① 张乐，童星．"邻避"冲突管理中的决策困境及其解决思路［J］．中国行政管理，2014（4）：109.
② 陈红霞．英美城市邻避危机管理中社会组织的作用及对我国的启示［J］．中国行政管理，2016（2）：141-145.
③ 王郅强，彭睿．邻避项目如何冲出"一闹就停"的怪圈？——基于 H 市 Z 区政府"双环危机学习"的纵向案例观察［J］．公共管理学报，2020（2）：141-151.
④ 孔子月．嵌入性视角下社区居委会在邻避问题治理中的双重角色与行为逻辑：以 S 市 Y 事件为例［J］．社会主义研究，2020（4）：95-102.
⑤ 王凌光．论社区利益协议：美国解决邻避冲突的经验及启示［J］．行政法学研究，2018（5）：117-126.
⑥ 丘昌泰．邻避情结与社区治理：台湾环保抗争的困局与出路［M］．台北：韦伯文化出版公司，2007：4.
⑦ 丘昌泰．邻避情结与社区治理：台湾环保抗争的困局与出路［M］．台北：韦伯文化出版公司，2007：4.

11. 媒介传播视角

信息传播在邻避冲突生成演化过程中扮演了重要角色，因此传播学成为邻避研究的重要学科视角。特别是在我国近年来屡屡发生的各类邻避冲突中，新闻媒体广泛报道所形成的舆论压力以及各种新兴互联网平台（业主论坛、QQ群、微信群等）的支撑是公众抗争行动能够取得成效的关键，这些现象引起了许多学者的关注。当前来看，既有研究主要涉及三方面内容。首先是新闻媒体的报道对公众邻避心理的影响问题，例如有研究指出媒体对特定邻避设施危害或风险信息的选择性报道会直接影响受众的风险感知①，从而强化公众的邻避态度。其次，一些研究考察了新媒体平台在公众抗争中的作用问题，例如有研究指出"伴随着新媒体的广泛应用，公众借助这一平台进行环境抗争已成为一种新趋势，给政府带来前所未有的压力与挑战"②。最后，更多的研究聚焦于考察邻避冲突中的信息传播或舆情演化问题③，通过揭示舆情传播、演化或升级的过程与机制进而为政府舆情治理提供对策建议。

12. 正义伦理视角

邻避设施选址过程是一个利益与负担分配的过程，而邻避冲突的发生在很大程度上是由于分配中的不公平或不平等问题。许多学者认识到了这一状况，因此"分配正义"（distributive justice）开始成为邻避研究的重要视角④。分配正义原则具有不同的指向，一般涉及实体正义（分配结果）与程序正义（分配过程）两个维度。这两个维度也典型地体现在学界对邻避问题的讨论中。例如许多学者从环境正义⑤、种族正义、空间正义⑥等角度指出邻避抗争的发生多源

---

① 薛可，王丽丽，余明阳. 受众对 PX 项目的风险感知模型建构研究：基于社交媒体使用的视角 [J]. 西南民族大学学报（人文社科版），2016（3）：163-168.

② 孙壮珍，史海霞. 新媒体时代公众环境抗争及政府应对研究 [J]. 当代传播，2016（1）：78.

③ 彭小兵，邹晓韵. 邻避效应向环境群体性事件演化的网络舆情传播机制：基于宁波镇海反 PX 事件的研究 [J]. 情报杂志，2017（4）：150-155.

④ BRION D. An Essay on Lulu, Nimby, and the Problem of Distributive Justice [J]. Boston College Environmental Affairs Law Review, 1988, 15（3）：162-171.

⑤ LAKE R. Volunteers, NIMBYs, and Environmental Justice: Dilemmas of Democratic Practice [J]. Antipode, 1996, 28（2）：160-174.

⑥ 王佃利，邢玉立. 空间正义与邻避冲突的化解：基于空间生产理论的视角 [J]. 理论探讨，2016（5）：138-143.

于环境或空间权利在不同人群间分配结果上的不公平。也有学者从程序正义的角度指出邻避设施选址决策程序是否公开公正是影响公众抗争态度的重要因素。① 这些研究揭示出了邻避冲突所呈现的伦理特征，从而使对邻避现象的讨论走向了深入。

13. 地理空间视角

邻避冲突是一种"选址"冲突，这种冲突涉及一定的地理区域或空间方位的选择或改变问题，因此一些学者从地理学视角展开了相关研究。除了前述对"空间正义"的讨论以及与此相关的"空间权利"②等问题外，还有一些研究特别考察了邻避冲突事件的地理分布。例如有研究发现我国近年来发生的邻避抗争事件以东部地区最多，中部地区次之，而西部地区最少，由此得出"各地邻避冲突事件的发生数量与区域经济发达程度的关系呈显著的正相关关系"③的结论。也有研究引入"风险知觉投影"的概念描述邻避设施对不同地域空间的冲击特性及其差异，并通过制图方法清晰地呈现出不同地理区域居民的风险态度具有明显的分歧这一现象。④ 此外，一些西方学者针对"不要建在我家后院"概念提出了"不要建在我家前院"（Not In My Front Yard）的概念，特别强调"可视范围"与"能见度"对于公众邻避态度的影响⑤，由此提出了一种观察邻避问题的新角度。

14. 公共价值视角

邻避冲突除了体现为一定的利益冲突、权利冲突、伦理冲突或空间冲突外，在某种程度上还体现为不同主体间价值观念的冲突，因此一些学者选择从公共价值角度进行研究。例如有研究指出，"价值层面的邻避问题可以理解为公共价值的失灵，即政府奉行的价值和社会奉行的价值之间缺乏必要的对话和共识而

---

① 刘冰. 风险、信任与程序公正：邻避态度的影响因素及路径分析 [J]. 西南民族大学学报（人文社科版），2016（9）：99-105.
② 侯光辉. 公众参与悖论与空间权博弈：重视邻避冲突背后的权利逻辑 [J]. 吉首大学学报（社会科学版），2017（1）：117-123.
③ 鄢德奎，李佳丽. 中国邻避冲突的设施类型、时空分布与动员结构：基于531起邻避个案的实证分析 [J]. 城市问题，2018（9）：8.
④ 洪鸿智. 科技邻避设施风险知觉之形成与投影：核二厂 [J]. 人文及社会科学集刊，2005（1）：33.
⑤ 孙涛，丁美文. 国外"邻避"冲突研究的理论流变及学术动态 [J]. 上海行政学院学报，2017（4）：14.

引起的公共价值失灵问题"①。也有研究聚焦于行政价值概念,认为行政价值失衡是导致邻避设施社会价值失败的重要原因②。基于对公共价值缺失或失衡问题的考察,通过寻回"失落的公共价值"或者推进"公共价值创造",并使政府的邻避治理措施能够体现"共识公共价值"③,就成为相关研究者所认为的化解邻避冲突的重要途径。

(二) 邻避冲突研究的聚焦主题

就邻避冲突现有研究看,不同学者在选择不同的研究视角进行考察时,可能在探讨同样的研究主题或问题。此外,一些学者在引入新的研究视角时,也会催生出新的研究主题或问题。限于篇幅,本部分无法对上述研究状况进行全面梳理,仅从下述几个方面来呈现当前的热点或重要研究主题。

1. 邻避设施类型

邻避冲突多与特定设施或工程项目的选址建设相关,而邻避设施自身类型或属性的差异往往导致公众邻避态度以及抗争行为的不同,因此有必要具体考察邻避设施的类型及属性。在这方面,许多研究依照不同标准对邻避设施类型进行了不同分类。例如有研究从"预期损失—不确定性"的维度将邻避设施划分为污染类、风险集聚类、心理不悦类和污名化类④;也有研究笼统地将其划分为环保性设施、能源性设施和工业区等类型⑤;更有研究从功能角度将邻避设施细致划分为能源设施、环保设施、交通设施、工业设施、水资源设施、社会服务设施以及通信设施等⑥。如前所述,由于各类邻避设施多与公共利益或社会整体利益相关联,因此将邻避设施的兴建视为"必要"或社会"必需品"在很大

---

① 王佃利,王铮. 城市治理中邻避问题的公共价值失灵:问题缘起、分析框架和实践逻辑 [J]. 学术研究, 2018 (5): 43.
② 王冰,韩金成. 公共价值视阈下的中国邻避问题研究:一个整合性理论框架 [J]. 中国行政管理, 2017 (12): 74.
③ 郑光梁,魏淑艳. 邻避冲突治理:基于公共价值分析的视角 [J]. 理论探讨, 2019 (2): 166-171.
④ 陶鹏,童星. 邻避型群体性事件及其治理 [J]. 南京社会科学, 2010 (8): 63-68.
⑤ 丘昌泰. 邻避情结与社区治理:台湾环保抗争的困局与出路 [M]. 台北:韦伯文化出版公司, 2007: 11-13.
⑥ 鄢德奎,李佳丽. 中国邻避冲突的设施类型、时空分布与动员结构:基于531起邻避个案的实证分析 [J]. 城市问题, 2018 (9): 6.

程度上成为学界共识。

在具体研究中，许多学者采取了案例研究的方式，案例考察的对象又以涉及环境污染或生态破坏的邻避设施居多。具体来说，当前研究较多的邻避设施以化工厂、垃圾处理厂、核电站等为代表。此外在我国，由于厦门PX事件的特殊性，许多学者专门针对PX案例进行了研究，这一点与西方国家存在明显差异。

2. 邻避冲突根源

对邻避冲突生成原因特别是深层根源的剖析是冲突能够有效化解的前提，这方面成为长期以来的热点研究主题。而由于邻避冲突自身的复杂性，涉及政治、经济、社会、心理、伦理以及环境、科技等众多方面，因此这种对冲突根源的分析也必然十分复杂。前述邻避冲突研究的各个视角，在很大程度上是对邻避冲突复杂成因中某个方面或维度的分析，例如经济层面上个人财产价值的受损、心理层面上的焦虑或恐慌、政治层面上决策参与的缺位、社会层面上公众对政府或专家信任的丧失、科技层面上公众对相关技术的无知或误解等。

此外，也有一些学者基于中国实践场景的特殊性来探讨国内邻避冲突的产生根源。例如何艳玲将邻避冲突置于中国城市化进程中进行考察，指出我国城市面临着两个制度变迁的挑战，分别是单位制的逐渐弱化以及与此相伴的社区运动的兴起，在此过程中城市公众的"社区意识"逐渐发展起来[①]，这是邻避抗争不断产生的重要背景。也有研究将邻避冲突置于中国工业化进程中进行考察，指出邻避冲突的屡屡发生反映出当前我国环境矛盾的严重程度，而这种环境矛盾又根源于长期奉行的"经济至上主义"的发展导向。[②] 就此而言，邻避冲突已经不仅仅是"人"与"设施"或人与人之间的冲突，而是涉及中国整体转型发展中的深层次矛盾。

3. 邻避冲突演化

邻避冲突体现为一个复杂的生成、演化与发展过程，许多学者针对该过程的不同阶段及其转化机理展开了研究。一方面，邻避冲突涉及从"隐"到

---

① 何艳玲."中国式"邻避冲突：基于事件的分析[J]. 开放时代, 2009 (12): 102-103.

② 李德营. 邻避冲突与中国的环境矛盾：基于对环境矛盾产生根源及城乡差异的分析[J]. 南京农业大学学报（社会科学版）, 2005 (1): 91.

"显"的转化过程。也即,邻避冲突最开始可能只是一种潜在矛盾或风险隐患,但是随着外界环境的刺激,最终会转化为真实的社会冲突或危机事件。例如有研究具体考察了从社会风险或环境风险向邻避危机的转化过程,发现在邻避事件发生之前,社会系统中各种矛盾冲突的相互作用已经产生了风险酝酿的过程,随后在特定条件下以及在触发因子的作用下就有可能爆发出来。[1] 另一方面,当邻避事件真实发生后,也往往涉及一个冲突范围由小到大、冲突程度由低到高的发展演化过程,一些学者针对该过程进行了具体考察。例如有研究利用系统动力学和演化博弈分析等方法对邻避冲突演化过程进行了分析,并模拟了冲突演化升级的过程[2],从而有助于我们更为细致地理解冲突的发展过程,甚至可以预测邻避冲突演化的方向。此外,由于媒介信息传播在邻避冲突生成发展中的重要作用,一些研究专门考察了其中的舆情特别是网络舆情的演化问题,具体研究思路同样是基于系统动力学或演化博弈建模等方法来模拟舆情演化的过程特征及其演化机制等问题[3],进而为控制网络舆情的升级扩散和化解冲突提出对策建议。

4. 邻避冲突结果

邻避冲突的生成演化或者相关主体的抗争行动最终将会产生怎样的结果,这也是许多研究关注的重要问题。一般来说,邻避冲突结果可能分为三类情况。第一类是抗争取得成功,邻避设施的建设被取消、暂停或者迁址;第二类是通过邻避补偿、技术改进等途径使居民最终同意设施项目的建设;第三类是邻避抗争失败,设施项目继续建设或使用。[4] 总体来讲,有研究指出相较于农民抗争、工人维权等抗争行动而言,邻避冲突似乎更容易实现预期目标(停建或迁址)。[5] 在此基础上,一些研究通过多案例比较分析的方法考察了影响邻避冲突

---

[1] 沈毅,刘俊雅."韧武器抗争"与"差序政府信任"的解构:以 H 村机场噪音环境抗争为个案[J].南京农业大学学报(社会科学版),2017(3):100.
[2] 康伟.污染类邻避冲突事件系统动态演化与仿真研究[J].中国软科学,2017(8):144-155.
[3] 钟慧玲."邻避"冲突事件网络舆情演化研究[J].情报杂志,2016(3):111-117.
[4] 万筠,王佃利.中国邻避冲突结果的影响因素研究:基于40个案例的模糊集定性比较分析[J].公共管理学报,2019(1):70.
[5] 高新宇,秦华."中国式"邻避运动结果的影响因素研究:对22个邻避案例的多值集定性比较分析[J].河海大学学报(哲学社会科学版),2017(4):65-73.

结果的主要因素①，发现媒体的联动作用、意见领袖、合理的行动策略选择等因素对于邻避抗争的成功具有重要影响。

尽管邻避抗争或冲突往往以影响当地政府的设施或项目选址决策为直接目标，许多抗争或冲突也的确实现了这一目标，但是有研究指出长期来看可能出现地方政府邻避决策的"回退"现象②，这体现了邻避冲突中政府决策行为以及政府与公众关系的复杂性。此外，除了考察邻避冲突的直接结果外，也有一些研究进一步考察了邻避的"后续"影响问题，例如有研究指出邻避抗争中的积极参与有助于"环境公民"的培育③。也有研究考察了参与邻避抗争的经历是否会提高城市民众的抗争意愿这一问题，结果发现民众抗争意愿会出现"不升反降"的现象，进而分析指出其中的一个重要原因是邻避运动有助于提高政府的环保绩效，从而降低民众抗争意愿。④

5. 邻避冲突治理

邻避冲突作为典型的社会冲突或公共危机，如果不能对其有效应对或化解，将会对经济社会发展造成严重的不良影响。这种现实压力催生了学界对邻避冲突治理问题的大量研究，或者可以说，前述对邻避冲突现象的任何角度的研究基本上都会落脚于治理层面，意在提出针对性的治理对策。总体来看，鉴于邻避冲突的复杂性，既有研究从多个层面提出了邻避治理的思路，主要包括技术层面的危害减缓或风险转移⑤、经济层面的利益诱导或邻避补偿⑥、政治

---

① 万筠，王佃利. 中国邻避冲突结果的影响因素研究：基于40个案例的模糊集定性比较分析[J]. 公共管理学报，2019（1）：66-76.
② 杨志军，欧阳文忠. 消极改变政策决策：当代中国城市邻避抗争的结果效应分析[J]. 甘肃行政学院学报，2017（1）：22.
③ 谭爽. 邻避运动与环境公民社会建构：一项"后传式"的跨案例研究[J]. 公共管理学报，2017（2）：48-58.
④ 王奎明，殷航. 邻避运动是否会提高民众的抗争意愿：基于全国民调数据的分析[J]. 河南社会科学，2017（2）：66.
⑤ HIRSH R, SOVACOOL B. Wind Turbines and Invisible Technology：Unarticulated Reasons for Local Opposition to Wind Energy [J]. Technology and Culture, 2013, 54（4）：705-734.
⑥ 刘小峰. 邻避设施的选址与环境补偿研究[J]. 中国人口·资源与环境，2013（12）：70-75.

层面的协商民主或决策参与①、社会层面的社区治理②或信任构建③、伦理层面的道德教育或公民培育④等。总体来讲，当前学界普遍认为邻避冲突的应对需要从传统政府自上而下的管理或管控转变为多元主体广泛参与基础上的沟通对话与协商决策，由此"实现邻避设施建设中风险与收益、整体与局部的均衡协调发展"⑤。

不过，以协商治理作为邻避冲突的应对方式也可能面临着一些现实阻碍，例如有研究分析指出邻避冲突协商治理可能面临主体、制度与文化的三维困境，具体表现为"主体缺位与主体间不平等、有效制度供给不足、主体缺乏协商意愿与公共理性"等方面⑥，因此需要从这些方面入手进行改革，以使协商治理能够有效运作。

二、邻避研究中的"风险"议题

近年来，邻避冲突研究的基本范式逐渐由"危机管理"（事后应对）向"风险治理"（预先防范）转变，由此引出了"风险"这一邻避研究的重要视角或主题。风险意味着潜在的危机或危机在未来时期发生的可能性，因此将关注重点由"冲突"或"危机"转向"风险"能够更好地做到防患于未然，也有助于邻避冲突深层根源的挖掘以及长效治理的实现。正因如此，风险作为邻避研究的重要切入点，已经引起了越来越多学者的关注。

当前邻避研究中的风险议题涉及多个方面，而从"邻避"与"风险"的逻

---

① DEVINE-WRIGHT P. Public Engagement with Large-Scale Renewable Energy Technologies: Breaking the Cycle of NIMBYism [J]. Wiley Interdisciplinary Reviews: Climate Change, 2011, 2 (1): 19-26.
② 丘昌泰. 邻避情结与社区治理：台湾环保抗争的困局与出路 [M]. 台北：韦伯文化出版公司，2007.
③ 吴家清，刘亚娟. 邻避冲突的化解：基于信任的利益平衡 [J]. 求是学刊，2018 (6): 87-94.
④ 郎友兴，薛晓婧. "私民社会"：解释中国式"邻避"运动的新框架 [J]. 探索与争鸣，2015 (12): 37-42.
⑤ 王佃利. 从"邻避管控"到"邻避治理"：中国邻避问题治理路径转型 [J]. 中国行政管理，2017 (5): 119.
⑥ 张紧跟. 邻避冲突协商治理的主体、制度与文化三维困境分析 [J]. 学术研究，2020 (10): 54.

辑关系来看，现有研究主要分为两方面，一是邻避冲突自身产生的风险，二是其他领域风险对邻避冲突的影响。就邻避冲突自身的风险而言，这方面研究多将其称为"邻避风险"，它属于"社会（稳定）风险"的重要体现。邻避冲突被视为"邻避风险"或"社会（稳定）风险"演化的结果，既有研究侧重考察邻避风险或社会风险产生的原因，以及邻避或社会风险向邻避危机演化的过程及机制。例如有研究指出邻避项目社会稳定风险产生的原因包括"安全之忧、利益之争、权利之辩和文化之殇"等方面。[①] 也有研究认为邻避设施建设前的社会稳定风险评估面临多方面困境从而加剧了公众的邻避情结。[②] 此外由于我国尚未建立风险决策模式，现实中更多的是危机爆发后的应急式决策，这也被视为邻避风险生成的重要原因。[③] 就邻避风险的演化过程来看，这方面研究以"风险链"（risk chain）的构建与分析较具代表。例如有学者构建了所谓的"邻避风险链"，指出邻避风险与危机的生成涉及"实在风险—感知风险—社会稳定风险—突发事件—公共危机"的复杂转化链条。[④] 也有研究对邻避风险的演化机理进行了系统仿真模拟，还原了邻避冲突事件"风险—危机—失衡"三个阶段的演化机理与演化逻辑[⑤]，从而为邻避冲突的预测和防范提供了一定依据。

如果说邻避风险研究基本上是在社会风险的范围内进行考察的话，另外一些研究则将切入点置于社会领域之外的其他领域风险上，例如环境风险、经济风险、健康风险或科技风险等。具体来说，邻避设施的建设所涉及的科技应用可能对特定区域的生态环境、居民的财产价值或身体健康造成不良影响，从而有可能引发公众的反对或抗议。在这其中，又以对环境风险的关注居多，邻避冲突被视为"环境风险—社会风险（邻避风险）—社会危机（邻避冲突）"转

[①] 谭爽. 邻避项目社会稳定风险的生成与防范：以"彭泽核电站争议"事件为例 [J]. 北京交通大学学报（社会科学版），2014（4）：46.

[②] 张乐，童星. 重大"邻避"设施决策社会稳定风险评估的现实困境与政策建议：来自S省的调研与分析 [J]. 四川大学学报（哲学社会科学版），2016（3）：107-115.

[③] 谭爽，胡象明. 邻避型社会稳定风险的政府决策模式构建：基于公众行为的解析 [J]. 中国社会公共安全研究报告，2015（1）：15-29.

[④] 侯光辉，王元地. "邻避风险链"：邻避危机演化的一个风险解释框架 [J]. 公共行政评论，2015（1）：4-28.

[⑤] 衡霞，陈鑫瑶. 邻避风险演化机理的系统仿真模拟研究 [J]. 上海行政学院学报，2020（5）：71-79.

化的结果。① 就此而言，相较于对邻避冲突自身风险的研究来看，对环境风险等议题的关注事实上构建出了更为系统全面的邻避冲突生成演化链条，是对邻避冲突潜在"隐患"或"可能性"的更为深入的挖掘。

在对环境风险等"外部"风险因素与邻避冲突之间逻辑关系的研究中，许多学者诉诸"风险感知"（risk perception）这一重要变量进行解释。风险感知是指特定主体对某一风险属性与程度的认识和评价，这方面研究主要是在社会心理学范式下对不同主体的风险感知情况进行测量。例如保罗·斯洛维克（Paul Slovic）指出专家拥有更多的专业知识，因此会基于风险发生概率和后果严重程度进行客观的风险评估，而普通公众更多的是基于生活经验或主观偏好来判断或感知风险的大小。② 这种对专家与公众风险感知差异的界定成为解释邻避冲突的重要基础，许多研究选择从风险感知的角度来解释邻避冲突的生成逻辑，认为风险感知是影响公众邻避态度的重要因素。③ 也有一些研究具体考察了邻避冲突中影响公众风险感知的各种因素，发现特定主体的心智模型、政府信任、媒体报道、选址决策程序的公正性等均会对风险感知产生明显影响。④ 而为了解决公众风险感知过高或者"偏离理性"等问题，许多学者诉诸风险沟通⑤，认为公众获取更多的专业知识有助于实现对特定风险的客观评价，而政府、专家与公众间的沟通对话也有助于公众的合理诉求得到承认，从而减缓或消除其抗争倾向。

以风险感知理论为基础对邻避冲突生成演化过程进行的更为细致的考察以

---

① 杨雪锋，章天成. 环境邻避风险：理论内涵、动力机制与治理路径 [J]. 国外理论动态，2016（8）：81-92.
② SLOVIC P, FISCHHOFF B, LICHTENSTEIN S. Rating the Risks [J]. Environment, 1979, 21（3）：14-20.
③ CHOI J. The Roles of Affect and Cultural Heuristics in Benefit and Risk Perception for Collaborative Resolution of NIMBY Conflict: Crematory Facility Siting in Korea [J]. International Review of Public Administration, 2009, 13（1）：33-43.
④ 刘冰. 风险、信任与程序公正：邻避态度的影响因素及路径分析 [J]. 西南民族大学学报（人文社科版），2016（9）：99-105.
⑤ YOUNG S. Combating NIMBY with Risk Communication [J]. Public Relations Quarterly, 1990, 35（2）：17-25.

"风险的社会放大"（social amplification of risk）框架①最具代表。该框架指出特定风险在传播过程中受到个体、媒体、社会、政府等因素的影响进而产生所谓的"涟漪效应"，使得最终的风险信息或感知到的风险程度可能远远高于真实的风险。基于这种思路和假定，有研究对邻避舆情的传播过程进行了分析，发现舆情传播与演化"是信息不对称、回应机制失灵、政府干预失当、政策妥协等多重因素叠加的结果"，处置不当的话则会催生邻避冲突事件。② 也有研究指出风险的"社会放大"表明公众没有正确理解邻避设施的价值与风险，反对行为是对邻避设施的"污名化"③，由此对公众抗争进行了负面的价值评价。

除了上述研究角度和主题外，现有邻避研究中的风险议题还涉及对邻避相关风险的评估④、对公众邻避设施风险的"接受性"或"容忍性"的研究⑤、对邻避冲突中风险传播机制的研究⑥等。这些研究尽管数量不多，但都从特定角度丰富了对邻避风险问题的理解。

三、科技风险视野下的邻避研究

随着科技工业设施的大量兴建，对科技风险的焦虑和恐惧成为引发邻避抗争的重要原因。因此一些学者尝试从科技风险的角度考察邻避现象，甚至衍生出"科技邻避设施"的概念⑦。就研究主题来看，这一视野下的邻避研究主要涉及科技风险向环境与社会风险的演化过程及其内在机理⑧、邻避冲突中公众与

---

① KASPERSON R. The Social Amplification of Risk: A Conceptual Framework [J]. Risk Analysis, 1988 (8): 177-187.
② 辛方坤. 基于风险社会放大框架理论的邻避舆情传播 [J]. 情报杂志, 2018 (3): 116.
③ 王刚，张霞飞. 风险的社会放大分析框架下沿海核电"去污名化"研究 [J]. 中国行政管理, 2017 (3): 119-125.
④ 张乐，童星. 重大"邻避"设施决策社会稳定风险评估的现实困境与政策建议：来自 S 省的调研与分析 [J]. 四川大学学报（哲学社会科学版），2016 (3): 107-115.
⑤ SJOBERG L, DROTTZSJOBERG B. Fairness, Risk and Risk Tolerance in the Siting of a Nuclear Waste Repository [J]. Journal of Risk Research, 2001, 4 (1): 75-101.
⑥ 曾繁旭. 风险传播中的专家与公众：PX 事件的风险故事竞争 [J]. 新闻记者, 2015 (9): 69-78.
⑦ 洪鸿智. 科技邻避设施风险知觉之形成与投影：核二厂 [J]. 人文及社会科学集刊, 2005 (1): 33-70.
⑧ 肖巍，钱箭星. 环境风险中的科技缺陷 [J]. 复旦学报（社会科学版），2008 (1): 40-47.

科技专家的信任关系[1]、邻避治理中科学与政治的关系[2]、科技决策民主化与风险沟通在邻避治理中的作用[3]等。

针对科技设施的风险为何会引发公众抗争这一问题，一些学者基于经验考察和理论分析尝试进行解答。总体而言，既有研究主要体现为两种竞争性的解释路径。第一种路径侧重考察公众的主观性风险感知问题，认为抗争的发生缘起于公众对科技设施客观风险的感知偏差或放大，进而产生"技术污名化"现象[4]，因此认为邻避抗争更多地体现为一种非理性的心理或情绪性反应。在此基础上，一些研究进一步考察了信任、程序公正、分配正义等因素在科技风险感知以及邻避态度形成中的作用。[5] 另一种研究路径则受到风险社会理论与科学知识社会学的影响，认为风险本质上体现为一种知识建构或"定义关系"，普通公众的风险认知事实上是一种不同于科学知识的知识形态，在很多情况下同样具有重要的认知价值。[6] 在此基础上，针对科技风险的邻避抗争被视为公众如何利用自身的风险经验与知识来对抗科学风险知识的垄断与支配，进而争取风险定义合法性的过程。这种抗争被认为具有很强的积极意义，是普通公众在复杂的科技风险议题中争取公民权或公民身份的重要体现。[7]

总的来看，上述两种研究路径体现了风险研究中"客观论"向"建构论"范式的转换，在很大程度上推动着邻避研究在广度和深度上不断拓展。不过总体来讲，现有基于"建构论"范式的研究数量较少，对相关问题的讨论也较为零散，因而尚有很大的开拓空间。

---

[1] 王娟.影响公众对专家信任的因素：北京公众对建设垃圾焚烧厂的风险感知调研分析[J].自然辩证法通讯，2014（5）：79-86.

[2] 陈俊宏."邻避"症候群、专家政治与民主审议[J].东吴政治学报，1999（9）：97-132.

[3] 范玫芳.科技、民主与公民身份：安坑灰渣掩埋场设置争议之个案研究[J].台湾政治学刊，2008（1）：185-228.

[4] 汤景泰，星辰.技术污名化的传播机制：基于系列邻避事件的分析[J].现代传播（中国传媒大学学报），2018（2）：49-55.

[5] BRION D. An Essay on Lulu, Nimby, and the Problem of Distributive Justice [J]. Boston College Environmental Affairs Law Review, 1988, 15 (3): 162-171.

[6] 张海柱.科技论争与公众参与：环境风险研究中的公民身份议题[J].公共行政评论，2017（5）：86-104.

[7] 范玫芳.科技、民主与公民身份：安坑灰渣掩埋场设置争议之个案研究[J].台湾政治学刊，2008（1）：185-228.

四、既有研究评析

前述多学科、多视角以及多主题的研究丰富了我们对邻避冲突现象复杂性及其生成演化逻辑的认识，在治理层面上进行的诸多探索也具有一定的理论与现实价值。但既有研究仍存在不足，许多深层次议题亟待展开。

第一，"风险"视角体现了邻避冲突研究的范式转换，这为邻避研究开拓了新的方向。然而既有研究主要聚焦于"社会（稳定）风险"（"邻避风险"）与"环境风险"等议题，对"科技风险"的关注较少，忽视了许多邻避冲突事件中的科技风险论争现象，以及风险论争中的知识冲突问题（而非纯粹的利益、权利或价值冲突），这在很大程度上限制了我们对邻避冲突深层根源的认识。

第二，科学社会学相关领域（科学知识社会学、科学技术与社会研究等）已经对科技风险问题进行了大量研究，然而相关成果未能有效地应用于邻避冲突领域。许多研究者与政府管理部门仍秉持"科技决定论"或"技术治理"思维，忽视了科学技术自身的不确定性及可能的负面后果，这是邻避治理困境产生的重要原因。因此亟待通过学科知识的整合来厘清上述误区，重构邻避冲突治理的知识基础。

第三，当前对邻避冲突的认知存在一种"化约主义"（reductionism）倾向，将公众抗争简单化约为利益追求或对科学知识与技术的"不理解"与"无知"，而缺乏对科学技术自身的反思，未能对科技理性与社会理性、专家与外行、科学与非科学知识、专业责任与民主回应性、风险认知与信任等因素之间的复杂关系进行系统性考察。这一状况使得我们无法全面理解公众邻避抗争的复杂成因与多重意义，而这些必须置于科技与社会的互动关系中才能得到有效解释。

第三节 研究视角与理论资源

一、研究视角的选择

本研究选择以"科技风险"为切入点来考察邻避冲突现象，而对科技风险实质的理解则建立在前述"建构论"的风险研究范式基础之上。本研究认为,邻避冲突及其治理困境的产生很大程度上正是由于许多人特别是政府管理部门对传统风险"客观论"的固守,并由此在化约主义取向下对争议性科技风险议题的复杂性进行了过度简化,进而对邻避冲突问题产生了一种狭隘性认知。因此有必要基于"建构论"范式来呈现与考察科技风险型邻避冲突的复杂性,进而实现对其深层根源与生成机理的全面深入理解。需指出的是,本研究对科技风险问题的关注并不否认既有各种研究视角的重要性,只不过当我们转换研究视角后,有可能发现被既有研究所忽视、遗漏甚至误解的地方,进而实现对邻避现象的新理解。

具体来说,对科学技术及其风险问题的关注将邻避冲突与现代社会的发展问题关联在了一起,邻避冲突可以视为一种现代性危机的体现。然而就现有研究来看,尽管许多人明确将邻避冲突视为现代化(城市化或工业化)进程中的社会现象,但是在具体研究中多聚焦于"选址"或"冲突"本身进行微观或中观层面的讨论①。相较而言,较少有研究者细致考察邻避冲突与宏观层面上现代化发展之间的具体关联。

事实上,任何重大社会问题的产生均嵌入整体社会的发展脉络中,只有深入考察社会发展的基本结构与运行机制,才能真正理解社会问题生成演化的真实逻辑。对于邻避冲突来说,如果只着眼于"选址冲突"本身,而不去进一步探究现代化的发展逻辑及其结构基础等"后设"(meta)问题的话,那么不仅无法深刻理解现代社会中邻避冲突的深层根源,而且可能会对冲突的实质产生错误判断。而基于错误认知的邻避治理措施即便能够解决冲突事件本身,也必然会在潜移默化中不断地"复制与强化生产问题的结构"②,特定冲突事件平息后的社会危害及其风险将依然存在。只有深入挖掘科技风险、邻避冲突以及它们所嵌入其中的现代社会的基础结构之间的复杂关系,才能为邻避冲突的长效治理奠定有效的认知基础。

因此,本研究以科技风险为切入点对邻避冲突的考察并非仅仅局限于邻避

---

① 微观层面研究涉及权利或利益冲突、社会心理、风险感知、社会信任等问题,中观层面研究涉及政府决策、危机或冲突管理、城市治理、社会运动等问题。
② 谭鸿仁,王俊隆. 邻避与风险社会:新店安坑掩埋场设置的个案分析[J]. 地理研究,2005(5):105.

设施的科技风险或选址冲突本身，而是要在现代化或现代性的宏观层面上进行一种结构性考察，这种宏观结构性视角正是现有邻避研究所普遍缺乏的。而对现代性（特指工业现代性）基础结构的考察则会发现其中存在明显的结构性矛盾甚至内在悖论，其核心则是作为现代性之基石的科学理性自身的局限性以及在此基础上现代技术治理（technocracy）体制的内在缺陷。本研究认为正是这种悖论结构实现了邻避冲突的"再生产"进而导致了邻避治理的困境。

除了现代化或现代性的宏观视角外，对科学理性与技术治理问题的关注也为科技风险型邻避冲突研究提供了微观与中观层面的观察视角。微观层面上对科学理性的反思事实上是在知识或认知层面上对科技风险与邻避冲突的重新审视，科技风险型邻避冲突的核心是一种"知识冲突"。而且这种知识冲突已经不仅仅是"理性"与"非理性"之争，还涉及对理性（或科学理性）自身的挑战甚至解构。而技术治理作为科学理性基础上政治社会实践中各种制度设置与治理模式的集中体现，在很大程度上也是政府管理部门应对科技风险与邻避冲突的主导模式。因此对技术治理逻辑的深入剖析有助于发现当前政府邻避治理思路中的误区，进而推动邻避治理的范式转换与制度变革。

总之，本研究将科技风险作为考察邻避冲突的切入点，在很大程度上正是由于与科技风险问题相关联的现代性、技术治理与科学理性在邻避冲突生成演化中的重要影响。而对这些因素的关注分别从宏观、中观与微观层面上为理解现代邻避冲突问题提供了重要线索，有助于为邻避研究打开一种新的理论视野。

二、主要的理论资源

对科技风险型邻避冲突的研究，除了涉及邻避冲突或社会抗争相关理论外，更重要的是对科技风险相关理论的应用。如前所述，由于本研究对科技风险的考察分别关联了现代性、技术治理与科学理性（知识）等不同层面的问题，因此除了一般性的风险或科技风险理论外，还将特别关注这三个领域的相关理论。其中，风险社会理论与科学社会学相关理论对本研究的开展尤具启发性，成为本研究最主要的理论资源。

（一）风险社会理论

风险社会（risk society）理论最早由德国社会学者贝克提出，是其现代性或现代化理论的重要构成。随后，英国社会学家吉登斯也在其现代化理论的建构中展开了对风险社会问题的讨论。他们两人共同关注的是风险在现代性条件下所展现出的"结构化"形态，其风险社会理论具有鲜明的制度主义取向。具体来讲，贝克所关注的"风险"特指工业化进程中出现的"生态风险和高科技风险"，"指完全脱离人类感知能力的放射现象，此外还包括空气、水、食品中的有毒物和污染物，以及由此对动植物和人所造成的短期或长期的影响"。① 吉登斯同样关注"'生产力'拓展所具有的大规模毁灭物质环境的潜力"，他指出现代风险主要是一种"人造风险"，来源于科学与技术不受限制的推进所造成的"新的不确定性"。②

事实上，早在风险社会理论提出之前，20世纪50年代开始西方学界就已经展开了对"与环境相关的风险事件的讨论"，早期的关注集中于对核能的使用所潜藏的风险，随后讨论对象扩展到生物技术领域。1986年成为科技风险议题讨论中的"转折点"，该年发生的切尔诺贝利核泄漏事件对学界产生了冲击，"关于自然、社会体制、科学、技术、专家意见以及发展的理所当然的前提假设崩溃了，由此引起的极端不确定性、焦虑、冲突、对抗性和差异第一次接受人们的反思"③。同样是在1986年，贝克的《风险社会》一书德文版正式发表，从而开启了现代性与风险研究的新视野。受风险社会理论影响，科技风险以及与之相关联的环境风险等成为西方社会学研究的重要主题。对由现代科技所造成的环境或健康风险的控制，也成为人类社会在进入后工业社会时主要关心的问题。

除了对科技风险自身的关注外，风险社会理论特别强调风险的分配开始取代财富的分配而成为社会发展的基本逻辑，由此导致"社会的风险处境"④ 得以形成，这意味着传统工业社会开始进入"风险社会"这一新的发展阶段。相较于对科技风险自身的考察而言，这种现代社会的形态转型或现代性发展问题（"反身性现代化"）才是风险社会理论研究的真正指向，也正是这种宏观视角

---

① 贝克. 风险社会：新的现代性之路 [M]. 张文杰，何博闻，译. 南京：译林出版社，2018：7-8.
② 吉登斯，皮尔森. 现代性：吉登斯访谈录 [M]. 尹宏毅，译. 北京：新华出版社，2000：195.
③ 薛晓源，周战超. 全球化与风险社会 [M]. 北京：社会科学文献出版社，2005：5.
④ 贝克. 风险社会：新的现代性之路 [M]. 张文杰，何博闻，译. 南京：译林出版社，2018：9.

的选择体现了风险社会理论与一般的科技风险研究相关理论之间的鲜明对照。本研究将科技风险与邻避冲突置于现代性的宏观层面上进行考察，正是受到这种研究取向的直接启发。

具体来说，贝克与吉登斯对风险社会的讨论涉及科技、环境、制度、社会、政治、文化、知识等十分广泛的主题，其中许多主题均与本研究紧密相关。例如贝克对风险分配逻辑的讨论、对风险与知识关系的界定、对科学理性与"无知"问题以及技术专家主导下现代政治体制的反思、对科技灾害事故中"组织性的不负责任"现象的揭示，以及吉登斯对现代专家系统的反思、对信任与专业知识内在逻辑的深入思考等，均对本研究提供了重要的理论借鉴。特别是贝克对相关问题的讨论也涉及了本研究所谓的科技风险型邻避冲突相关现象。例如贝克指出风险社会中将会出现由"我怕"所驱动的"焦虑型团结"[1]，针对科技风险的邻避抗争正是其典型体现。另外贝克的著作中明确讨论了"围绕核电站与核废料再处理设施的冲突"[2]，这更是科技风险型邻避冲突的典型体现，由此体现出风险社会理论与本研究在理论取向上一定程度上的契合性。

(二) 科学社会学理论

以科技风险为切入点来考察邻避冲突，事实上是将邻避冲突置于科学技术与社会互动的场景下进行考察，就此而言，科学、技术与社会（Science, Technology and Society, STS）研究领域内的相关理论为本研究提供了重要借鉴。由于这一领域内涉及多种研究取向、理论流派与研究观点，不同理论脉络间的关联也较为紧密，因此本研究不对其进行严格区分，而将之笼统地称为科学社会学理论（广义概念，或称"科学技术的社会学研究"）。

对科学技术现象的社会学研究开始于20世纪30年代，标志是罗伯特·默顿（Robert Merton）的《十七世纪英国的科学技术与社会》（1938年）和约翰·贝尔

---

[1] 贝克. 风险社会：新的现代性之路 [M]. 张文杰, 何博闻, 译. 南京：译林出版社, 2018：48.
[2] 贝克. 风险社会：新的现代性之路 [M]. 张文杰, 何博闻, 译. 南京：译林出版社, 2018：257.

纳（John Bernal）的《科学的社会功能》（1939年）相继问世①，特别是默顿的研究被视为开创了"科学社会学"（狭义）的研究传统。同时，科学社会学研究也与马克思、卡尔·曼海姆（Karl Mannheim）等人的知识社会学研究存在一定关联，后者强调社会因素是影响个人和群体信念的原因②。不过，无论是知识社会学还是默顿的科学社会学，都没有将科学知识本身作为社会学研究的对象。直到20世纪70年代科学知识社会学（Sociology of Scientific Knowledge，SSK）兴起后，才真正展开了对科学知识自身的社会学研究。

SSK研究不再将科学知识视为毋庸置疑的"真理"，而是开始追问科学知识是如何"社会性"地产生的，由此解构了科学知识的超然地位或真理权威。正是这种问题意识的转换使得科学知识社会学走向了与传统科学社会学的对立立场。具体来看，SSK研究中也逐渐形成了不同流派，其中大卫·布鲁尔（David Bloor）、巴里·巴恩斯（Barry Barnes）等学者开创的爱丁堡学派最具代表性，该学派倡导的"强纲领"认为包括自然科学知识在内的所有人类知识都是社会建构过程中的某种信念，"是相对的、由社会决定的，都是处于一定的社会情境之中的人们进行协商的结果"③。与爱丁堡学派不同的是，哈里·柯林斯（Harry Collins）等学者倡导的巴斯学派提出了研究科学争论的"经验相对主义纲领"，而布鲁诺·拉图尔（Bruno Latour）等学者倡导的巴黎学派则"试图把科学研究理解为一种文化实践过程和异质文化因素的建构过程"④，并提出了著名的行动者网络理论（ANT）用以研究科学技术与社会等异质性要素间的关联过程。

以SSK为代表的科学社会学研究主要关注科学知识问题，而自20世纪80年代中期开始，许多学者开始转向对技术问题的关注。这种研究转向的实践背景是随着各种新兴技术的发明和应用，各种负面风险后果逐渐显现，从而引起社会各界对科学技术应用合理性的反思。具体来看，关于科技风险的生成原因，许多学者指出主要包括科学知识本身的不确定性与技术使用中的不确定性两个层面。相应地，科技风险的治理也主要诉诸两个层面：一是科学自身的转型，

---

① 赵万里，胡勇慧. 当代STS研究的社会学进路及其转向 [J]. 科学与社会，2011（1）：81.
② 刘珺珺. 科学社会学 [M]. 上海：上海科技教育出版社，2009：23.
③ 李真真，缪航. STS的兴起及研究进展 [J]. 科学与社会，2011（1）：71.
④ 李真真，缪航. STS的兴起及研究进展 [J]. 科学与社会，2011（1）：72.

例如一些学者分别提出了后常规科学①、公民科学②、地方性科学③等替代性的科学模式；二是对技术应用过程的社会控制，并形成了对"公众理解科学"④、政府科技决策责任⑤、科技民主⑥等领域的研究。这些研究从不同角度丰富了我们对科学技术风险及其治理问题的理解，很多理论观点对于本研究而言具有直接的借鉴价值。

第四节 研究思路与方法

一、研究思路与主要内容

本研究的基本思路是以科技风险为逻辑起点，通过考察科技风险的生成根源及其社会传导过程，揭示邻避冲突的生成机理，在此基础上探讨邻避冲突治理模式的变革问题。如前所述，对科技风险型邻避冲突的具体研究将同时涉及宏观、中观与微观三个层面，三个层面的相互关联共同形成了本研究的逻辑框架（图1-1）。

如图所示，宏观层面的"现代性"主要涉及工业社会（"第一现代"）向风险社会（"第二现代"）的发展。在此过程中，原本作为现代化重要推动力量的科学技术的潜在负面风险在不断积累与彰显，公众的邻避抗争与冲突即是对这种科技风险的社会反应（可以称为"风险抗争"）。中观层面涉及邻避冲突的政府治理范式问题。在工业现代化进程中，基于科技应用与专家决策的

---

① FUNTOWICZ S, RAVETZ J. Uncertainty, Complexity and Post-Normal Science [J]. Environmental Toxicology and Chemistry, 1994, 13 (12): 87-101.
② IRWIN A. Citizen Science: A Study of People, Expertise and Sustainable Development [M]. New York: Routledge, 1995.
③ 肖显静. 走向"第三种科学"：地方性科学 [J]. 中国人民大学学报, 2017 (1): 148-156.
④ IRWIN A, WYNNE B. Misunderstanding Science? The Public Reconstruction of Science and Technology [M]. Cambridge: Cambridge University Press, 1996.
⑤ 赖沅晖. 新兴科技发展中的民主与治理 [M]. 台北：韦伯文化出版公司, 2005.
⑥ 马森, 魏因加. 专业知识的民主化？——探求科学咨询的新模式 [M]. 姜江, 马晓琨, 秦兰珺, 译. 上海：上海交通大学出版社, 2010.

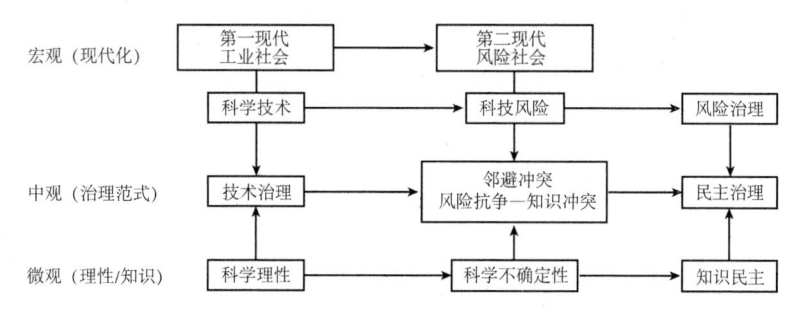

```
宏观（现代化）      [第一现代         [第二现代
                    工业社会] →      风险社会]
                         ↓                ↓
                    [科学技术] →    [科技风险] →  [风险治理]
                         ↓                ↓           ↑
中观（治理范式）   [技术治理] →   [邻避冲突        [民主治理]
                                   风险抗争—知识冲突]
                         ↓                ↓           ↑
微观（理性/知识）  [科学理性] →  [科学不确定性] → [知识民主]
```

图 1-1　研究思路框架图

资料来源：笔者自制。

"技术治理"成为社会与政治领域的主导性治理范式，这也是政府应对邻避冲突的基本模式。然而这种治理范式存在严重缺陷，邻避冲突的不断发生即是直接体现。微观层面主要涉及"理性"或"知识"问题。工业现代化见证了科学理性的不断彰显，然而大量科技风险争议的发生凸显出科学（知识）自身的不确定性问题，这是邻避冲突发生的重要背景。就此而言，"知识冲突"成为现代邻避冲突的核心。基于上述解释逻辑，本研究认为对邻避冲突的有效治理应立足于科技风险治理并通过"知识民主"以应对科学不确定性问题，实现"技术治理"向"民主治理"的范式转换是邻避治理的最终选择。

本研究将依照上述思路依次展开。具体来说，除第一章导论外，第二章到第七章是本研究的主体内容。第二章将对工业社会到风险社会的发展脉络进行考察，从而揭示邻避冲突的现代性背景。第三章将从风险分配与生产的角度考察邻避冲突的产生原因，通过探究邻避冲突中的知识冲突与知识排斥等问题揭示邻避冲突的深层根源。第四章聚焦邻避冲突中的公众抗争行动，基于"风险抗争"的概念框架来解释公众遭遇科技风险时的抗争行动选择逻辑。第五章聚焦"技术治理"范式，谋求揭示政府应对邻避冲突的行动逻辑。第六章将考察邻避冲突中的科学不确定性问题，以及科学不确定性背景下邻避冲突技术治理面临的内在困境。第七章将考察邻避冲突的治理改革问题，对基于"知识民主"的邻避治理新范式展开讨论。最后的结语部分将进一步探讨风险社会中的合作秩序构建问题，这既是化解邻避冲突的必然要求，也为人类社会走出风险社会困境提供了重要的思考方向。

二、研究方法与资料来源

本研究在研究定位上体现了理论规范研究与经验研究的结合。作为一项理论与规范性研究而言，本研究将在现有理论的基础上提炼"科技风险型邻避冲突"的相关概念与命题进行演绎分析，从而构建邻避冲突的解释框架，进而提出邻避治理的规范性思路与制度变革的建议。同时，由于邻避冲突并非纯粹的理论命题，而是现实世界中真实发生的实践现象，因此本研究的理论分析必然是经验取向的。在具体研究过程中，为了更好地呈现与分析相关理论命题，本研究也将结合各类邻避冲突事件进行经验性分析。通过充分的经验材料支撑和逻辑一致的理论论证来实现对邻避冲突的有效解释，是本研究的基本取向。

对科技风险型邻避冲突的经验考察主要采用案例研究的方法。在近年来我国各地发生的各类邻避冲突事件中，针对PX化工厂、垃圾焚烧厂等科技项目或设施的抗议性冲突数量较多且影响较大。这些属于科技风险型邻避冲突的典型案例领域，本研究对相关问题的分析将结合这些领域的经验资料来进行。而且近年来学界针对这些案例领域的研究较多，积累了较为丰富的经验资料，这为本研究提供了便利。本研究将在现有资料的基础上进行深入挖掘，从而提炼所需的经验素材。

除PX与垃圾焚烧等案例领域外，本研究更多的是以通信基站选址冲突作为案例对象进行考察。随着无线通信技术的发展，通信基站作为无线信号传输的重要设施而被兴建。由于不同代际通信技术的差异，基站建设逐渐走向小型化、密集化[1]，开始越来越多地兴建于居民区附近。然而，由于担心基站发出的电磁辐射会对人体健康造成严重危害，一些居民开始质疑甚至抵制基站的建设，进而引发邻避冲突。早在20世纪90年代，一些欧美国家内就出现了针对电磁辐射危害与基站选址的争论甚至冲突。[2] 在我国，因小区基站建设而引发的争议、抵制或冲突在近年来屡屡发生，"基站恐慌"已经成为社会关注的热点问题。有

---

[1] 第一代移动通信系统采用大区制基站，能够覆盖几十千米范围，但辐射很大。2G开始采用蜂窝小区制基站，覆盖范围变小同时辐射降低，3G与4G基站一般只能覆盖几百米范围。而5G基站信号传输距离更短，因此需要更多的基站数量以保证信号覆盖。

[2] HUGHES D. When NIMBYs Attack: The Heights to Which Communities Will Climb to Prevent the Sitting of Wireless Towers [J]. The Journal of Corporation Law, 1998 (23): 470-500.

网站在2015年做过一次调查，结果显示有42.4%的用户不接受在自己周边建基站。① 基于这一状况，基站冲突成为考察科技风险型邻避冲突问题的典型领域。

基站冲突作为本研究案例选择的典型性还在于，相较于PX、垃圾焚烧、核电等"经典"案例，基站特别是5G基站要广泛布局于基层社区（居民小区）范围内，与几乎所有居民进行着"密切接触"，这一特性使得该领域能够更好地呈现科技与社会的日常关联与复杂互动。而且当前国内邻避研究中对基站冲突的考察极为欠缺，这与国外较为丰富的研究形成了鲜明对照，本研究对基站冲突的考察也意在弥补这一不足。具体研究资料的获取除了对现有新闻报道、政策文件、研究文献等第二手资料的整理外，还将通过实地调研方式获取第一手资料，以更好地挖掘冲突中的关键性信息来为理论分析提供充分支撑。

---

① 仲鸣. 立法要求公开基站辐射信息，利于消除辐射恐慌［N］. 新京报，2018-08-02（7）.

第二章

从工业社会到风险社会：邻避冲突的现代性背景

不同于现有邻避研究对"选址冲突"本身的关注，本研究选择以科技风险作为切入点，将邻避冲突置于现代化或现代性的宏观脉络中进行考察，从而实现了邻避研究的视域转换。而从现代化或现代性的宏观视角来审视邻避冲突现象，可以发现科技风险型邻避冲突是一种典型的现代性冲突，其深层根源可以追溯至现代性自身的结构性矛盾或困境之中。因此，本章将首先对现代化或现代性发展的总体脉络进行梳理分析，从而明确现代邻避冲突产生的结构性背景或制度环境，进而为最终思考邻避冲突的治理问题奠定基础。

如前所述，基于研究主题的考虑，本研究主要借鉴风险社会理论来对现代化或现代性发展脉络进行考察。就其理论实质来看，风险社会理论关注的并非纯粹的风险现象自身，而是专注于"当代社会的转型与变迁"①，是一种现代性分析理论。在贝克看来，风险社会即"晚期现代性"，并且呈现出"反身性"（reflexivity）特征，即原本推动现代化发展的科学技术因其"副作用"的积累反而成为消解现代性的重要力量。随着早期现代性（"第一现代"）的消解，一种新的现代性（"第二现代"或"反身性现代性"）开始出现，这两种现代性所对应的社会形态分别是工业社会与风险社会。

因此，从工业社会到风险社会的发展成为现代性转型的主轴，而不断出现的邻避冲突则成为风险社会的重要表征。风险社会揭示了现代工业社会的内在悖论与自我消解，这正是邻避冲突及其治理困境产生的深层结构性原因。基于这种认识逻辑，本章将首先考察工业现代化的结构性基础以及风险社会的形成

---

① 成伯清."风险社会"视角下的社会问题[J]. 南京大学学报（哲学·人文科学·社会科学），2007（2）：130.

逻辑，进而落脚于中国本土情境来考察中国风险社会的逻辑与特征以及国内邻避冲突的总体状况。

第一节 工业现代化及其结构性基础

一般认为，现代性观念发端于17世纪欧洲的启蒙运动，以对理性、自由与进步价值的推崇为基本特征，在实践层面上则体现为科技化、工业化、市场化、民主化、城市化、全球化等共同构成的现代化进程。其中，工业化是现代化的核心内容，现代化的发展在社会形态上对应的是工业社会的形成。贝克的现代性理论也是针对工业现代化提出的。因此本研究主要以工业现代化为考察对象。对工业社会运行逻辑的考察发现，科学理性、技术治理（technocracy）、"技术—经济"发展导向以及各种安全控制机制是其中的重要组成，它们共同构成了工业现代化的结构性基础。

一、科学理性与技术治理

对理性的强调是现代性的核心特征，这种理性可以追溯至启蒙理性，而启蒙理性的发端则是基于对神学时代上帝理性的扬弃。具体来说，在中世纪的宗教传统中确立了这样一个观念，即"世界是按照上帝的理性组织起来的，使世界组织成了有序性的力量，用抽象要求约束整个人类，因此我们的基于尘世的情感和主观性，与这种普遍的合乎理性的客观要求之间存在着一条永远无法弥合的鸿沟"[1]。然而在启蒙运动时期，尽管人们"有关世界的理性化组织"的观念依然在延续，但是启蒙运动所强调的"人神同理"（认为人类先天地是按照与上帝和自然相同的理性原理组织起来的，并且人类能够领悟上帝和自然的"永恒真理"）极大地彰显了人的主体性和能动性，"横亘在上帝理性与尘世情感之间的鸿沟因此而逐渐消隐了"，人被认为具有发现真理、认识与支配世界的理性

---

[1] 肖瑛. 从"理性 vs 非（反）理性"到"反思 vs 自反"：社会理论中现代性诊断范式的流变 [J]. 社会, 2005（2）: 2.

能力①。而且这种理性能力不再被视为一种先天特质,而是经由后天的学习和训练可以获得的一种能力。

就理性能力的获取而言,与古典哲学经由逻辑思辨来追求确定性并实现理性认知不同,现代科学特别是自然科学的发展提供了一种完全不同的理性获取途径,最具典型性的即观察与实验方法。早在13世纪,以罗吉尔·培根(Roger Bacon)为代表的一些思想家"本着自然是一致和可以了解的信念,开始进行观察,用归纳的方法形成假设以便解释他们的观察结果,然后又用逻辑的推理演绎出推论,再用实验去加以检验"②。在17—18世纪,牛顿开启的机械宇宙观更是确立了人类自行建构和发现自然法则的秩序的能力。③而到了19世纪,一个"超越于神学与形而上学之上的建立于纯粹观察活动之上的似乎完全中立的科学(实证科学)"发展到了阶段性的顶点。④

由此,科学成为获取理性"真知"的最重要手段,正如启蒙哲人奥古斯特·孔德(Auguste Comte)曾指出的,"自然科学提供了一种有效的工具,使得人们可以不必通过形而上学或神学的空洞无效的、被动的本原概念,而是通过对现象的观察、从现象本身(而不是背后)获得有关现象的规律"⑤。除了作为获取有效知识的途径外,科学还经由技术发明与应用而成为改造世界的重要手段(技术理性)。由此,科学技术成为抽象的启蒙理性的具体"附着点"⑥,而强调科学知识权威性甚至科学对理性的垄断的"科学理性"(包含技术理性)则成为现代性发展的理性基础。

理性的重要功能是在未知与混沌中追求确定性与秩序。事实上,整个现代性工程在某种程度上即建立在对确定性的追求中,正如齐格蒙特·鲍曼(Zygmunt Bauman)曾指出的,"现代性力图消除偶然事件和随机事件……使模棱两可的事物变得一清二白,使不透明的事物变得透明,使不能预测的事物变得可以预

---

① 肖瑛. 从"理性 vs 非(反)理性"到"反思 vs 自反":社会理论中现代性诊断范式的流变 [J]. 社会, 2005(2): 2.
② 丹皮尔. 科学史 [M]. 李珩, 译. 北京:中国人民大学出版社, 2010: 110.
③ 周桂田. 知识、科学与不确定性:专家与科技系统的"无知"如何建构风险 [J]. 政治与社会哲学评论, 2005(13): 135.
④ 洪涛. 本原与事变:政治哲学十篇 [M]. 上海:上海人民出版社, 2009: 114.
⑤ 洪涛. 本原与事变:政治哲学十篇 [M]. 上海:上海人民出版社, 2009: 119.
⑥ 肖瑛. 风险社会与中国 [J]. 探索与争鸣, 2012(4): 47.

测，使不确定的事物变得可以确定"①。传统社会中人类在面临自身无法解释的现象时最终要诉诸宗教来予以解释，而科学理性追求确定性的过程却伴随着宗教或上帝理性的"去魅"。正如马克斯·韦伯（Max Weber）指出的，科学思维有着这样的信念，"只要是人们想知道，他任何时候都能够知道"，"从原则上说，再也没有什么神秘莫测、无法计算的力量在起作用，人们可以通过计算掌握一切"。②

以牛顿理论为代表的近代科学革命让越来越多的人认识到，"任何客观世界都是可以被精确计算、测量、确定、发现的，世界是可以被人掌握的"，真正意义上的"去魅"也正是在这里实现的。③ 就此而言，科学理性在某种程度上体现为一种"计算理性"，"确定性"在一定程度上被置换为"数量化"，而数学的发展与数理逻辑的应用成为除观察与实验之外自然科学发展的重要推动力量。对此有学者曾指出，"自然科学在与哲学分离的过程中，对事物的确定性从质的规定转向量的规定，这种转变是因为对数和数学的运用"④。而基于量化分析所寻求的确定性即事物发展的客观规律，在掌握了规律的基础上人们进而能够对事物发展趋势进行预测和控制，这正是现代社会所相信的科学理性的强大力量。

随着科学技术"改造自然"的巨大成功，它也被应用于"改造社会"，由此催生出"技术治理"的社会治理模式或政治运行体制。技术治理的基本观念是将社会与政治领域视为类似于自然世界的客观事物，谋求通过科学理性的应用来把握社会政治世界运行的客观规律，进而追求社会政治秩序的构建与人类社会的进步。技术治理包括"科学管理"（应用科学知识和技术来治理社会）与"专家政治"（由掌握科学知识和技术的专家来做出决策）两个基本原则⑤，以此来确保社会与政治运作的理性化。这种理性化同样涉及"去魅"过程，只不过不再是对宗教或上帝理性的"去魅"，而是对社会政治领域中涉及的人类情

---

① 王小章. 论焦虑：不确定性时代的一种基本社会心态 [J]. 浙江学刊, 2015 (1): 189.
② 韦伯. 学术与政治 [M]. 冯克利, 译. 北京：生活·读书·新知三联书店, 1998: 29.
③ 李国俊, 司丽华. 现代性视界中的科学理性 [J]. 东南大学学报（哲学社会科学版）, 2010 (3): 25.
④ 李育军. 论近代科学理性与"逻各斯"理性的差异 [J]. 天津社会科学, 2015 (2): 55.
⑤ 刘永谋. 技术治理的逻辑 [J]. 中国人民大学学报, 2016 (6): 118.

感、政治意识形态等价值因素的摒弃。因此，技术治理的前提是"政治"（或价值领域）与"非政治"（或事实领域）的区分，它所涉及的主要是对"非政治性的公共事务的管理"，"使政治服务于社会与经济事务的客观的管理需要"，这种不问政治立场而只服从于社会事务之管理的政治行为方式被称为"管理现实主义"①。同时也正是基于"政治"与"非政治"的区分，科学技术及其相关决策被视为属于"非政治"领域，从而排斥了民主控制与公众参与，本研究所考察的科技风险型邻避冲突问题即是其典型体现。此外，即便是在"政治"领域之内，科学理性与科技系统甚至还可以发挥"意识形态"功能，"制造出一个以'技术性模型'为范本的社会图像，将一切政治议题化约为技术问题"②，从而将之纳入技术治理的范围。

20世纪以来，基于科学理性的技术治理理念在实践层面上取得了快速发展，这一方面体现为西方国家兴起的"科学管理运动"，其核心主张是通过对企业甚至政府管理过程的系统规划与控制谋求效率的改善。另一方面典型体现为20世纪30年代前后在美国兴起的"技术治理运动"（technocracy movement，也称"技治主义运动"），其核心理念是让掌握科学技术专业知识的人来治理社会以及治理国家。该理念在很大程度上影响了胡佛与罗斯福两届政府，各种智库纷纷成立，"大规模推行专家政治"③。而该时期先后发生的经济"大萧条"以及二战，更是凸显了对各类专业技术人员的需求。在这种背景下，大量科学技术人员或工程师进入政府。④ 基于这一状况，丹尼尔·贝尔（Daniel Bell）指出"技术技能成为取得权力的基础"⑤。随着政治领域内科学技术专家数量与地位的显著提升，科技官僚成为重要的公共管理与政府决策的主体，技术治理则成为现代国家治理的核心理念与制度体制。

---

① 洪涛. 本原与事变：政治哲学十篇 [M]. 上海：上海人民出版社，2009：112-113.
② 顾忠华. 第二现代：风险社会的出路？[M]. 台北：巨流图书公司，2001：21.
③ 刘永谋. 论技治主义：以凡勃伦为例 [J]. 哲学研究，2012（3）：91.
④ 贝尔的调查指出，二战后至20世纪60年代中期有约十五万技术人员受雇于美国政府，其中一半受雇于联邦政府。参见：贝尔. 后工业社会 [M]. 彭强，译. 北京：科学普及出版社，1985：71.
⑤ 贝尔. 后工业社会 [M]. 彭强，译. 北京：科学普及出版社，1985：104.

二、"技术—经济"发展导向

在工业现代化实践中，抽象的科学理性被转化为具体的技术发明与应用，进而推动了工业生产的快速发展，由此带来了生产效率的极大提升与物质财富的快速积累，进而彰显了现代化建设的显著成效。这种实践成效最终确立起了"技术—经济"发展优先的政策导向。科学技术的创新以及科技推动下经济的快速发展成为现代理性的直观体现，也成为现代国家政治合法性的重要来源。在本研究所考察的科技风险型邻避冲突中，诸如化工厂、核电站、通信基站等科技工业项目的大量兴建正是这种发展导向的直接体现。

"技术—经济"发展之所以成为工业现代化过程的主导逻辑，主要是因为工业现代化的对象即传统农业社会中物质资源的稀缺性，这种稀缺性在早期现代化进程中的很长时期内依然如此。为了摆脱传统社会中的贫困或饥饿状况，财富的生产即成为现代社会发展的主导性逻辑。对此贝克曾指出，"现代化进程就是在这样的'稀缺社会'的条件下进行的"，"现代化宣称，它可以用科学技术发展的钥匙，打开社会财富隐蔽源泉的大门"，"现代化承诺把人从不应有的贫困和依附状态下解放出来"。[①]

正是由于"技术—经济"发展是对物资匮乏或饥饿这一人类最基本需要的回应，因此科技创新与经济发展相关政策在整个现代国家的政策体系中占据了十分优先的地位，诸如环境或社会领域的政策在很长时期内要服从或服务于技术—经济政策的发展。例如现代工业生产往往伴随着生态环境的破坏以及安全事故的增加，之所以如此在很大程度上是因为现代化发展隐含了"富裕优先于环境和安全"的假定[②]。许多人认为对环境与安全问题的解决所需的社会资源最终要来源于科技与经济的发展，这正是现代化思维的体现。

在此情况下，"技术—经济"的发展被等同于"社会进步"，"技术—经济"发展引发的负面后果则在很大程度上免于遭受质疑。对此贝克一针见血地指出，社会群体"从来不会质疑技术发展的显著社会收益"，越来越多的人坚信"任何

[①] 贝克. 风险社会：新的现代性之路 [M]. 张文杰, 何博闻, 译. 南京：译林出版社, 2018：5.

[②] 希特迈尔. "第六种现代化"：中国、安全及风险管理 [J]. 国外理论动态, 2009 (10)：44.

要求在社会和政治层面塑造技术发展的观点都要加以拒绝","围绕'社会后果'的争论不能伤及技术变迁的执行","技术的发展这件事本身既不受争议,也不受裁决,它只遵循自己内在的客观逻辑"。① 在科技风险型邻避设施的选址建设中,即便是该项目设施会对周遭环境造成不良影响,它也被视为服务于社会公共利益的"必要之恶",这也正是"技术—经济"发展优先的现代化思维的体现。

在工业现代化进程中,"技术—经济"发展导向的特殊性还在于它的"去政治化"特征。如前所述,在科学理性与技术治理的主导下,社会政治体系的运行建立在"政治"与"非政治"领域的区分基础之上。按照贝克的观点,"功能分化"(functional differentiation)是第一现代或工业现代化的重要特征,其中最为重要的功能分化即体现在"技术—经济"领域与政治领域之间,"通过工业生产与使用科学来创造财富是'技术—经济'领域的任务,而政治领域的任务在于分配财富与处理工业生产的副作用"②。正是由于这种功能性区分,"技术—经济"发展政策能够摆脱公共审议与政治控制而成为科学专家与技术官僚垄断的领域。

即便是随着"技术—经济"发展负面后果的逐渐显现,需要对各种负面后果进行"问责"的时候,"技术—经济"系统也能够"豁免于议会的正当化要求"③。在贝克看来,此时的"技术—经济"发展落到了"政治与非政治的范畴之间","获得了令人尴尬的亚政治(sub-politics)的混合身份"④。"技术—经济""亚政治"的形成一方面表明科学理性与技术治理在工业现代化进程中根深蒂固的地位,甚至在某种程度上可以说,"生产力(连同发展和管理生产力的科学与经济)取代了上帝和教会的位置"⑤;不过另一方面,随着"技术—经济"

---

① 贝克.风险社会:新的现代性之路[M].张文杰,何博闻,译.南京:译林出版社,2018:256.
② SØRENSEN M P, CHRISTIANSEN A. Ulrich Beck: An Introduction to the Theory of Second Modernity and the Risk Society [M]. New York: Routledge, 2013: 90.
③ 贝克.风险社会:新的现代性之路[M].张文杰,何博闻,译.南京:译林出版社,2018:234.
④ 贝克.风险社会:新的现代性之路[M].张文杰,何博闻,译.南京:译林出版社,2018:234.
⑤ 贝克.风险社会:新的现代性之路[M].张文杰,何博闻,译.南京:译林出版社,2018:274.

发展领域由"非政治"向"亚政治"转变，一种领域重构的可能性由此产生，从而为"技术—经济"发展导向的反思与改变创造了机会。

三、安全控制与保护机制

工业社会主要是在线性理性逻辑下基于科学知识的增长与技术的应用来主宰和支配现代社会的发展，并认为该过程中的所有危险都是可控制的。为了应对工业现代化进程中产生的各种危险或危害，现代社会发展出了各种基于精确计算与预测的安全控制和保护机制，例如工业防护装置、危险监测技术、保险制度与福利国家等，以保障工业生产过程的安全与现代社会秩序的稳定。对这种安全控制与保护机制的强调正是作为工业现代化基础的科学理性的根本要求，"理性进步被设想成一种可以无限持续的去神秘化过程，科学化能够最终实现对自然甚至整个世界的完全控制"①。在此意义上，现代科学理性也可以被视为一种"控制理性"。从另一个角度来说，控制思维也是现代性的重要特质。对此有学者指出，只有现代社会的人们"才会想对未来加以计算并纳入控制，前现代的社会面对不确定的自然危险，只会将之归为'命运'，不会想控制它"②。

如前所述，科学理性对自然与社会事物的控制能力的实现建立在掌握事物客观发展规律的基础之上，而这又源于对事物发展状况的客观观察和准确测量与计算。面对工业生产中的危险或危害，精确的风险分析与计算成为危险控制与安全实现的重要基础。就此而言，从传统社会到现代社会的转型发展中，各类危险或危害从"不可计算"到"可计算"的转变是其中的重要特征。正如贝克所指出的，"前工业社会的无法计算的威胁（瘟疫、灾荒、自然灾难、战争，同时还有魔力、上帝、恶魔）在工具理性控制（现代化过程在生活的各个领域都提倡这一点）的发展之中被转换成为可以计算的风险，这就是早期传统的工业和资产阶级社会中形势与冲突的特点"③。

具体来说，基于科学理性的风险计算与分析一方面体现在对危害事件发生

---

① 肖瑛. 从"理性 vs 非（反）理性"到"反思 vs 自反"：社会理论中现代性诊断范式的流变[J]. 社会, 2005（2）：17.
② 胡正光. 风险社会中的正义问题：对"风险"与"风险社会"之批判[J]. 哲学与文化, 2003（11）：154.
③ 贝克. 世界风险社会[M]. 吴英姿, 孙淑敏, 译. 南京：南京大学出版社, 2004：100.

可能性的概率统计和计算上，量化的概率指标成为衡量风险程度的重要标准。另一方面，科学的风险计算还体现在诸如污染平均值、安全限值等指标的设置上，这些指标表明了工业生产或社会政治领域"允许"或能够"容忍"的危害范围，范围之内的风险或危害被认为是可控的，因而也是合法的。此外，工业生产中的各种安全防护机制（例如安全防护设备、安全教育与培训制度等）也是建立在科学的风险计算与分析的基础之上，意在降低危害发生的可能性或范围。

如果说以工业防护装置或危险监测技术为代表的各种安全控制机制主要发挥危害风险降低或减缓功能的话，现代保险制度与福利国家则主要发挥风险转移、分散或分配的功能。其中，保险制度是现代社会的一项重要发明，正如法国社会学家弗朗索瓦·埃瓦尔德（François Ewald）曾指出的，现代社会在某种程度上可以被视为一个"保险社会"（insurance society）。① 保险原则建立在可计算性的基础之上，保险精算的发展正是为了提高风险分析与计算的准确性。保险制度也是对人类可能遭遇的未来进行控制的重要手段，正如吉登斯曾指出的，"保险是人们所能承受的准备冒的风险的底线"，"保险只是在我们认为可以被人类控制的将来中才是可能的，保险正是进行这种控制的手段之一"②。

此外，以社会保障与社会福利体系为核心的福利国家也是工业现代化进程中用以实现安全的重要制度设计。相较于私人或商业保险制度而言，福利国家可以被视为一种社会化或公共性的保险制度。自二战以来，西方国家逐渐建立起了系统完善的福利国家体制，"形成一个严密的安全网络，个人的出生、家庭、工作、疾病、退休、老人照护等皆包含在国家的规划之中"③。与私人或商业保险的自愿选择原则不同，现代福利体制具有某种程度的普惠性与强制性，个人或群体均被整合进了这种现代福利制度中，以使他们免于各种危害或风险。其中，为了应对工伤、工业污染等所建立的保障制度直接服务于工业生产的需要，它们成为工业现代化发展过程中重要的支撑性制度。

---

① SØRENSEN M P, CHRISTIANSEN A. Ulrich Beck: An Introduction to the Theory of Second Modernity and the Risk Society [M]. New York: Routledge, 2013: 16.
② 吉登斯. 失控的世界 [M]. 周红云, 译. 南昌: 江西人民出版社, 2001: 21.
③ 周桂田. "风险社会"中结构与行动的转折 [J]. 台大社会学刊, 1998 (26): 10.

第二节　反身性现代化与风险社会的形成

西方国家的现代化发展实践表明，建立在前述结构性基础之上的工业现代化取得了巨大的成功。不过，科学技术与工业生产在创造大量财富的同时，也会伴随各种危险或风险的产生，例如对生态环境或人体健康造成的潜在危害等。在早期工业社会财富生产的逻辑下，这些问题并不突出，并且具有较强的可计算、预测与控制性，因此被冠以工业生产的"副作用"（side effects）而得以合法化。然而，随着各种有害"副作用"的不断积累与泛化，它们逐渐成为工业社会发展的中心问题，正如贝克所指出的，"生产力丧失了其清白无辜的面目"，"'技术—经济'的'进步'带来的力量，日益为风险生产的阴影所笼罩"[1]。面对大规模的风险生产，工业社会的各种制度安排已经无法进行有效应对，由此产生了一个新的社会形态即风险社会。

就贝克的风险社会理论自身来看，它更多地属于一种"概化话语"，而非针对特定风险问题的研究纲领。[2] 易言之，贝克关注的是宏观抽象的现代性发展问题，而非微观具体的风险治理问题。就此而言，风险社会的形成意味着工业现代化进入"晚期现代性"阶段，并且呈现出一种"反身性"特征，这被贝克等学者称为"反身性现代化"（reflexive modernization），从而与工业现代化形成了鲜明对照。这种现代化的"反身性"特征对工业社会结构性基础的挑战甚至消解在社会现实层面上引发了公众焦虑与各种矛盾冲突，邻避冲突即是其典型体现。

一、科技"副作用"与反身性现代化

贝克在其著名的风险社会理论中讨论了现代社会风险的生产与分配问题，然而贝克本人并没有对"风险"概念进行准确的界定。这引起了一些学者的批

---

[1] 贝克. 风险社会：新的现代性之路[M]. 张文杰, 何博闻, 译. 南京：译林出版社, 2018：7.
[2] 成伯清. "风险社会"视角下的社会问题[J]. 南京大学学报（哲学·人文科学·社会科学），2007（2）：130.

评，认为在他的理论中"核心的风险概念只是用一些形容词描述，缺乏定义性语言，造成逻辑上的缝隙"①。这种批评是否合理尚有待商榷，因为阅读贝克的著作很容易能够理解他所讨论的风险内涵——科技应用对生态环境与人类健康造成的潜在危害。对此贝克曾指出，"风险首先是指完全脱离人类感知能力的放射现象，此外还包括空气、水、食品中的有毒物和污染物，以及由此对动植物和人所造成的短期或长期的影响"②。而且，贝克的理论除了涉及"风险"概念外，还涉及另一个与此紧密相关的概念——"副作用"。结合"副作用"概念能够更好地理解贝克理论中的"风险"内涵。即便是前述贝克的批评者也指出，"在所有模糊之中，似乎'副作用'更可以概括他的主旨"③。

在《风险社会》一书中，贝克在讨论工业社会中"技术—经济"发展引发的后果问题时提出了"副作用"的概念，它是伴随着财富生产而产生的负面后果（例如对环境的污染或对健康的伤害），是风险的"化身"。④ 之所以选择用"副作用"概念来代替"风险"或"危害"概念，是因为该概念能够"提醒"人们，这些危害并不是科技应用或工业生产的"主要结果""直接目的"或"根本意图"，是"次要"的或微不足道的，不能以此来质疑或否定工业现代化的积极成效。在工业现代化的早期，这些"副作用"似乎的确是微不足道的，正如贝克曾指出的，"'技术—经济'的'进步'带来的力量，日益为风险生产的阴影所笼罩"，"起初，这些风险尚能以'潜在'副作用的名义获得正当性"⑤。如前所述，工业现代化进程的顺利展开有赖于各种安全控制与保护机制的支撑，然而这并不能杜绝所有危险或危害的发生，此时"副作用"话语发挥了重要的补充作用。正如有学者所指出的，它构成了工业现代化的自我正当化逻辑："人们将工业社会所产生的危机，只视为社会生产过程中的副作用或'剩

---

① 胡正光. 风险社会中的正义问题：对"风险"与"风险社会"之批判 [J]. 哲学与文化，2003（11）：157.
② 贝克. 风险社会：新的现代性之路 [M]. 张文杰，何博闻，译. 南京：译林出版社，2018：8.
③ 胡正光. 风险社会中的正义问题：对"风险"与"风险社会"之批判 [J]. 哲学与文化，2003（11）：157.
④ 贝克. 风险社会：新的现代性之路 [M]. 张文杰，何博闻，译. 南京：译林出版社，2018：25.
⑤ 贝克. 风险社会：新的现代性之路 [M]. 张文杰，何博闻，译. 南京：译林出版社，2018：7.

余式的风险',因此,所有制度的设计与制度理念的诠释,尤其是面对重大风险的挑战,如生态破坏、基因科技对人类伦理的挑战,皆在这个逻辑下自我正当化。"①

然而,随着"副作用"的不断积累和彰显,前述"正当化"或"合法化"逻辑将难以维系。在贝克看来,这主要是由于早期工业现代化与晚期现代性阶段中的主导逻辑发生了变化。在前者中,财富生产的逻辑支配风险生产的逻辑,此时科技应用的负面后果尚能被称为"副"作用;而在后者中,"这种关系颠倒了过来",由此科技应用的生产力也就"丧失了其清白无辜的面目","副作用"的"隐藏的面纱"将被揭开,成为社会政治领域争论的对象。② 也正是由于在晚期现代性中,"副作用"成为人们质疑和争论的对象,它也就具有了推动社会变革的力量。

在现代性发展或转型的推动力量问题上,不同于一些学者对知识作用的强调,贝克主张"不是知识而是非预期的后果或是所谓的'副作用'才是第二现代社会发展的动力来源"③,"现代性从工业时期到风险时期的过渡……采用的是潜在副作用的模式"④。就此而言,第二现代也被一些学者称为"副作用的时代"⑤。"副作用"之所以能够扮演如此重要的角色,主要是因为随着工业现代化进程逐渐走向晚期现代性阶段,"副作用"的"量"与"质"均发生了变化。一方面,"副作用"或各类风险的不断累积与泛化最终"超载"于现代国家安全控制体系所能处理的范围或程度;另一方面,"副作用"从原本"是可以利用知识加以预测与控制且发生概率低的问题"逐渐转变为难以计算、预测和控制,"以往被认为可以维护安全的防护机制(如国家机器等)或承诺(如科学理性等),如今遭到强烈的挑战和质疑,失去其效用"⑥。例如,保险制度在严

---

① 周桂田. 现代性与风险社会 [J]. 台湾政治学刊, 1999 (5): 6.
② 贝克. 风险社会: 新的现代性之路 [M]. 张文杰, 何博闻, 译. 南京: 译林出版社, 2018: 7.
③ SØRENSEN M P, CHRISTIANSEN A. Ulrich Beck: An Introduction to the Theory of Second Modernity and the Risk Society [M]. New York: Routledge, 2013: 35.
④ 贝克, 吉登斯, 拉什. 自反性现代化: 现代社会秩序中的政治、传统与美学 [M]. 赵文书, 译. 北京: 商务印书馆, 2001: 9.
⑤ 顾忠华. 第二现代: 风险社会的出路?[M]. 台北: 巨流图书公司, 2001: 7.
⑥ 顾忠华. 第二现代: 风险社会的出路?[M]. 台北: 巨流图书公司, 2001: 7-8.

重的科技风险面前将面临失灵,"核电站不会被单独投保,或者说,它是不可投保的"①。

在对"副作用"的讨论中,贝克进一步提出了现代性发展背后的"无知"(non-knowledge)问题。风险社会理论所强调的"无知"问题,是指"人们坐拥一定程度的知识后,却自以为是地以有限的知识解释无限的现象、以确定解释不确定性、以安全控制之想象处理不安全的领域"②。在贝克看来,"无知"并非"尚未获得知识",而是在根本上"无能力获取知识",这表明了作为工业现代化之理性基础的科学理性或科学知识自身的局限性。当科学理性面临"无知"问题的挑战后,建立在科学理性基础之上的技术治理体制以及各种安全控制机制也将面临失灵,由此产生了现代性的"断裂"与"消解","现代化在消耗并失去其对立面之后,如今开始就工业社会的前提和运行原理进行自我伤害"③。

不过,现代性在发生"断裂"的同时,其内部仍具有一定的"连续性"。因此,尽管"副作用"的积累与彰显意味着现代性发展的困境,然而不同于后现代理论对现代性的完全解构,贝克、吉登斯等学者则主张现代化进程并未完成。"正如19世纪的现代化消解了等级僵化的农业社会,开创了工业社会的结构图景,今天的现代化同样消解了工业社会的轮廓,而在现代性的连续性之中,另一种社会形态正在形成"④,这里贝克所揭示的是"另一种"现代性发展的方向,这被称为"第二现代"。这里的"第二"并非时间意义上的"第二个阶段",而是指现代化的"第二种类型"。因此"第二现代"的本质仍然是现代性,但它是对"第一现代"(工业现代性)各种结构性要素的"抽离与重新嵌

---

① 贝克. 风险社会:新的现代性之路 [M]. 张文杰,何博闻,译. 南京:译林出版社,2018:7.
② 周桂田. 知识、科学与不确定性:专家与科技系统的"无知"如何建构风险 [J]. 政治与社会哲学评论,2005(13):134.
③ 贝克. 风险社会:新的现代性之路 [M]. 张文杰,何博闻,译. 南京:译林出版社,2018:3.
④ 贝克. 风险社会:新的现代性之路 [M]. 张文杰,何博闻,译. 南京:译林出版社,2018:3.

合"①，这可以被称为"现代性的现代化"②。具体来讲，贝克认为"第一现代"的基本原则（例如理性）在"第二现代"仍在延续，但是相关制度构成（例如民族国家、原子式家庭等）则会发生变化。③

由于（工业）现代性本身成为现代化变革的对象，因此贝克等学者进一步以"反身性现代化"的概念来指称"第二现代"的核心特征。在贝克看来，"反身性"涉及两个层面的内涵，首先是指"自我对抗"（self-confrontation），即工业现代化中"副作用"的彰显对工业社会结构基础的挑战与消解。其次，"反身性"还意味着经由深刻的自我反思或反省而重构现代社会的可能性，正如贝克所指出的，"讨论现代性的反身性并不以自我毁灭为目标，而是以工业现代化之基础的自我改变为目标"④。不过，"反身性"并不等同于"反思"（reflection），"现代性的反身性能导致对工业社会的自我消解和自我危害的反思，但并不必然如此"⑤。"反身性现代化"能否成为现代化新的出路，关键还在于人们是否能够对工业现代化面临的"无知"等内在矛盾问题进行彻底的自我反省、批判与变革，在此基础上推动社会发展模式的转型。

二、风险社会的形成逻辑与基本特征

"反身性现代化"在现实层面对应的是风险社会，这正是贝克现代化理论讨论的核心范畴。就"风险社会"概念本身来看，这种现代性社会中必然充满了多种多样的风险。当然，风险的产生并非风险社会所特有的现象，传统社会中也充斥着各种各样的风险，例如地震风险、洪涝风险、瘟疫风险等。不过，与传统社会自然灾害引发的风险不同，风险社会中的"风险"是一种现代性风险，特指科技应用过程中产生的潜在危害。而且，如果说传统社会的风险主要来自

---

① 贝克，吉登斯，拉什. 自反性现代化：现代社会秩序中的政治、传统与美学 [M]. 赵文书，译. 北京：商务印书馆，2001：5.
② COHEN M. Risk in the Modern Age [M]. New York：Palgrave，2000：83.
③ SØRENSEN M P, CHRISTIANSEN A. Ulrich Beck: An Introduction to the Theory of Second Modernity and the Risk Society [M]. New York：Routledge，2013：33.
④ 贝克，吉登斯，拉什. 自反性现代化：现代社会秩序中的政治、传统与美学 [M]. 赵文书，译. 北京：商务印书馆，2001：225.
⑤ 贝克，吉登斯，拉什. 自反性现代化：现代社会秩序中的政治、传统与美学 [M]. 赵文书，译. 北京：商务印书馆，2001：225.

人类社会"外部"的话，那么风险社会中的风险则主要来自社会内部，是一种典型的"人为风险"或"人造风险"，它们来源于科学技术不受限制的推进所造成的"新的不确定性"。对此贝克指出，当今社会的风险"源自内部决策"，"风险以决策为先决条件"①，最典型的是由"技术—经济"发展决策所引发。吉登斯亦指出，"我们所处的年代并不比以前更危险、更危机，但是危险的状况发生了变化"，"我们生活在这样的一个社会里，危险更多地来自我们自己而不是来源于外界"②。

除了风险的"人为性"外，风险社会中的各类风险往往是难以直接感知的（例如有毒气体、核辐射或电磁辐射等），"这种风险定居在物理和化学的方程式内"③。正因如此，对这些现代风险的感知或界定在很大程度上依赖于知识的解释，正如贝克所指出的，"风险有赖于因果解释，因而最初只存在于相关（科学或反科学）知识"，"借助知识，风险变换样貌，或放大，或缩小，或渲染，或淡化"④。在早期工业现代化进程中，由于科学理性的支配地位，科学知识垄断了对风险的界定，对各类风险的控制或应对均建立在科学分析与计算的基础之上。然而在风险社会中，"不确定与无知成为基本状况"⑤，这对科学理性构成了直接挑战，由此使得科技应用引发的各类风险日益变得不可计算与预测（成为"非意图后果"），各种安全控制机制也面临失灵问题。例如吉登斯曾指出，福利国家是在应对"外部风险"的过程中建立起来的保险体系，但是"在人为不确定性占主导地位的时代，建立在外部风险基础上的福利制度开始瓦解"⑥。这种风险的不可控性正是现代社会面临的最为严峻的挑战之一。

当然，贝克讨论的核心范畴是"风险社会"而非"风险"本身，因此为了理解贝克理论的真正逻辑，有必要从更为宏观的角度来审视现代风险现象，以

---

① 贝克.世界风险社会[M].吴英姿，孙淑敏，译.南京：南京大学出版社，2004：4.
② 吉登斯.失控的世界[M].周红云，译.南昌：江西人民出版社，2001：31.
③ 贝克.风险社会：新的现代性之路[M].张文杰，何博闻，译.南京：译林出版社，2018：6.
④ 贝克.风险社会：新的现代性之路[M].张文杰，何博闻，译.南京：译林出版社，2018：8-9.
⑤ SØRENSEN M P, CHRISTIANSEN A. Ulrich Beck: An Introduction to the Theory of Second Modernity and the Risk Society [M]. New York: Routledge, 2013: 87.
⑥ 吉登斯.失控的世界[M].周红云，译.南昌：江西人民出版社，2001：113.

避免陷入"只见树木,不见森林"的误区。"风险社会"之所以可以成为一种与"工业社会"相对应的社会形态,除了上述现代风险自身的特殊性外,主要是由于风险的生产与分配开始取代财富生产与分配而成为社会发展的主导逻辑。也即,在早期工业现代化阶段中,尽管也存在各种风险的产生,但是当时社会的主导逻辑是财富的生产与分配,以应对当时社会的核心问题——物资匮乏、贫穷或饥饿。然而,随着工业社会物质财富的积累,对许多人来说,"'大腹便便'的'问题'取代了饥饿问题"①,"风险成为这个阶段社会的中心特征和中心问题"②。

因此,就风险社会的形成逻辑来看,各种现代性风险的生成是前提,在此基础上这些风险"已被释放或转化成灾害进入社会,影响社会之运作,产生对工业社会的反省思考"③。风险社会之所以能够最终形成,很大程度上是由于现代风险的隐蔽性,它们是在"不可见"甚至"无意识"之中产生并积累起来的。贝克曾对这一问题进行了深刻剖析:

> 阶级社会、工业社会或市场社会的问题,与风险社会的问题相互交叠、相互竞争。在这个过程中,依照权力关系和参考标准,财富生产的逻辑总能获胜。正是由于这个原因,风险社会成了最后的赢家。显而易见的需求压倒了对风险的感知,但也仅仅限于感知,而不是风险的现实影响;被否认的风险反而成长得又快又好。在社会生产(以化工产业、核反应堆技术、微电子学和遗传工程的发展为特征)的某个特定阶段,财富生产的逻辑和冲突之优势地位,以及风险社会的不可见属性,都不再是风险脱离现实的证据;恰恰相反,它们甚至成了风险社会生成的动力,从而也就是风险社会正在成为现实的证据。④

---

① 贝克. 风险社会:新的现代性之路 [M]. 张文杰,何博闻,译. 南京:译林出版社,2018:5.
② 庄友刚,张国华. 从当代中国语境看贝克的风险社会与第二现代性理论 [J]. 国外理论动态,2009(9):78.
③ 胡正光. 风险社会中的正义问题:对"风险"与"风险社会"之批判 [J]. 哲学与文化,2003(11):111.
④ 贝克. 风险社会:新的现代性之路 [M]. 张文杰,何博闻,译. 南京:译林出版社,2018:41-42.

总之，随着风险从个别或独立的事件发展为现代人类的基本生存环境，工业社会的转型也就不可避免了，正如有学者指出的，"正是从风险现象和风险意识的这种无所不在和无孔不入的角度出发，我们才说风险社会已经来临了"[①]。当然从另一个角度来说，也正是在贝克提出"风险社会"的论题之后，"风险"才从一种"局部领域"的现象，"上升为一个用来刻画整个当代社会根本特征的核心术语"[②]。正因如此，本研究将科技风险型邻避冲突现象置于风险社会的语境下进行考察，也就有了其逻辑合理性。

为了更好地理解风险社会的内在逻辑，有必要进一步考察风险社会相较于工业社会而言的新特征。这里主要讨论两方面，一方面是风险社会的"全球化"特征，它直接源自风险本身的独特属性。风险社会中的风险往往具有"全局性"特征，它所影响的并非一个或少数几个人，而可能是全体人类，例如核泄漏导致的灾难。对此贝克曾指出，"当今的风险和危害在本质上有别于其在中世纪的表面相似物，这是由于今天的威胁具有全局性（人、动物、植物），其起因是现代特有的"[③]。而且，现代性风险具有一种"飞去来器效应"。尽管就特定时间来看，科技应用引发的环境或健康危害可能只是由特定群体来承担。但是从长期来看，"现代化风险迟早会冲击风险的制造者或受益者"，"就算是富商大贾或有权有势者，也难逃其影响"[④]。在此意义上，贝克指出风险社会是一个"世界风险社会"，它将超越民族国家的地域边界，而将整个人类社会纳入其中，任何国家、组织、群体或个人都无法在现代风险面前独善其身。

另一方面，风险社会还呈现出明显的"个体化"（individualization）特征。贝克指出，"个体化是一个结构的概念，它与福利国家有关"，指的是"制度化

---

① 李友梅. 从财富分配到风险分配：中国社会结构重构的一种新路径 [J]. 社会，2008 (6)：6-7.
② 成伯清. "风险社会"视角下的社会问题 [J]. 南京大学学报（哲学·人文科学·社会科学），2007（2）：129.
③ 贝克. 风险社会：新的现代性之路 [M]. 张文杰，何博闻，译. 南京：译林出版社，2018：7.
④ 贝克. 风险社会：新的现代性之路 [M]. 张文杰，何博闻，译. 南京：译林出版社，2018：9.

的个人主义"①。例如福利国家中各项权利或利益获取的资格都是以个人（而不是家庭）为基本单位设计的，个人成为基本的生产与生活主体。随着现代性发展走向深入，个体逐渐从诸如阶级、阶层、家庭、社团、性别角色之类的结构中脱离出来，从而产生了社会个体化趋势。在这一趋势下，个体化并非建立在个人自由选择的基础之上，而是体现为一种"强迫性"②。为了更好地诠释个体化的重要意涵，贝克进一步界定了个体化的三重"面向"：第一是"个人从旧有的社会形式与联系中解脱出来"（解脱面向）；第二是"旧有的信仰与规范失去了意义"（去魅面向）；第三是"个人进入了新的社会联系中"（再整合面向）。③ 鉴于个体化的多重效应，它成为我们观察风险社会中个体行为特征的重要基础。

三、风险社会中的公众焦虑与社会冲突

如前所述，从社会层面来看，风险社会中的社会结构以"个体化"为基本特征，这种个体化状况在两个层面上改变着公众面对现代性风险时的心理与行为。一方面，个体化趋势会增强民众的风险意识，风险社会的形成很大程度上正是由于公众风险意识的显著提升。对此贝克曾指出，工业生产的"副作用"并不是今天才出现的，只不过由于社会风险意识的提高，"这个问题今日才被重视"④。而且，风险意识并不会随着知识的增加而降低，对此卢曼指出，"人们知道得越多，便越知道人们不知道什么，这才造就了风险意识"⑤。

另一方面，个体化趋势使公众个人成为风险的直接承担者，原本由家庭、集体、阶层或国家所提供的安全防护已经瓦解。而公众个体一旦失去传统工业社会的社会认同基础和保护屏障，就会进入"风险状态"。就此而言，有学者指出，"如果说科学技术的内在悖论所制造的风险社会有毁灭人类自身的能力和可能，属

---

① 贝克.世界风险社会[M].吴英姿，孙淑敏，译.南京：南京大学出版社，2005：11.
② 贝克，吉登斯，拉什.自反性现代化：现代社会秩序中的政治、传统与美学[M].赵文书，译.北京：商务印书馆，2001：20.
③ 顾忠华.第二现代：风险社会的出路？[M].台北：巨流图书公司，2001：104.
④ 胡正光.风险社会中的正义问题：对"风险"与"风险社会"之批判[J].哲学与文化，2003（11）：158.
⑤ 卢曼.风险社会学[M].孙一洲，译.南宁：广西人民出版社，2020：50.

于'生存性风险社会'范畴,那么,跟劳动市场和个体化联系在一起的风险社会则属于'生活性风险社会'范畴,二者构成风险社会的一体两面"①。

在上述情况下,焦虑将成为风险境遇中社会公众的基本心态。重要的是,焦虑不再仅仅是个人心理上的"非正常"状况,而是成为一种社会性心态。更准确地说,焦虑是一种现代性的社会心态。对此有学者在进行了专门研究后指出,"公开确认焦虑问题是一种现代现象"②。从心理角度看,追求安全保护是人类的本能,"出于维护自身安全的目的,个体总是最大限度地谋求确定性以遏制焦虑"③。然而风险社会的形成标志着不确定性在人类社会各个领域的渗透和弥散,从而也导致了焦虑的普遍性生成,焦虑的弥漫则成为风险社会中因"本体性安全"丧失以及"人为不确定性"而引发的重要现象。④

在焦虑的驱动下,风险受众将会团结起来进行抗争,即出现因"我怕"而产生的"焦虑型团结"。⑤ 这种"焦虑型团结"逐渐形成了一股社会与政治力量,要求改变科学技术以及经济社会领域中的相关决策安排,以使自身摆脱风险处境。邻避冲突中地方居民所采取的投诉、"散步"或身体抗争等集体行动即是这种"焦虑型团结"的体现。然而在现实中,基于焦虑的政治诉求往往得不到有效的回应甚至承认,"对科学的批判、对未来的焦虑,总被污名化为'非理性主义',被看成一切弊病的真正根源"⑥。这一状况在很大程度上激化了因焦虑而产生的社会紧张甚至矛盾冲突。例如一些地方的邻避冲突事件中往往伴随着暴力冲突的发生,其重要原因即在于过度的焦虑而引发的对抗性行为。

---

① 肖瑛. 风险社会与中国 [J]. 探索与争鸣,2012(4):47.
② WILKINSON I. Anxiety in a Risk Society [M]. New York:Routledge,2001:1.
③ 张兆曙,何耀. 转基因技术与现代性的焦虑:一种社会心态学的视角 [J]. 天津社会科学,2015(3):57.
④ WILKINSON I. Anxiety in a Risk Society [M]. New York:Routledge,2001:102.
⑤ 贝克. 风险社会:新的现代性之路 [M]. 张文杰,何博闻,译. 南京:译林出版社,2018:48.
⑥ 贝克. 风险社会:新的现代性之路 [M]. 张文杰,何博闻,译. 南京:译林出版社,2018:42.

第三节　中国风险社会与现代邻避冲突

前文对现代化或现代性问题的讨论主要是基于贝克、吉登斯等西方学者的理论，而他们的理论建构更多是基于对西方特别是欧洲国家现代性发展实践的观察。就此而言，我们需要警惕风险社会与"第二现代"（反身性现代化）等理论可能存在的"欧洲中心论"问题。事实上，贝克自己也在反思这一问题，他曾指出现代化具有多种模式或路径，除了西方路径外，还包括由发展型国家所驱动的压缩现代化（compressed modernization）、后殖民主义现代化（postcolonial modernization）以及失败的现代化（failed modernization）等类型[①]。因此本研究接下来将聚焦中国本土实践，考察中国社会现代性风险的产生问题。基于这种考察，本研究认为当前中国已经进入一种特殊的风险社会情境之中，而屡屡发生的邻避冲突事件则是其重要表征。

一、中国风险社会的形成与基本特征

改革开放 40 多年来，中国社会经历着现代化与体制转型的双重变迁。这一过程取得了举世瞩目的经济发展成就，然而剧烈的经济社会结构变革也催生出各种风险因素。在 20 世纪 90 年代后期，长期累积的风险因素开始以社会矛盾或冲突的形式集中表现出来，例如环境危机、贫富差距、群体性事件以及各类工业生产安全事故等。[②] 现实的矛盾冲突引起了党政领导层的重视，2003 年以来科学发展观、和谐社会、社会管理创新等理念的先后提出以及社会保障与社会政策体系的构建，均代表着政府应对风险挑战、保障社会安全与秩序的努力。与此同时，转型社会的风险与冲突问题也引起了学界的关注。

在进行理论思考与问题求解的过程中，贝克的"风险社会"理论逐渐被引介到国内，成为研究中国社会风险问题时的重要视角与流行概念。风险社会理

[①] SØRENSEN M P, CHRISTIANSEN A. Ulrich Beck: An Introduction to the Theory of Second Modernity and the Risk Society [M]. New York: Routledge, 2013: 81.

[②] 王绍光. 大转型：1980 年代以来中国的双向运动 [J]. 中国社会科学, 2008（1）: 132.

论在国内的流行很大程度上是由于该概念能够直观地描述20世纪90年代以来中国社会问题与矛盾冲突的集中显现这一新状况。正是由于"风险社会"同当时中国的现实状况具有很强的"相似性",从而引发了许多学者的强烈兴趣,尽管他们中的许多人对于"风险社会"概念的使用已经与贝克本人大相径庭。对此有学者指出,贝克所强调的"风险社会=晚期现代性"的历史分期对于中国来说并不重要①,中国学界更为关心的是转型时期社会风险的应对或治理问题。

在上述背景下,2003年SARS危机成为风险社会理论被引入中国的重要"契机"。SARS从最初的公共卫生突发事件最终演化为整体性的社会危机,由此成为当时中国社会结构性矛盾冲突的集中体现。鉴于这些情况,以李路路为代表的社会学学者最早提出了中国社会已经进入"风险社会"的判断。②而且许多学者进一步认为,由于中国社会所经历的快速现代化与体制转型的"叠加"效应,中国的风险社会更加复杂,可称为"高风险社会"或"二重风险社会"。③事实上,中国现代社会的发展的确在很多方面呈现出了风险社会甚至"高风险社会"的明显特征。正如有学者指出的,"渴求现代化,接受西方科技理性、工具理性和GDP主义,构成了近百年来中国政治、经济、社会和文化生产的主旋律"④。这一状况很自然地会将中国的发展推向西方主流的工业现代化发展脉络之中,进而逐渐走向工业现代化的"自我对抗"。

不过,也有一些学者清醒地指出,由于现代化发展阶段以及体制差异,中国的社会风险问题及其产生根源与西方社会存在很大差异,因此提醒人们注意"风险社会理论中的基本概念必须在不同的社会和历史语境中进行解构和重新定义"⑤。对此,肖瑛明确指出财富分配的逻辑在中国仍占据支配地位,而且"中国式的个体化"与西方明显不同,因此建议使用"中国风险社会"概念来指称

---

① 李友梅. 从财富分配到风险分配:中国社会结构重组的一种新路径 [J]. 社会,2008 (6):7.
② 李路路. 社会变迁:风险与社会控制 [J]. 中国人民大学学报,2004 (2):10.
③ 仇立平. 社会转型与风险控制:回到实践中的中国社会 [J]. 江海学刊,2015 (1):96.
④ 李友梅. 从财富分配到风险分配:中国社会结构重构的一种新路径 [J]. 社会,2008 (6):8.
⑤ 王文彬. 当代中国风险社会的体制差异 [J]. 社会科学战线,2016 (5):23.

转型期中国的风险状态。①

事实上，即便是贝克本人也认识到了中国现代化发展的特殊性。如前所述，贝克界定了现代化发展的四种模式，他将中国归类为由发展型国家所驱动的"压缩现代化"模式，"这种现代化既加强了风险的生产，又没有给风险的制度化预期和管理留下时间"②。改革开放以来，中国在"以经济建设为中心""科学技术是第一生产力"等发展理念下开启了新的现代化进程，而且基于后发国家的状况实施了"赶超"战略。中国的发展模式取得了显著的成效，在短短30多年的时间里完成了西方国家上百年所完成的工业化、城市化、科技化等现代化发展的任务。然而，中国的特殊性在于现代化发展的不均衡性问题。这种不均衡性用风险社会理论来表述，即"当下中国的现代化同时拥有工业化和自反性现代化的特征"③。一方面，科学技术仍是我国经济增长、社会发展与国家安全的核心推动力量，然而另一方面，政府主导下的科技创新体制在促成了科技"大跃进"④ 的同时，也使各种科技应用的"副作用"集中呈现，例如近些年国内接续发生的PX、核电、转基因论争，均涉及对科学技术应用所引发的负面危害的关注和争议。

因此本研究认为，在较长一段时期内，中国风险社会可能在总体上仍区别于西方或贝克意义上的风险社会。但是随着中国现代化进程的持续推进，真正意义上的"现代性风险"（科技应用对生态环境与人体健康造成的潜在危害）将会日益凸显并成为中国社会所面临的最重要的风险类型之一，此时更能体现贝克风险社会理论的重要价值。同时，随着中国在全球治理中的全面参与甚至引领作用的彰显，中国也将逐渐融入"世界风险社会"中，需要面对各种跨域风险的挑战。在此情况下，中国风险社会的经验现象将能够更好地与贝克等学者的风险社会理论进行"对话"，而后者的理论也将能够为中国风险社会的应对

---

① 肖瑛. 风险社会与中国 [J]. 探索与争鸣, 2012 (4): 49.
② 贝克, 邓正来, 沈国麟. 风险社会与中国: 与德国社会学家乌尔里希·贝克的对话 [J]. 社会学研究, 2010 (5): 221.
③ 贝克, 邓正来, 沈国麟. 风险社会与中国: 与德国社会学家乌尔里希·贝克的对话 [J]. 社会学研究, 2010 (5): 219.
④ 田方萌. 中国模式与创新绩效: 科技"大跃进"的多重成因 [J]. 公共行政评论, 2017 (6): 33-46.

提供更具契合性的启示与借鉴。

二、作为中国风险社会表征的邻避冲突

近年来，因工程项目或设施选址而引发的邻避冲突事件在我国各地频频发生，成为重要的社会问题现象。当然，邻避冲突并非中国社会独有的现象，西方对邻避冲突的关注和研究也远远早于国内学界。不过总体而言，国内邻避冲突在呈现出一般邻避现象的基本特征的同时，也具有一些不同于西方国家的属性。例如，西方国家的邻避冲突在很大程度上已经成为环境运动的重要构成，以环保价值、公民权利等公共价值为诉求。而国内许多地方的邻避冲突中的确存在部分居民的非理性认知或自利追求等问题，而且更多地体现为一个个的"独立"事件，在很大程度上未能发展为西方意义上的社会运动。另外，相较于西方国家而言，国内典型意义上的邻避冲突事件出现较晚，但是发展迅速，在短短十来年的时间内已成为引发广泛关注的社会冲突类型。

具体来看，在20世纪90年代之前，因"选址建设"而引发的冲突尽管存在（例如反对在特定地点修建水电站），但是并没有作为一种典型的冲突类型而引发关注。20世纪90年代之后，一些城市的邻避事件开始引起部分学者的关注，尽管此时尚没有使用"邻避"的概念。例如，有学者考察了某小区业主反对地方政府在小区公共绿地上修建老干部活动中心的冲突事件[1]，这已经属于较为典型意义上的邻避冲突。2007年厦门PX事件被视为中国邻避冲突发展的"里程碑"，自此开始，国内邻避冲突事件进入快速产生的"爆发期"。例如有研究统计了20世纪90年代到2019年的365起邻避冲突事件，发现2007年之前共有21起，而2007年至2019年则有344起[2]，增长态势十分显著。

在邻避冲突的类型上，许多学者特别关注其中的"环境"属性，发现环境诉求（环境污染危害）是近些年国内邻避冲突中抗争公众最为主要的诉求之一。对此有研究指出，"环境群体性事件是邻避冲突的重要表现形式之一"[3]。不过，

---

[1] 石发勇. 关系网络与当代中国基层社会运动：以一个街区环保运动个案为例 [J]. 学海, 2005 (3): 76-88.

[2] 郑旭涛. 改革开放以来我国邻避问题的演变趋势及其影响因素：基于365起邻避冲突的分析 [J]. 天津行政学院学报, 2019 (5): 30.

[3] 王佃利. 邻避困境：城市治理的挑战与转型 [M]. 北京：北京大学出版社, 2017: 12.

<<< 第二章 从工业社会到风险社会：邻避冲突的现代性背景

有别于传统社会自然灾害对生态环境造成的冲击，现代社会中的环境危害大多来自人类高度发达的科学技术及其应用，是一种新型的现代性环境问题，其实质是知识（特别是科学知识或专业知识）的不确定性所引发的科技风险作用于生态环境以及人类健康领域的结果。基于这一判断再来考察中国的邻避冲突问题，可以发现我国近些年出现的邻避冲突事件多涉及争议性科技议题，而且许多冲突发生于邻避设施建设之前，相关争论的对象是潜在的"风险"而非已经发生的"危害"。正是由于这些邻避冲突中的相关论争聚焦于科技应用对生态环境或人类健康所造成的潜在危害问题，因此本研究提出"科技风险型邻避冲突"概念用以指称这一重要的社会冲突或邻避冲突类型。

这种"科技风险型邻避冲突"广泛地体现在许多典型邻避冲突事件中。例如，王佃利在研究中梳理了2007年至2016年发生的25起具有较大影响的邻避事件[1]，其中涉及的主要邻避设施包括化工厂（PX项目、造纸排污设施）、垃圾焚烧发电厂、变电站、磁悬浮设施、核废料园等，共计22起。这些邻避设施都是典型的科技工业设施，是特定科学技术应用于工业生产或社会生活领域的体现。除此之外，只有3起冲突事件不涉及科技应用问题，分别是反对麻风、结核等特殊医疗机构，社区养老院和社区居家养老中心的建设问题。另有研究考察了更大的样本范围，通过对2005年至2016年发生的531起邻避冲突事件的梳理发现，主要的邻避设施包括工业设施（9.2%）、环保设施（31.3%）、交通设施（10.2%）、能源设施（28.8%）、社会服务设施（12.6%）、水资源设施（2.1%）、通信设施（2.6%）等类型。[2] 而如果基于是否涉及科技应用的标准重新进行统计的话，可以发现这种邻避设施所占比重高达55.4%。

因此可以说，当前时期我国的邻避冲突已经成为工业现代化过程中"技术—经济"发展导向下的重要结果，也是中国进入风险社会情境的重要表征。正因如此，将邻避冲突置于现代化或现代性发展的脉络中（或风险社会的实践情境中）进行考察，有助于更为深入地挖掘其深层根源与生成演化逻辑。正如有学者指出的，风险社会是一种全新的社会类型，其中所包含的重大社会问题

---

[1] 王佃利. 邻避困境：城市治理的挑战与转型 [M]. 北京：北京大学出版社，2017：12-13.

[2] 鄢德奎，李佳丽. 中国邻避冲突的设施类型、时空分布与动员结构：基于531起邻避个案的实证分析 [J]. 城市问题，2018（9）：7-8.

61

(包括本研究所考察的邻避冲突问题),"无论是形成过程还是界定机制,都已带有不同以往的特性,我们必须从掌握这个社会的基本运作机制入手,才能准确地找到理解和解决之道"①。这正是本研究考察科技风险型邻避冲突问题时的基本导向和思路。

---

① 成伯清. "风险社会"视角下的社会问题 [J]. 南京大学学报 (哲学·人文科学·社会科学), 2007 (2): 134-135.

第三章

风险分配与生产：邻避冲突的生成根源

在将邻避冲突置于现代性或现代化的宏观背景下进行考察时，邻避冲突成为工业社会发展为风险社会时的重要表征，而风险社会的生成与运行逻辑则成为考察邻避冲突生成根源的重要前提和基础。贝克的风险社会理论指出科技"副作用"的累积与彰显是工业社会向风险社会发展的重要动力，而在风险社会中，风险分配的逻辑成了社会运行的主要逻辑。就此而言，邻避设施的"选址建设"即是一个风险分配的过程，风险分配中的不正义问题（不平等或不公平）则是引发邻避冲突的重要原因。

不过，对邻避设施风险分配过程的正义原则的讨论不能局限于现有的"分配正义"范式，而需要将风险的"生产"问题纳入其中，从而实现邻避冲突正义分析框架的拓展，并进而探究邻避冲突更为深层次的生成根源。基于这一思路，本章将首先对邻避冲突中的风险分配不正义问题进行考察，进而基于风险自身的属性来分析邻避设施风险的生产问题。本研究认为，风险具有知识建构的内在属性，邻避设施风险生产的实质是知识生产，不同主体风险知识之间的冲突则是邻避冲突的重要构成。更重要的是，在邻避设施风险知识的冲突中存在科学知识的支配及其对其他知识类型的排斥现象，由此引发的认知不正义问题则是邻避冲突产生的深层根源。

第一节 风险分配不正义：邻避冲突的伦理维度

就本研究所考察的科技风险型邻避冲突而言，邻避设施成为科技风险的直接载体，而邻避设施选址建设的过程则体现为一个对科技风险这种"潜在危害"

在特定时空以及人群之间进行分配的过程。风险分配的不平等或不公平则成为公众质疑和抗争的主要诉求与重要原因。许多学者认识到了这一状况，风险分配中的"分配正义"（distributive justice）问题开始成为邻避研究的重要视角①。这些研究揭示出了邻避冲突所呈现的伦理特征，从而使对邻避现象的讨论走向深入。

一、作为风险分配过程的邻避设施选址

按照贝克的理论，风险社会与工业社会的重要区别在于，工业社会所要应对的是"稀缺社会"条件下的财富生产问题，而风险社会所要应对的则是"富余社会"条件下风险的累积与彰显问题。与此相对应，工业社会中占据主导地位的是财富分配的逻辑，而风险社会中占据主导地位的则是风险分配的逻辑。在贝克看来，随着现代化进程的深入，"稀缺社会的财富分配逻辑开始向发达现代性的风险分配逻辑转变"②。这种转变的实现被认为与两个条件有关。一是随着生产力的发展以及福利国家等各种社会保障制度的运作，物质需求问题在很大程度上得以解决或缓解；二是随着科学技术的快速发展和应用，"生产力在现代化进程中的指数式增长，使风险和潜在自我威胁的释放达到了前所未有的程度"③。当然在现实中，工业社会向风险社会的发展并未完成，而上述财富分配的逻辑和风险分配的逻辑在很大程度上也会交织重叠在一起。对此贝克曾指出，"从系统的角度看，在现代化进程的连续性中，'财富分配'和'风险分配'各自的社会局势与冲突，迟早会在社会史的某个阶段结合在一起"，"我们最迟在20世纪70年代的德国见证了这一转变的开始"，"两类主题和冲突在这里重叠了"④。

在对财富分配逻辑与风险分配逻辑关系的分析中，贝克指出它们尽管存在

---

① BRION D. An Essay on Lulu, Nimby, and the Problem of Distributive Justice [J]. Boston College Environmental Affairs Law Review, 1988, 15 (3): 162-171.
② 贝克. 风险社会：新的现代性之路 [M]. 张文杰, 何博闻, 译. 南京：译林出版社, 2018: 3.
③ 贝克. 风险社会：新的现代性之路 [M]. 张文杰, 何博闻, 译. 南京：译林出版社, 2018: 3.
④ 贝克. 风险社会：新的现代性之路 [M]. 张文杰, 何博闻, 译. 南京：译林出版社, 2018: 5.

差别，但也有相似之处。对于工业社会而言，它是围绕着下述问题展开的："社会生产的财富在分配时，为何既体现为社会不平等，又具有'正当性'？"与之相类似，风险社会所要解决的问题是："怎样才能阻止、淡化、渲染或疏导现代化进程系统生产的风险与危害？它究竟会在什么地方以'潜在副作用'的形象诞生？如何对它加以限制，完成派发，使之既不阻碍现代化进程，也不超出（生态、医学、心理或社会意义上）'可被容忍'的界限？"① 换句话说，风险社会所要解决的核心问题是如何应对科技应用所引发的潜在风险或有害副作用的日益增长，由于这些风险是"技术—经济"发展带来的必然结果，因此成为无法避免或忽视的现实问题，而必然要在不同群体内部进行分配。与此同时，风险社会中的科学与政治系统还要通过各种手段进行风险的控制与管理，给予社会公众以"安全承诺"，以追求风险分配的"正当性"。

就风险社会中风险分配的结果来看，与工业社会中财富分配的不平等进而产生阶级划分类似，风险分配也并非平等，由此会产生不同社会主体的不同"风险处境"（risk positions）。风险处境是指特定主体在承受或被分配了特定风险之后所形成的社会"位置"，"随着风险的增多，同时也由于风险的分配，社会的风险处境形成了"②。

重要的是，经由风险分配所形成的风险处境并不平等，某些人会比其他人受到更多的风险影响。对此贝克曾指出，"风险处境的不平等，在某些方面同阶级或阶层处境的不平等没有什么不同"，不过贝克紧接着说道，"但其中起实际作用的是截然有别的分配逻辑：现代化风险迟早会冲击风险的制造者或受益者"③。就风险分配的结果而言，贝克的后半句话容易引发一定的误解。贝克指出现代化风险具有一种"飞去来器效应"，这会"打破阶级图式"，"生态灾难或核泄漏向来无视国界"，"就算是富商大贾或有权有势者，也难逃其影响"④。

---

① 贝克. 风险社会：新的现代性之路［M］. 张文杰，何博闻，译. 南京：译林出版社，2018：4.
② 贝克. 风险社会：新的现代性之路［M］. 张文杰，何博闻，译. 南京：译林出版社，2018：9.
③ 贝克. 风险社会：新的现代性之路［M］. 张文杰，何博闻，译. 南京：译林出版社，2018：9.
④ 贝克. 风险社会：新的现代性之路［M］. 张文杰，何博闻，译. 南京：译林出版社，2018：9.

上述观点容易给人造成这样一种印象，即风险会在所有阶级或阶层主体之间进行"平等分配"。事实上，贝克的本意是风险的生成与分配将是一个长时期的历史进程，随着现代化风险最终在全世界范围内的扩散和弥漫，风险将会成为所有主体面临的共同问题，所有人都无法独善其身。在此意义上，"社会的区隔和界限也就减弱了"，"在其作用范围内，风险对受它影响的人群展现出了平等化效应"，① 由此也构成了风险社会与阶级社会的根本区别。对于这一情况，贝克提出了一个简明的命题进行概括，即"贫困是分等级的，烟雾是讲民主的"②。风险的分配最终会指向社会所有人群，这才是贝克所强调的风险分配逻辑的核心。

然而，风险最终意义上对阶级或阶层界限的打破可能是一个十分漫长的历史过程（贝克使用了"迟早"一词），而就可以观察的现实来看，无论是在国际层面上还是国家内部，风险的分配都是不平等的。对此贝克明确指出，风险"具有明确的阶级属性"，"风险分配的类型、模式及媒介与财富分配存在着系统差别，但这无法排除另一种可能性，即风险常以阶层或阶级专属的方式来分配"，"风险分配的历史表明，风险同财富一样附着在阶级模式之上，只不过是以颠倒的方式：财富在顶层积聚，而风险在底层积聚"③。

贝克进一步指出，风险分配所形成的风险处境与阶级处境存在相互交叠、相互加强的关系，他对此进行了详细解释：

> 贫困与安全感的缺乏相伴，并招致了大量的风险；而（收入、权力和教育上的）财富却可以购买免于风险的安全和自由。风险向贫穷弱势群体集中，阶级对立由此加剧了。阶级专属的风险分配"法则"，亦即阶级对立加剧的"法则"，不仅生效已久，而且在今天仍适用于风险的某些核心维度。非熟练工人的失业风险要远大于熟练工人。在工业企业里干活会涉

---

① 贝克. 风险社会：新的现代性之路 [M]. 张文杰，何博闻，译. 南京：译林出版社，2018：28.
② 贝克. 风险社会：新的现代性之路 [M]. 张文杰，何博闻，译. 南京：译林出版社，2018：27.
③ 贝克. 风险社会：新的现代性之路 [M]. 张文杰，何博闻，译. 南京：译林出版社，2018：25.

劳动负荷风险、辐射风险或有毒化学品风险，这些风险在不同职业间是分布不均的。低收入群体生活在廉价住宅区，大多临近工业生产中心，这些区域的空气、水和土壤长期暴露在各种污染之中。害怕收入减少，就会提高容忍限度。①

本研究所考察的邻避设施选址问题正是上述贝克所讨论的风险分配问题的直接体现。如前所述，本研究中的邻避设施特指化工厂、核电站、垃圾焚烧厂、通信基站等工程项目或工业设施，这些设施的建设正是工业现代化中"技术—经济"发展逻辑的直接体现。一方面，这些邻避设施均涉及科学技术（特别是一些高端或新兴科技）的应用，例如化工技术、核能技术、生物技术、通信技术等；另一方面，科学技术已经成为现代风险的最主要的来源。由此，邻避设施即成为贝克所讨论的现代化风险的重要载体，这可以称为"科技风险型邻避设施"。

邻避设施中科技风险的具体产生有着多重原因，例如这可能是工业生产安全控制制度运行中的失灵或者操作人员的失误导致（因而具有偶然性），但更重要的则是源于科学技术本身的缺陷，即科学知识及技术应用中的各种不确定性与复杂性（贝克指出的科学理性面对的"无知"问题）。正如有学者指出的，科学技术内在地具有一种"风险性"（riskiness），这种"风险性"不同于"风险"，它是一种技术应用情境（situation）的属性，而不是指技术应用的结果。②也即，当核泄漏事件发生后，我们会说核工业设施是"有风险"的，但是即便从未真实发生泄漏事件，核技术的"风险性"仍然存在，因为它表明的是核泄漏发生的"可能性"。重要的是，科学技术的"风险性"本身是无法消除甚至降低的。人们可以通过改进工业设施、设置安全保障制度、进行人员安全培训等方式降低工业生产事故发生的概率，然而由于"风险性"表征的是"可能性"而非"概率"，因此"能够用于降低科技风险的策略无法用来降低特定技

---

① 贝克.风险社会：新的现代性之路［M］.张文杰，何博闻，译.南京：译林出版社，2018：26.
② CHAPMAN A. Democratizing Technology：Risk, Responsibility and the Regulation of Chemicals［M］. London：Routledge, 2012：85.

术的风险性"①。

正是由于科学技术内在固有的"风险性",风险自身无法完全消除,而必然要由特定主体来承担,由此产生了风险分配问题。而如果说科学技术的产业化应用意味着科技风险从"实验室"到"社会"的传导,那么邻避设施的"选址"则意味着科技风险向某一特定地域的传导或"聚焦"。也即,就抽象的科学技术(例如核能技术)本身而言,其内在的风险是对整个社会或全体人类而言的,但是就某一座核电厂而言,它的风险所影响的则主要是周边的居民。正如有学者指出的,"从地方角度来看,'选址'意味着弥漫的威胁发展为一种集中的与'物质化'的风险",选址的实质是"风险的空间集中化"②。

经由"选址"所进行的风险分配显然是不平等的,距离设施更近的居民将会承受更多的风险,邻避抗争与冲突即是对这种风险分配结果不平等的直接反应。正因如此,邻避冲突中的抗争主体多在质疑"为什么要建在这里,而不是其他地方"。然而在较长时期内,这种"以空间包裹风险"③的做法被很多人视为一种必要与合理的选择,之所以如此是因为许多人将邻避设施视为"社会所需的公共设施",能够产生重要的"社会效益或公共利益",而对邻避设施选址的反对则被视为地方居民"自私自利"的体现,是"自私的地方狭隘主义(local parochialism)阻碍社会良善(societal good)实现的可能性"④。当科技风险无法根除,而社会又对科技产品有所需求的时候,邻避设施的建设也就被视为一种"必要之恶"而被广泛接受了。对此,李友梅曾一针见血地指出,"人们一方面严肃批判各种风险生产机制,积极寻求风险规避的有效方法,另一方面又不愿意放弃现代化给自己带来的各种便利和福祉,甚至渴望这种福祉和便利的不断扩大,这就是风险社会中人类生存的一种困境"⑤。

---

① CHAPMAN A. Democratizing Technology: Risk, Responsibility and the Regulation of Chemicals [M]. London: Routledge, 2012: 85.
② COHEN M. Risk in the Modern Age [M]. New York: Palgrave, 2000: 202.
③ 谭鸿仁,王俊隆. 邻避与风险社会:新店安坑掩埋场设置的个案分析 [J]. 地理研究, 2005 (5): 106.
④ 丘昌泰. 邻避情结与社区治理:台湾环保抗争的困局与出路 [M]. 台北:韦伯文化出版公司, 2007: 7.
⑤ 李友梅. 从财富分配到风险分配:中国社会结构重构的一种新路径 [J]. 社会, 2008 (6): 7.

然而，即便是从社会整体层面上看邻避设施的建设能够带来社会福利的改善（社会总收益大于总成本），但是这无法掩盖社会各群体内部收益和成本分布不均衡的状况，也即，特定群体相比于其他群体而言承受着更多的风险或成本这一事实。因此对邻避设施选址建设及其冲突的评价不能局限于功利主义原则，"只考虑总成本与总收益，而不考虑风险的分配，是不公平的"[1]。而如果承认规避风险与追求安全是人的基本需求与权利的话，那么在伦理规范上就不能将公众的"不要在我家后院"的诉求简单地贴上"狭隘""自私"或"非理性"的负面标签，而需要将邻避设施风险的分配纳入正义原则框架内进行考量。

二、邻避设施选址中的风险分配不正义

邻避设施风险分配中的不正义现象最典型的体现是，那些因科技应用而造成环境或健康风险的设施选址往往遵循降低交易成本或补偿成本以及"最小抵抗路径"原则而被设置于边缘或低收入社区。这正是贝克所谓的"风险在底层积聚"的直接体现。在对这种不正义现象的分析和批判中，"分配正义"原则成为最重要的理论框架。正义作为社会制度的"首要德行"，其主要作用在于"它们提供了一种在社会的基本制度中分配权利和义务的办法，确定了社会合作的利益和负担的适当分配"[2]。在具体的正义原则中，分配正义又是最为重要的构成之一，对此英国学者安德鲁·多布森（Andrew Dobson）甚至指出"所有的正义都是分配正义"[3]。分配正义概念最早由亚里士多德提出，他认为"在涉及财富、荣誉、权利等有价值的东西的分配时，对不同的人给予不同对待，对相同的人给予相同对待，即为正义"[4]。对于邻避设施的风险而言，它主要属于一种"负担""坏处"或"成本"，其分配也要接受分配正义原则的考量。

分配正义原则具有不同的指向，一般涉及"实体正义"（分配结果）与"程序正义"（分配过程）两个维度。这两个维度也典型地体现在学界对邻避问

---

[1] HERMANSSON H. The Ethics of NIMBY Conflicts [J]. Ethical Theory and Moral Practice, 2007, 10 (1): 33.
[2] 罗尔斯. 正义论: 修订版 [M]. 何怀宏, 何包钢, 廖申白, 译. 北京: 中国社会科学出版社, 2009: 3-4.
[3] 王韬洋. 环境正义: 从分配到承认 [J]. 思想与文化, 2015 (1): 111.
[4] 王佃利, 王庆歌, 韩婷. "应得"正义观: 分配正义视角下邻避风险的化解思路 [J]. 山东社会科学, 2017 (3): 57.

题的讨论中。其中，实体层面上的分配正义根据邻避设施风险指向的对象（生态环境、特定人群或地理空间）的不同又被具体划分为环境正义、种族正义、空间正义等维度，许多研究指出邻避抗争的发生多源于环境或空间权利在不同人群间分配结果上的不公平。

其中，对邻避设施风险分配中环境正义问题的关注可以追溯至20世纪70年代中后期以来西方国家特别是美国环境运动的兴起。1982年发生于美国北卡罗来纳州沃伦县（Warren County）的环境抗争事件被视为环境正义运动产生的标志。[①] 该事件起源于美国政府在当地修建的一个掩埋式垃圾处理厂，计划用于存储从其他地区运来的化工废料，该项决议遭到了当地居民的抵制，许多居民（主要是非裔美国人和低收入者）组成人墙封锁了装载着有毒垃圾卡车的通道，并与警察发生了冲突。正是这起典型意义上的邻避冲突事件引起了越来越多的人对有害设施选址建设造成环境不正义问题的关注。

除了类似的冲突事件外，1987年美国联合基督教会种族正义委员会发布的关于"有毒废弃物与种族"的研究报告更是引发了广泛性的社会反响。报告指出，美国境内的少数民族社区长期以来不成比例地被选为有毒废弃物的最终处理地点。[②] 受该研究报告的启发，许多学者开始对美国境内许多地区有害设施的选址情况展开调查。其中一份调查结果显示，截至20世纪80年代末，美国南方所有的有毒废弃物处理设施的分布中，有63%设置在黑人社区，然而黑人人口数量却只占南方总人口数量的约20%；另一项研究对休斯敦市进行了调查，发现全市8个垃圾焚化炉中的6个以及全部5个垃圾掩埋场都设置于以非裔美国人为主的社区。[③] 类似这些不正义现象激起了许多地方抗争行动，并推动了环境正义运动的兴起。环境正义关注的是环境"善物"与环境"恶物"是否得到了公平的分配。[④] 邻避设施的风险属于一种潜在的环境恶物，它的选址兴建如果过分地接近于某一特定人群（特别是弱势群体），显然是对分配正义原则的明显

---

① MCGURTY E. From NIMBY to Civil Rights: The Origins of the Environmental Justice Movement [J]. Environmental History, 1997, 2 (3): 303.
② 纪骏杰，肖新煌. 当前台湾环境正义的社会基础 [J]. 国家政策季刊, 2003 (3): 172.
③ 纪骏杰，肖新煌. 当前台湾环境正义的社会基础 [J]. 国家政策季刊, 2003 (3): 172.
④ DOBSON A. Justice and the Environment: Conceptions of Environmental Sustainability and Dimensions of Distributive Justice [M]. Oxford: Oxford University Press, 1998: 25.

偏离。

除了环境正义问题外，邻避设施选址建设所造成的环境或健康危害主要由特定的弱势群体来承担，而这种"弱势群体"除了一般意义上的低收入群体外，还典型地体现为少数种族等，由此引发了对种族正义问题的关注。也正是由于环境正义与种族正义问题的关联，一些学者提出了"环境种族正义"（environmental racism）的概念。相较于"不要在我家后院"的诉求，一些邻避冲突中进而出现了"不要在非裔美国人的后院"等诉求[1]。此外，分配正义中的"空间正义"主要是指邻避设施选址所涉及的地理空间或土地利用方式重新组合过程中的公平性问题。虽然其所指向的对象有所不同，但是它背后所反映出的"权力控制和城市权利之间的紧张"[2]问题，则与前述环境正义、种族正义问题存在紧密关联。

在较长时期内，前述实体层面上对风险分配结果正义性的考察是学界研究的主流视角。由于邻避设施的兴建必然导致不同群体在风险接近或暴露程度上的差异，如何使这种差异符合正义的伦理规范尤为重要。在这方面，罗尔斯提出的两个正义原则具有重要价值。其中，第一原则强调"要平等地分配基本的权利和义务"，第二原则认为"社会和经济的不平等（例如财富和权力的不平等）只有在其结果能给每一个人，尤其是那些最少受惠的社会成员带来补偿利益时，它们才是正义的"[3]。在邻避设施风险分配中，罗尔斯第一正义原则要求所有公民都应当拥有"平等地暴露于风险中的权利"[4]，因此设施选址不能因成本或阻力问题而更多地设置于边缘或弱势群体社区。如前所述，现实中这一原则往往遭到背离。第二正义原则要求对邻避设施选址地的居民进行补偿，这一点在现实中得到了较为广泛的应用，邻避补偿成为换取居民"同意"的重要手段。然而现实中补偿手段并不一定有助于邻避冲突的化解，有研究表明在某些

---

[1] MCGURTY E. From NIMBY to Civil Rights: The Origins of the Environmental Justice Movement [J]. Environmental History, 1997, 2 (3): 314.

[2] 王佃利，邢玉立. 空间正义与邻避冲突的化解：基于空间生产理论的视角 [J]. 理论探讨, 2016 (5): 138.

[3] 罗尔斯. 正义论：修订版 [M]. 何怀宏，何包钢，廖申白，译. 北京：中国社会科学出版社，2009：12.

[4] HERMANSSON H. The Ethics of NIMBY Conflicts [J]. Ethical Theory and Moral Practice, 2007, 10 (1): 31-32.

风险设施的建设中，对附近居民提供经济补偿反而会激化矛盾冲突。① 另外，基于成本考量的补偿原则会进一步促使邻避设施设置于边缘或弱势群体社区，因为这些地区居民的补偿要求会更低。

上述问题表明仅仅强调分配结果上的正义有其局限性，分配正义原则需要进行拓展。对程序正义的强调即是一种重要的拓展，一些学者从程序正义的角度指出邻避设施选址决策程序是否公开公正是影响公众抗争态度的重要因素②，甚至有研究发现在对邻避设施的支持态度上"程序正义比分配正义更为重要"③。这里的程序正义主要涉及决策程序方面，美国学者艾丽斯·杨（Iris Young）在对正义原则的讨论中指出"正义要求人们平等地参与公共讨论和民主决策过程"，"民主决策是社会正义的一项重要因素和条件"④。具体来说，邻避设施风险分配的程序正义主要涉及选址决策过程是否公开透明、相关风险信息是否得到了有效的沟通、利害相关者的价值诉求是否得到了有效表达以及是否实现了广泛的决策参与等方面。研究表明，现实邻避选址决策程序上的不正义以及公众对于这种不正义的感知的确会损害其对决策者的信任，进而激发居民的抗争行为。⑤

总之，无论是在分配结果意义上还是在分配程序意义上，上述对邻避设施选址中风险分配不正义问题的考察都表明，邻避冲突呈现出一种鲜明的伦理特征，居民的邻避抗争行为在很大程度上体现了对正义原则的捍卫或追求。正如有学者所指出的，公众参与邻避冲突，无论是出于"公益"还是"自利"，只

---

① KUNREUTHER H, EASTERLING D. The Role of Compensation of in Siting Hazardous Facilities [J]. Journal of Policy Analysis and Management, 1995, 15 (4): 601-622.
② 刘冰. 风险、信任与程序公正：邻避态度的影响因素及路径分析 [J]. 西南民族大学学报（人文社科版），2016 (9): 99-105.
③ KING T, MURPHY K. Procedural Justice as a Component of the Not In My Backyard (NIMBY) Syndrome: Understanding Opposition to the Building of a Desalination Plant in Victoria, Australia [R]. The Alfred Deakin Research Institute Working Papers, 2012: 6.
④ 艾丽斯·M. 杨. 正义与差异政治 [M]. 李诚予，刘靖子，译. 北京：中国政法大学出版社，2017: 110, 10.
⑤ KING T, MURPHY K. Procedural Justice as a Component of the Not In My Backyard (NIMBY) Syndrome: Understanding Opposition to the Building of a Desalination Plant in Victoria, Australia [R]. The Alfred Deakin Research Institute Working Papers, 2012: 19.

要其目标是谋取正当利益并且采取合法的手段，就都具有正义性。①

第二节　从风险分配到风险生产：邻避冲突的再审视

从分配正义的角度对邻避冲突的审视无疑为我们全面理解这种社会冲突提供了重要的伦理视角，有助于超越许多研究对邻避抗争者所持有的"自私""非理性"等狭隘的标签式评价，从而认识到邻避抗争行为在许多方面的合理与正当性。不过，既有研究主要聚焦于邻避设施风险"如何分配"（程序与结果）的问题，但是忽视了另一个重要问题，即"分配什么"（所分配的"风险"是什么以及有"多少"风险）。也即，针对邻避设施的选址冲突，当前讨论更多的是"建在哪里"，然而相关设施"会引发什么/多少风险"以及与之相关的"建还是不建"等问题则被忽视。本研究认为，所忽视的是被"分配"之风险的"生产"问题。

上述情况表明，对邻避设施风险分配正义问题的既有讨论存在一个明显的缺陷，即人们在有意或无意识中将分配的对象（科技应用造成的潜在环境或健康危害）视为"既定的"事实，因而主要关注如何对这种"既定事实"进行更为公平合理的分配。在程序正义原则所要求的民主决策中，公民的参与也主要体现在对"既定的"风险设施如何进行选址以及如何进行补偿等方面。然而，所要分配的风险是如何"产生"或"生产"出来的，这一问题则较少被关注。

在逻辑上，风险"生产"是风险"分配"的前置环节，只有界定清楚"风险是什么，来自哪里，以及有多少风险"这些问题之后，公平合理的分配才成为可能。而符合程序正义原则的邻避选址决策过程除了要决定"谁来分配""如何分配"以及"分配结果是什么"外，还需要决定"什么被分配"或"分配什么"这一重要问题。甚至在很多情况下，还要视风险的类型与程度来考虑其未来影响问题，例如风险对子孙后代的影响。此时代际正义原则要求人们去思考邻避设施"建还是不建"的问题，而非"建在哪里"。因此，对邻避设施风险分配正义原则的讨论不能局限于现有的分配正义范式，而需要将邻避设施风险

---

① 俞海山.邻避冲突的正义性分析［J］.江汉论坛，2015（5）：67-68.

的"生产"纳入正义原则框架内进行考量,后文将从这一角度对邻避冲突进行重新审视。

一、邻避设施风险生产的知识建构属性

风险"生产"问题涉及对风险本质属性的思考,而对于这一问题长期以来存在各种认识上的分歧与冲突。特别是不同学科倾向于对风险概念持不同的理解,正如有学者曾指出的,"科学把风险看成一种客观现实;人类学把风险看成一种文化现象;社会学把风险看成一种社会现象;经济学把风险看成一种决策现象;心理学把风险看成一种行为和认知现象;艺术(包括音乐、诗歌、戏剧等)把风险看成一种情感现象;历史学把风险看成一种讲述(story)"[①]。归结来看,不同学科或不同学者对风险概念的理解差异根源在于其所持有的风险本体论与认识论上的区分,对此有学者指出,从哲学的角度来看,对"风险"的理解存在技术取向与文化取向两种截然相反的研究取向。

所谓风险概念的技术取向是指将风险视为一种"物理现象",是一种与人类主观价值或情感偏好相独立的客观事实。该种研究取向对于风险的本体论预设是持一种实在论或客观主义的立场,认为"世界独立于观察者的感知而存在,外部世界的属性与人的存在无关",相应地,风险是"真实的、客观存在的"。在这种本体论假设的基础上,风险研究的认识论预设是,"风险扎根于现实世界,风险就是即将来临的、有形可见的、致人负面影响的危险、危害、威胁或者损失、损害"[②],因此可以通过科学研究方法来揭示这些风险,对这些客观现实存在的风险进行客观观察、测量以及预测、控制和管理。

而所谓风险概念的文化取向是指将风险视为一种"文化现象",是一种与人类的主观价值或情感偏好紧密相连的社会建构。该种研究取向对于风险的本体论预设是持一种建构论或主观主义的立场,认为"世界就是我们所解释的世界,所有的知识都是主观的和再解释的",相应地,"风险不再是作为现实的客观事实而存在,风险是由社会建构的,是作为一种社会建构物而存在的"[③]。当然建

[①] 伍麟. 风险概念的哲学理路 [J]. 哲学动态, 2011 (7): 72.
[②] 伍麟. 风险概念的哲学理路 [J]. 哲学动态, 2011 (7): 73.
[③] 伍麟. 风险概念的哲学理路 [J]. 哲学动态, 2011 (7): 75.

构论自身也存在各种不同的立场,例如较为绝对意义上的"强建构论"否认一切客观事实的存在,认为包括风险在内的所有现象和事物都是在人脑中主观想象或建构的结果。而较为温和的建构论则不否认世界中存在外在于人类主体的客观事物,只不过如果这些事物不与人发生关联的话,则是无意义的,也可以视为"不存在"。而当某一事物(诸如风险)与人类主体发生关联后,就会被人类主体赋予特定的价值或意义,也正是这种价值或意义才构成了该事物在社会世界中的存在状态。在上述本体论假设基础之上,文化取向的风险研究的认识论预设是"风险的本质特征不是一个单一的属性","风险不能看作独立于人的经验、认知、道德立场及行为模式的一种纯粹科学事实",风险是在社会互动及特定的文化情境中生成的,它所反映出的是特定的"制度设计、个人及群体信仰体系"[1]。

由上可知,对风险本质属性的思考也即思考风险到底是一种"客观实在"还是一种"主观建构"的结果。针对邻避设施风险而言,实在论认为风险是邻避设施以及相关科技所固有的一种客观属性,而建构论则主张风险源于人们对邻避设施以及相关科技潜在危险的主观感知、评价甚至想象。从学界对风险问题的研究来看,早期研究强调风险的客观属性,之后社会学取向的研究则越来越强调风险的文化与社会属性,认为风险界定受到相关主体的文化观念、知识框架以及社会脉络等因素的影响,是"作为社会互动网络和意义构成的一部分被构建和商榷的"[2]。然而这种学术脉络的发展在很大程度上并没有反映在人们对科技风险型邻避冲突问题的认识上。现实中政府与科技专家多秉持实在论范式,以科学量化方式对邻避设施所涉及的风险类型或程度进行界定,并以此作为邻避设施选址决策以及邻避冲突治理决策的基础。而公众的反对或抗争则多被视为"感情用事""非理性"或"无知",是对邻避设施"真实风险"错误认知或各种因素作用下"风险放大"的结果。如前所述,这正是现代化进程中科学理性与技术治理范式主导的体现。

在风险分配的正义问题上,对风险"生产"的忽视在很大程度上正是由于人们有意或无意识中所持的这种风险实在论假定,认为风险是"既定的",是

---

[1] 伍麟. 风险概念的哲学理路[J]. 哲学动态, 2011 (7): 76.
[2] 勒普顿. 风险[M]. 雷云飞, 译. 南京: 南京大学出版社, 2016: 24.

"自然而然"的，而忽视了风险自身的建构性属性。事实上，贝克在对风险分配问题的讨论中已经从建构论的角度论及了风险的生产问题，因此对贝克的相关理论观点进行回顾有助于我们更准确地理解邻避设施风险分配的逻辑。

贝克认为风险具有某种"非真实性"或"非现实性"，主要是"关乎未来的要素"①。与已经发生的危险或灾害（例如环境污染）不同，风险代表的是一种"潜在的"危害或危害发生的"可能性"。这种未来指向性和不确定性特征使得风险很难通过直接观察或测量的方式在当前予以确定。因此贝克认为风险的产生、存在和分配主要是通过知识"论证"来实现的，"风险有赖于因果解释，因而最初只存在于相关（科学或反科学）知识"②。在此意义上，贝克指出现代化风险存在着对于知识的"依赖"关系，需要以知识的"论证"作为媒介。之所以如此，是因为诸如核辐射、化学污染等现代化风险往往脱离了人的直接感知能力，"受害者既看不见也感觉不到那些危害"，"在某些情况下，危害有可能在受害者的有生之年都不起作用，但会显现在他们的后代身上"，"还有一些危害，需要借助科学的'感觉器官'，如理论、实验和测量工具，才变得'可见'或可解释"③。

正因如此，贝克指出风险社会理论的内核是一种"知识社会学"，借由知识将不可见的"未来之危机"变得可见。同时贝克也指出，这里的"知识"不是仅指科学（知识），而是所有对于风险现象的认识或感知。进一步地，贝克主张风险可以被视为等同于"（公众）对风险的感知"，"是风险在加剧，还是我们看待风险的观念在变化，这个我们并不清楚"，"风险和风险感知正在逐渐汇合，互为条件，彼此加强"，"由于风险只能是包含在知识中的风险，因而这两个方面并不是两件事情，而完全是一回事"④。

也正是由于风险对于知识的"依赖"，贝克认为风险生产过程的本质体现为

---

① 贝克. 风险社会：新的现代性之路 [M]. 张文杰，何博闻，译. 南京：译林出版社，2018：23-24.
② 贝克. 风险社会：新的现代性之路 [M]. 张文杰，何博闻，译. 南京：译林出版社，2018：8.
③ 贝克. 风险社会：新的现代性之路 [M]. 张文杰，何博闻，译. 南京：译林出版社，2018：14.
④ 贝克. 风险社会：新的现代性之路 [M]. 张文杰，何博闻，译. 南京：译林出版社，2018：56.

一种"定义关系"(relations of definition)。这种定义关系事实上即是对于风险的一种建构主义的理解，它涉及"在特定的文化环境中构成风险识别和评估的特定规则、制度和能力"①。定义关系在贝克的风险社会理论中居于核心地位，在他看来，表征风险社会的"定义关系"类似于马克思所强调的表征资本主义社会的"生产关系"。为了更好地理解这种定义关系，贝克提出了四个"问题束"来加以解释：

第一，谁决定了产品、危险（dangers）和风险（risks）的有害性？其责任归谁承担？究竟是归那些制造风险者、归那些从它们当中获益的人，还是归那些在生活和社会关系方面都可能潜在地或实际上受这些危险影响的人？在这种语境中，不同的公共空间及其行动者发挥了什么作用？人们又如何在各国内部、国际上以及全球层面上回答上述问题？

第二，其中涉及我们对各种原因、维度以及行动者等问题所拥有的是何种知识？或者，我们对这些问题又缺少何种知识？由谁来制定那些旨在裁定应于何时承认一种因果关系的因果规范（或法则论意义上的相关性）？谁有权利要求获得何种信息，以及从谁那里获得这种信息？

第三，现在，我们对风险所拥有的知识和所缺乏的知识必然是纠结在一起的，而且所有的知识都是有争议的和或然性的。那么在这样一个世界里，什么可以被视为"证据"呢？

第四，在一个民族国家内部或几个民族国家之间，应当由谁来决定对受害者的赔偿？如何把人们对"预防"的呼吁付诸实施？那些受"潜在副作用"影响最大的人在何种程度上可以参与制定相应的规章？②

由上可知，从风险的产生（自身属性）到风险的分配以及分配后果的责任界定，所有问题都需要借助于知识进行因果关系的"定义"。而且，对风险因果关系的定义具有"开放性"，每个人都可以基于自己对潜在危害的预期或想象给

---

① 贝克．世界风险社会 [M]．吴英姿，孙淑敏，译．南京：南京大学出版社，2005：191．
② 贝克，邓正来，沈国麟．风险社会与中国：与德国社会学家乌尔里希·贝克的对话 [J]．社会学研究，2010（5）：214．

出自己的风险定义，由此导致了风险的多样化"生产"。在邻避冲突中，不同主体（政府、科学专家、媒体以及社会公众等）对于特定邻避设施可能产生的风险类型及其程度存在不同的认识和主张，即是风险定义开放性的体现。总之，风险具有知识建构的内在属性，就此而言，邻避设施风险生产的实质是知识生产。而从知识生产以及不同主体风险知识差异的角度来审视邻避冲突，可以为我们提供一个深入挖掘邻避冲突根源的新视角。

二、知识冲突：邻避冲突的核心问题

如前所述，当我们基于建构论立场来审视邻避冲突，可以发现冲突背后实质上是不同主体对于邻避设施风险（例如化工品生产对于环境与健康的潜在危害）的不同"定义"之间的冲突，也即差异性风险知识之间的冲突。本研究认为，这种知识冲突正是现代邻避冲突的核心问题。就现实来看，自2007年厦门PX事件之后，在我国各地接续出现的邻避冲突（PX、垃圾焚烧、核电、通信基站冲突等）中，尽管也会涉及一定的利益或权利冲突，但更多地体现为针对特定领域科技风险问题的知识论争。在风险知识的论争中，一方面，政府行政部门技术官僚秉持狭隘的科学观而将公众视为不科学、不理性甚至"无知"；另一方面，社会公众则在风险恐惧中高度质疑专家的可信性以及政府决策动机与目的的正当性，从而形成了政府、专家与民众沟通不畅、信任丧失甚至对立冲突的风险治理僵局。因此，有必要全面梳理邻避冲突中各种风险知识冲突的类型与构成，从而为冲突的化解奠定基础。

邻避冲突中的知识冲突最主要的体现是科学知识与"非科学知识"之间的冲突。随着现代自然科学的发展，科学对于许多人来说，"取代了宗教而成为特定知识的来源"[1]。一般而言，科学知识具有"经验客观性""价值中立性""规律普适性"与"逻辑有效性"等特征[2]，正是这些特征奠定了科学知识的权威性地位。而所谓的"非科学知识"即无法满足上述特征的知识形态。这种知识除了包括人文理念、社会价值、道德规范外，在很多情况下还体现为一种公

---

[1] YANOW D, SCHWARTZ-SHEA P. Interpretation and Method: Empirical Research Methods and the Interpretive Turn [M]. Armonk: M.E. Shape, 2006: 8.
[2] 张海柱. 知识与政治：公共决策中的专家政治与公众参与 [J]. 浙江社会科学, 2013 (4): 64-65.

众"常识"（common sense），即普通公众基于个人朴素的认知与价值观念而对周遭世界或社会问题产生的感知或体验性认识，一般是个体性的、与自身立场与诉求紧密相关的知识类型。

如前所述，现代化情境中的风险分析基本上是建立在科学知识的基础之上，追求风险界定的客观化与数量化，意在经由精确的风险计算、分析与预测来达到控制和管理风险的目的。而社会公众对于风险的界定则在很大程度上偏离了"科学"的标准。例如有学者指出，风险的界定需要充分的"证据"，然而不同主体对于"何谓证据"存在不同理解，科学专家多将"证据"视为一个"统计学概念"，而大部分普通人（包括新闻记者）则倾向于将"轶事证据"（anecdotal evidence）和"个人经历"（individual cases）视为可信赖的证据。[①] 正是由于公众的风险知识不符合"科学标准"，因此它们往往被称为主观与非理性的"风险感知"（risk perception）、忧虑（concerns）等，而较少能够作为一种有效的知识类型得到政府与专家共同体的承认。

上述科学与非科学知识的冲突典型地体现在许多邻避冲突中。以通信基站冲突为例，现代移动通信技术是以电磁波作为信号传递的媒介，而电磁波携带的能量作用于人体会产生一定的生物学效应，从而引发健康风险。从科学角度看，手机与基站发出的电磁辐射属于"非电离辐射"，其强度不足以破坏人体组织结构分子，主要产生"加热效应"。科学界对加热效应方面的研究已经十分充分，相关知识成为电磁辐射风险监管政策建立的基础。实践中的风险监管措施主要是基于加热效应制定电磁辐射强度与人体暴露水平的"安全限值"，低于限值的电磁辐射被认为不存在健康风险。然而自20世纪90年代开始，一些国家出现了关于手机使用可能导致脑部肿瘤的新闻报道，同时也有许多媒体报道了手机使用者以及基站附近居民所经历的诸如头疼、失眠等被称为"电磁波敏感症"（electro-hypersensitivity）的症状[②]，这些报道表明了在低于官方安全限值下"非热效应"等健康风险存在的可能性，因而引发了广泛的公众忧虑与社会争议。然而在英国，政府监管机构对上述新闻报道以及社会争议的回应指出，

---

① NELKIN D. Communicating Technological Risk: The Social Construction of Risk Perception [J]. Annual Review of Public Health, 1989 (10): 109.
② STILGOE J. The (Co-) Production of Public Uncertainty: UK Scientific Advice on Mobile Phone Health Risks [J]. Public Understanding of Science, 2007, 16 (1): 50.

"非热效应无法适用模型以得出确定的、量化的标准"①。同时，部分公众声称的头疼等主观症状也被英国监管机构斥为缺乏科学证明的"轶事证据"而遭到排斥。② 这些典型地体现了科学与非科学知识在界定科技风险时的显著差异。

如果说科学与非科学知识的差异更多地体现为专家与公众之间的冲突的话，现实邻避冲突中的知识冲突还可能体现为科学专家之间或不同的科学知识立场之间的冲突。这在厦门PX事件中得到了一定的体现，反对PX项目建设的除了厦门普通市民以及媒体工作者外，以赵玉芬（化学专业教授、中国科学院院士）为代表的著名科学家也成了中坚力量。在2007年3月的全国两会上，赵玉芬联合百余名政协委员提交了"关于厦门海沧PX项目迁址建议的提案"，其中明确指出"PX全称对二甲苯，属危险化学品和高致癌物"③。尽管PX的"高致癌物"标签被业界专家斥为"谣言"，但是上述案例表明对于特定邻避设施的风险而言，不同的科学专家也可能持有不同的知识立场并引发冲突。

另外，一些邻避设施可能涉及新兴技术的应用，而对于这些新兴技术应用引发的各种后果，现有的科学研究并不充分，因此存在一些相互冲突的科学证据。而随着新的科学研究的持续进行，各种新证据的出现也可能不断挑战旧有的科学观点。上述科学知识之间的冲突在许多邻避冲突中也有典型体现。例如在基站冲突中，"非热效应"④ 问题的提出即代表了在基站电磁辐射危害性问题上新科学观点对传统科学"共识"的挑战。近年来这方面的证据在不断出现，例如2018年美国国家环境科学研究所发布的一项研究表明长期频繁接触射频辐射的雄性大鼠更易患心脏神经鞘瘤⑤。不过总体来看，当前关于"非热效应"的相关研究并不充分且充满分歧，从认为几乎无风险到认为有高风险的科学观点都大量存在。对此有学者曾指出，"关于电磁辐射议题的唯一共识似乎就是，

---

① STILGOE J. Controlling Mobile Phone Health Risks in the UK: A Fragile Discourse of Compliance [J]. Science and Public Policy, 2005, 32 (1): 60.
② MOORE A, STILGOE J. Experts and Anecdotes: the Role of "Anecdotal Evidence" in Public Scientific Controversies [J]. Science, Technology & Human values, 2009, 34 (5): 660.
③ 涂超华. 赵玉芬：最先站出来反对PX项目 [N]. 中国青年报，2007-12-28 (3).
④ 认为过高的基站电磁辐射强度或长时间接触下的累积效应可能对人体神经系统、心血管系统、生殖系统等产生危害，甚至具有致癌性，这些危害不属于"加热"问题，因此被称为"非热效应"。
⑤ 目前尚无可复验的证据表明5G基站有辐射危害 [EB/OL]. 腾讯网，2019-03-14.

在电磁辐射的健康影响问题上尚无科学共识"①。鉴于这一状况,围绕基站电磁辐射健康风险的科学知识间的分歧必然将长期存在,它们与"科学—非科学"知识间的冲突一起构成了邻避设施风险的知识冲突。

第三节 认知不正义:邻避冲突的深层根源

前文分析指出,邻避设施风险生产的实质是知识生产,不同主体风险知识之间的冲突则是当前时期邻避冲突的核心问题。知识冲突的产生源自风险定义的"开放性",不同主体基于不同的认知框架、知识资源、个人经验或价值立场必然对邻避设施中的科技风险形成不同的风险定义。然而在多样的风险定义中,不同定义的权威性或合法性地位存在很大差异。这是因为风险定义中"隐含着权力结构",定义关系本质上是一种"支配关系"(relations of domination)②。正如贝克指出的,"围绕风险的界定,总是同时存在着赢家和输家"③。

现实中,科学知识垄断了合法的风险知识的生产,各种"非科学知识"(例如"电磁波敏感症")以及未被官方承认的"科学证据"(例如"非热效应")则在很大程度上被排斥在外,无法获得风险定义的合法地位。贝克曾对这一状况进行了描述:"有人描绘了风险,却被看作'未经证实'。有人证明了风险对人和动物的影响,却被称为'虚张声势,夸夸其谈'。风险管理者声称需要有更多的研究,以便摸清状况","他们恳求公众信任科学研究,因为科学理性迄今为一切问题提供了解决方案。反之,对科学的批判、为未来的焦虑,总被污名化为'非理性主义',被看成一切弊病的真正根源。"④

传统上对于科学与"非科学知识"的冲突,人们往往将之视为"理性"与

---

① HOM A, PLAZA R, PALMEN R. The Framing of Risk and Implications for Policy and Governance: The Case of EMF [J]. Public Understanding of Science, 2011, 20 (3): 322.
② 贝克,邓正来,沈国麟. 风险社会与中国:与德国社会学家乌尔里希·贝克的对话 [J]. 社会学研究, 2010 (5): 214.
③ 贝克. 风险社会:新的现代性之路 [M]. 张文杰,何博闻,译. 南京:译林出版社, 2018: 9.
④ 贝克. 风险社会:新的现代性之路 [M]. 张文杰,何博闻,译. 南京:译林出版社, 2018: 42.

"非理性"之争（或"对—错"之争）。然而随着知识社会学等研究的进行，科学知识的"真理"地位遭到了挑战，与此同时人们也逐渐发现了"非科学知识"在特定情境中对于理解风险现象所具有的重要认知价值。基于这一状况重新审视邻避冲突中科学知识对"非科学知识"的否定与排斥，可以发现这在很大程度上也是一种不合理或不正义的现象。而这种不正义却难以被涵盖于现有的"分配正义"分析框架之中，因此我们需要寻找新的理论框架，对此"认知正义"相关理论可以为我们提供有益借鉴。

一、认知不正义：认知实践的伦理考量

认知正义（epistemic justice 或 cognitive justice，中文也称"认识正义""知识正义"）代表了西方正义理论研究的最新进展之一，该理论的核心是将知识与权力、社会身份、偏见等问题关联在一起，并纳入正义原则进行思考。在一些学者看来，知识作为一种重要的社会资源也涉及在不同社会主体间进行分配的问题，而这种分配必然要接受公平与正义原则的考量①。

英国女性主义哲学家米兰达·弗里克（Miranda Fricker）最早提出了认知不正义（epistemic injustice）概念，用于分析人类"认知"（knowing）实践中的权力与伦理问题。② 认知不正义问题由弗里克这样的女性主义哲学家提出在很大程度上源于女性主义认识论传统。理性问题上的性别区分在一定程度上也是现代性的特征之一。正如人们在日常生活中多将"理性"（科学理性）与男性相关联，而为女性赋予了"感性"气质一样，女性在传统认知中往往被认为缺乏获取甚至理解"理性知识"（科学知识）的能力。然而，女性主义认识论则"着力于根除墨守成规的习惯，把女性展示为理性的认识者"，"在女性主义认识论看来，尽管概念和判断本身涉及对事实因素的观察和总结，但价值因素实际上参与了人类通过概念体系所进行的一切智力活动，并始终在人的认识过程中发挥作用"③。正是基于这种认识论立场，弗里克提出了认知不正义的概念，用于

---

① MEDVECKY F. Fairness in Knowing: Science Communication and Epistemic Justice [J]. Science & Engineering ethics, 2017 (1): 2.
② FRICKER M. Epistemic Injustice: Power and the Ethics of Knowing [M]. Oxford: Oxford University Press, 2007.
③ 肖巍. 认识正义：女性主义认识论的新方向 [N]. 中国妇女报, 2013-06-25 (3).

分析特定群体在认知实践中所遭遇的不公平对待。

弗里克认为认知不正义现象主要包括两种形式：证明不正义（testimonial injustice）和解释不正义（hermeneutical injustice）。[①] 证明不正义的发生在于因身份偏见与歧视使得"说者"的话不被"听者"相信。例如歧视黑人的白人警察不相信黑人所说的话，这在很大程度上与黑人所说的内容无关（对或错，真或假，准确或不准确），而主要是由于白人警察对于"黑人"这一污名化身份标签的歧视，导致其认为黑人所说的内容必然是"错""假"或"不准确"的。而解释不正义的发生则在于由于解释资源（例如概念）的匮乏使得特定主体无法有效地表达自己的社会经验或切身遭遇。例如在没有"性骚扰"概念的文化中，受害者无法有效表达自己的受害经历。

"认知主体"是一种重要的社会身份，这一身份是否得到承认则是一个重要的社会政治问题。在弗里克看来，认知不正义问题产生的根源在于因社会偏见而产生的歧视或排斥，其背后仍然是一种权力支配的逻辑，结果则是导致某些主体的认知身份被剥夺。具体来说，认知不正义"排斥了某些人作为知识主体的能力"，在证明不正义中，"某人被错误地认为缺乏知识生产能力"，而在解释不正义中，"某人被错误地认为缺乏作为社会理解主体的能力"。[②] 当我们按照这样的理论思路重新审视现实中的"知识冲突"现象时，可以发现冲突的产生在某些情况下可能并非不同知识内容的"对—错"之争，而是因社会偏见所导致的对特定知识类型的贬低与排斥。这正是认知不正义理论对于本研究的重要启发。

二、邻避冲突中的知识排斥与认知不正义

尽管弗里克的认知不正义概念主要用于分析女性或少数群体在认知活动中所遭受的不公平对待，然而这一分析对于理解邻避冲突中的风险知识冲突问题同样具有重要的启发价值。由于科学在现代社会知识生产中的权威地位，科学专家在很大程度上垄断了风险的定义权力。对此贝克指出，风险"完全脱离了

---

① FRICKER M. Epistemic Injustice: Power and the Ethics of Knowing [M]. Oxford: Oxford University Press, 2007: 1-2.

② FRICKER M. Epistemic Injustice: Power and the Ethics of Knowing [M]. Oxford: Oxford University Press, 2007: 5-7.

人的直接感知能力",这些危害"需要借助科学的'感觉器官',如理论、实验和测量工具,才变得'可见'或可解释"①。鲍曼也曾指出,"现代化自身产生的新危险肉眼看不到并且也不能立即辨认出来,最重要的是,外行人不能发现它,更不用说应付它了"②。对应于现实中,邻避设施所承载的科技风险被认为只能由专家通过科学知识来揭示和解释,它们超出了普通公众的知识范围。正因如此,"现代社会的风险定义是由非政治过程排除民众参与的封闭过程"③,而邻避设施选址决策也基本上被科学专家与技术官僚所垄断。虽然许多选址过程中引入了公众参与,然而"知识的流动依然是从专家到公众,而且决策本质上依然是由那些在专业知识上更有权威的人做出"④。由于缺乏定义权力,公众更多的只是邻避设施风险的"接受者"或"消费者"。

因此,现实中邻避设施风险的生产基本上被等同于科学知识的生产,而风险分配的对象则是科学知识所界定出的风险。缺乏科学知识界定的风险常被视为不存在,也即,公众自身所界定的风险(例如"电磁波敏感症")并不被承认为"真实"或"有效",不会被纳入选址决策过程之中。由于科学知识在风险生产或定义中的这种垄断地位,普通公众对邻避设施或相关科技的质疑与抵制多被视为不具备科学知识或"误解"了科学的结果。例如风险感知领域研究的基本假设是"公众之所以反对核能之类的技术是因为他们误解了科学所认识到的'真正的'风险"⑤。这一认识奠定在传统"科学启蒙观"的基础之上,它将科学知识确认为客观、权威的知识形态,是正确认识现实世界的"唯一"途径。与此相应的则是普通公众科学认知能力上的"缺失模型"(deficit model)假设,认为公众缺乏充足、有效的科学知识用于理解科技事务,对科技风险的争议被认为正是公众的知识不足甚至"无知"所导致的偏见或非理性恐惧。在

---

① 贝克. 风险社会:新的现代性之路 [M]. 张文杰,何博闻,译. 南京:译林出版社,2018:14.
② 鲍曼. 后现代伦理学 [M]. 张成岗,译. 南京:江苏人民出版社,2003:235.
③ 谭鸿仁,王俊隆. 邻避与风险社会:新店安坑掩埋场设置的个案分析 [J]. 地理研究,2005(5):112.
④ 谭笑. 技术问题决策中的专家话语和公众话语:柯林斯《重思专能》的方案 [J]. 开放时代,2014(6):218.
⑤ 贾撒诺夫,马克尔,彼得森,等. 科学技术论手册 [M]. 盛晓明,孟强,胡娟,等,译. 北京:北京理工大学出版社,2004:277.

这一情况下，复杂的科技事务被认为应当由专家决定，而公众的参与则需要建立在提升科学素质的基础之上。①

上述假设在一定程度上解释了为何公众与专家的风险认知会出现巨大鸿沟。为了弥合这种差异，20世纪80年代西方政府与科学界发起了"公众理解科学"运动，主张科学家肩负着向外行公众传播科学的重要责任，认为"提高公众理解科学的水平是促进国家繁荣、提高公共决策和私人决策的质量、丰富个人生活的重要因素"②。而对公众进行科学教育（"科普"）也被视为化解知识冲突的重要途径，认为一旦公众的科学素质得到提升，理解了诸如核电问题中的"事实"之后，他们就不会过度忧虑。

然而如前所述，现代风险大多源于人类高度发达的科学技术所产生的"副作用"。科学知识社会学研究则得出了科学知识自身具有内在的"不确定性"这一重要结论。③ 正是这种科学知识的不确定性在根本上导致了风险的不确定性特征。在此意义上，贝克指出风险的来源不是无知而是知识（特指科学知识）。④ 科学专家在风险定义中的权威性或独断权遭到了越来越多的质疑。另一方面，许多学者研究发现，普通公众对于风险的认知或定义并非完全不理性或谬误，而是一种不同于科学知识的知识形态，即"常民知识"（lay knowledge）⑤。常民知识与科学知识相比存在内容与形式上的各种差异，它们是"倾向于基于特定情境的、地方性的"风险理解。⑥ 这些地方性认知资源强调邻避抗争者"个人赋予其行动的意义、个人对环境形势的分析、对所关注事件的再现、对自身社会环境的判断以及理解与诠释模式"⑦，这些是无法被涵盖于科学知识或专家判

---

① BUCCHI M. Beyond Technocracy: Science, Politics and Citizens [M]. London: Springer, 2009: 2.
② 英国皇家学会. 公众理解科学 [M]. 唐英英，译. 北京: 北京理工大学出版社，2004: 5.
③ 马尔凯. 科学与知识社会学 [M]. 林聚任，译. 北京: 东方出版社，2001: 71.
④ 贝克. 风险社会：新的现代性之路 [M]. 张文杰，何博闻，译. 南京: 译林出版社，2018: 230.
⑤ LEACH M, SCOONES I, WYNNE B. Science and Citizens: Globalization and the Challenge of Engagement [M]. London: Zed Books, 2005: 28.
⑥ LASH S, SZERSZYNSKI B, WYNNE B. Risk, Environment and Modernity: Towards a New Ecology [M]. London: Sage, 1996: 70.
⑦ NEVEU C. NIMBYs as Citizens: (Re)defining the "General Interest" [J]. European Journal of Anthropology, 2002 (40): 58.

断中的。而对许多风险案例的研究表明，专家科学知识屡屡失败，而常民知识则往往能够做出更为有效的判断①。

如果承认普通公众关于邻避设施风险界定的常民知识同样具有重要的认知价值，那么邻避冲突中所呈现的知识冲突就不仅仅是不同主体是否掌握科学知识的冲突，而是不同知识类型（科学与非科学知识或常民知识）之间的冲突。现实中科学知识的垄断以及对常民知识的贬低与排斥即体现为前述"认知不正义"现象。具体来看，在邻避设施风险知识的生产过程中，普通公众作为"认知者"或知识生产者的身份遭受了歧视与排斥，他们对邻避设施可能产生严重危害的判断经常被斥为"过度夸大"甚至"谣言"，由此产生了"证明不正义"现象。当前"邻避"概念本身已经成为一个污名化的标签，将公众的风险抗争行为贴上"邻避主义"的标签很大程度上是在否认这些"低级公民"有能力为了物质利益之外的其他原因而采取行动。而对于抗争者而言，缺乏有效的解释资源去准确表达自身的体验或遭遇（例如对有毒化学品或电磁辐射潜在危害的恐惧、对自己居住社区生活环境的珍爱等），在很多情况下只能接受由科学语言对自身状况所做的可能并不准确的描述与判断，由此产生了"解释不正义"现象。

因此，在以知识冲突为核心的现代邻避冲突中，上述认知不正义问题即成为冲突产生的深层根源。邻避冲突在很多情况下可以被视为对认知不正义问题的一种反应，尽管这一反应可能是在抗争民众的无意识之中发生的。事实上，按照弗里克的解释不正义观点，也正是由于认知不正义这一概念的"发明"，才使得我们可以对邻避设施抗争者所遭受的不公平待遇进行更为有效的描述和理解。而当我们真正理解了邻避设施选址这一风险分配过程除了在"分配"环节可能会出现各种不正义问题外，在风险的"生产"环节也会因知识支配与排斥现象而引发认知不正义问题之后，思考如何推动认知正义的实现，对于邻避冲突的化解而言尤为重要。

---

① 张海柱. 环境风险治理中的知识生产与公众参与 [J]. 人文杂志, 2018 (1)：108-109.

第四章

风险抗争：邻避冲突中的公众抗争

在科技工业设施或工程项目的选址建设过程中，当地居民基于对科技风险的忧虑甚至恐惧而提出了"不要在我家附近"的诉求，这是社会公众针对可能遭遇的科技"副作用"所做出的行为反应。与一般邻避抗争或社会抗争不同，这种科技风险型邻避抗争中的关键问题是如何评估和确定科技应用的风险后果，不同主体风险定义的差异所引发的风险论争或知识冲突成为现代邻避冲突的核心。针对这种现象，本章所要研究的是科技风险议题的这种特殊性与复杂性将会如何影响邻避冲突中公众抗争的行动选择及其抗争结果这一问题。基于对邻避冲突中科技风险议题的聚焦，本章将首先提出"风险抗争"的概念框架用来描述和解释公众邻避抗争的特征及其逻辑，进而基于两个邻避抗争案例来呈现公众风险抗争的差异化策略选择及其行动逻辑。在此基础上，本章将进一步讨论不同策略选择下公众风险抗争的社会政治效应，以期为科技风险型邻避冲突的治理提供启发借鉴。

第一节　风险抗争：理解邻避抗争的概念框架

一、风险抗争：科技风险型邻避冲突中的公众抗争

在科技风险型邻避冲突中，对科技风险的忧虑或恐惧是地方居民抗争动机形成的直接原因，这一点已经引起了一些学者的关注。在此基础上，有必要进一步考察公众面对科技风险时抗争行动的组织过程与行动逻辑等问题，从而帮

助我们从社会公众的角度理解邻避冲突的产生与发展过程。当前尽管有许多研究将邻避抗争置于社会抗争（社会运动或抗争政治）的理论框架下，考察了抗争行动的动员与组织机制以及行动策略等问题，然而缺乏对科技风险议题的明确关注，未能将"（科技）风险"因素整合进抗争行动的分析框架中，进而基于科技风险自身的特殊属性来解释公众"面对科技风险时如何抗争"的问题。本研究则意在回应这一问题，考察公众面对科技风险时的抗争行动选择及其内在逻辑问题。

具体来说，面对科技工业设施或工程项目的选址建设所带来的潜在安全隐患，当地居民是如何围绕科技风险议题进行抗争动员与组织的，又是如何通过抗争诉求或行动策略的选择来实现规避科技风险的抗争目标的？成功的抗争有着怎样的影响因素或实现机制？对这些问题的解答不仅有助于我们更好地认识当前时期公众邻避抗争的复杂特征与内在逻辑，而且也可以为理解风险社会情境中科技与社会的关系提供一个切入点，以思考如何更好地应对科技发展对社会造成的负面影响或冲击。

作为社会抗争的一种特定类型，邻避抗争常被置于不同的学术范畴内进行考察，例如"环境抗争""业主抗争""群体性事件""抗争政治"等。在不同的学术范畴下，研究者所关注或强调的是邻避抗争中的不同维度（例如抗争诉求、抗争主体等）。而本研究则提出"风险抗争"的概念，用以表征科技风险型邻避冲突中的公众抗争行动。这里的"风险"特指科技风险，即科技应用对环境或健康可能造成的潜在危害。与已经发生的危险或危害不同，风险代表的是一种"潜在的"危害或危害发生的"可能性"。这种未来指向性和不确定性特征使得科技风险很难通过直接观察或测量的方式在当前时期予以确定，从而为风险的"开放性"定义提供了空间。因此，风险抗争的起点是抗争公众提出自己对风险的定义，进而发起抗争动员。而抗争公众的风险定义往往与官方的风险定义存在差异，从而引发风险论争甚至冲突。如前所述，这种风险抗争所引发的知识冲突正是科技风险型邻避冲突的关键特征。

为了更准确地理解"风险抗争"概念，还需要做出以下三点说明。首先，"风险抗争"最终指向的是科技风险维度，而不仅仅指向环境或健康风险，从而与"环境抗争"概念相区分。尽管在现实的邻避冲突中，抗争公众的诉求往往聚焦于环境或健康危害上，但如果进一步探究环境或健康风险的深层根源，可以发现它们往往根源于科技应用的"副作用"。正如前文曾指出的，与传统社会自然灾害对生态环境造成的冲击不同，现代社会中的环境风险大多来自人类高度发达的科学技术及其应用，其实质是知识（特别是科学知识或专业知识）的不确定性所引发的科技风险作用于生态环境以及人类健康领域的结果。因此"风险抗争"所表征的不仅仅是环境或健康风险情境下的公众行动，更重要的是科技风险情境下的公众反应和行动选择。

其次，现实中许多邻避抗争所针对的是已经发生或"确定"的环境或健康危害，而"风险抗争"所针对的主要是尚未发生或"不确定"的环境或健康危害。例如，化工厂向附近的河流排放污水造成了严重污染，由此引发的地方居民抗争属于针对已经发生的确定危害的抗争。而如果该化工厂尚未建设或生产运营（并未真实发生污染）就已经引发了邻避抗争，则属于针对尚未发生的风险所进行的抗争。就我国而言，近些年屡屡出现的邻避冲突事件多发生于选址阶段，科技应用的危害并未真实发生，因此"风险抗争"概念相较于其他概念（"邻避抗争""环境抗争""群体性事件"等）能够更为准确地描述公众抗争诉求的未来指向性特征。需指出的是，即便是针对尚未建设运营的邻避设施，抗争公众所针对的科技风险也存在"确定性风险"和"不确定性风险"之分。其中"确定性风险"是指后果已知且可以通过概率描述其发生可能性的风险（例如核电站运行中发生核泄漏的风险），而"不确定性风险"则特指后果不明、原因不清且无法进行概率统计的风险类型（例如手机电磁辐射可能导致的健康危害）。就此而言，针对不确定性风险议题的风险抗争更为复杂，也更能体现风险社会情境下科技与社会关系的复杂性。

此外，由于风险的知识建构属性，"风险抗争"更多地体现为一种"知识抗争"，从而区别于一般意义上的"利益抗争"或决策参与层面上的"权利抗争"。这种知识抗争主要是指在邻避设施风险知识冲突中，抗争居民基于自己的风险定义来质疑或挑战官方风险定义的行为。当然这种对知识层面上抗争诉求的强调并不否认现实中抗争居民的利益或权利诉求，只不过对知识诉求的选择性强调更加能够凸显科技风险型邻避冲突中的核心问题，即如何评估和确定科技应用的风险后果。当普通公众遭遇邻避冲突中的知识排斥与认知不正义现象时，他们是否有能力（以及如何）发起知识层面上的抗争，从而捍卫自己的风险认知主体资格，这是本研究提出"风险抗争"概念所意在考察的重要问题。

在明确了"风险抗争"概念内涵的基础上，下文将结合风险研究以及社会抗争研究相关理论，构建一个解释公众风险抗争行动的分析框架，用于考察科技风险型邻避设施选址建设过程中当地居民是如何针对科技风险议题进行抗争以应对潜在的安全隐患的。

二、风险建构与机会结构：风险抗争的分析框架

由于涉及科技风险问题，使得风险抗争相较于其他类型邻避抗争（例如反对公墓、精神病院等污名化类设施以及反对排污企业等危害确定型设施）具有特殊性与复杂性。在考察影响公众抗争行动结果的各种因素时，除了传统社会抗争研究所强调的资源动员、政治机会、框架过程与策略选择等因素外，还必须考虑科技风险问题自身的特殊性。

如前所述，贝克指出风险具有一种非现实性，主要存在于知识"论证"或建构中，本质上体现为一种"定义关系"。而且风险的定义或知识建构具有"开放性"，每个人都可以基于自己对潜在危害的预期或想象来建构自己的风险定义。这种风险定义的开放性使得普通公众可以基于自己的风险经验与认知来建构对科技应用负面后果的预期或想象，并由此质疑或反对负责选址决策的政府或科学专家的风险评估结论。由此，风险建构（risk construction）及其论争将成为科技风险型邻避冲突的起点与主线。公众抗争的主要诉求即在于谋求将自己的风险建构体现于邻避设施选址决策中，从而改变选址决策以规避科技风险。

然而不同风险建构或定义的权威性或合法性地位存在很大差异，也即贝克所指出的，定义关系本质上是一种"支配关系"。这在科技风险领域尤为突出，其所涉及的科技应用问题具有较强的专业性与复杂性，对风险定义的相关知识提出了更高要求。如前所述，由于科学在现代社会知识生产中的权威地位，科学专家在很大程度上垄断了科技风险的定义权力，风险评估被等同于科学评估。而普通公众由于缺乏科学专业知识，他们对科技风险的定义更多地被视为非理性的主观感知或情绪性反应，不具备风险定义的权威性与合法性。在此情况下，如何通过有效的行动策略来为自己的风险建构赋予合法性，是公众邻避抗争中的重要任务。

从社会抗争研究相关理论来看，组织与资源动员是影响抗争结果的重要因素。风险建构需要借助于一定的知识资源（科学或非科学知识），因此建构过程自身就体现为一个资源动员的过程。同时，风险建构过程也体现为一个话语修辞或议题框架（framing）的过程，其功能在于更好地表达抗争诉求、激励集体行动并为抗争赋予合法性。[①] 至于这种资源动员与话语框架的抗争效果，很大程度上还取决于抗争公众是否拥有客观上的有利机会并且能够真实地感知到并把握住这种机会。有鉴于此，本研究认为"机会结构"（opportunity structures）是影响公众风险建构以及科技风险抗争行动有效性的关键性因素。

对抗争"机会"问题的关注主要体现为社会运动或抗争政治研究中对"政治机会结构"概念的强调，它是指能够促进或阻碍政治集体行动达成的各种政权或制度因素的特征及其变化。西方研究中界定的主要政治机会结构因素包括政治体制的开放程度、精英联盟的稳定性、抗争者有无精英同盟以及国家镇压的能力与倾向等。[②] 一些国内研究则认为中国政治社会体系特征指出政治权力的分化、行政系统内部的缝隙、大众媒体的兴起、法制的逐步完善以及中央政府对集体抗争的适当容忍度等因素共同构成了中国社会抗争的政治机会结构。[③] 总体而言，政治机会结构概念具有极强的包容性，"代表了促进或阻碍社会运动或集体行动的动员努力的几乎所有外部政治环境因素"[④]。然而这种太大的包容性也是政治机会结构理论的缺陷，"似乎什么都可以解释，但是最终什么都无法解释"[⑤]。

鉴于政治机会结构概念的泛化问题，一些研究者对具体的抗争机会要素进行了更细致的识别与划分。例如一些学者将法律因素视为有别于政治机会的独立变量，在此基础上提出了"法律机会结构"的概念，具体包括与抗争诉求相

[①] MCADAM D, MCCARTHY J, ZALD M. Comparative Perspectives on Social Movements: Political Opportunities, Mobilizing Structures, and Culture Framings [M]. Cambridge: Cambridge University Press, 1996: 6.

[②] MCADAM D, MCCARTHY J, ZALD M. Comparative Perspectives on Social Movements: Political Opportunities, Mobilizing Structures, and Culture Framings [M]. Cambridge: Cambridge University Press, 1996: 10.

[③] 庄文嘉. 跨越国家赋予的权利？——对广州市业主抗争的个案研究 [J]. 社会, 2011 (3): 88-113.

[④] 刘能. 怨恨解释、动员结构和理性选择：有关中国都市地区集体行动发生可能性的分析 [J]. 开放时代, 2004 (4): 58.

[⑤] 黄文义. 90年代以来中国社会抗争的策略逻辑研究 [D]. 长春：吉林大学, 2015: 41.

关的法律条款、司法系统是否受理抗争者的诉讼请求等因素。① 此外还有一些学者将社会抗争研究中的政治机会结构理论与文化框架理论进行了结合，从而构建出了"话语机会结构"（discursive opportunity structure）理论，用来解释哪种话语框架更加具有政治上的说服力、能够带来更好的集体动员与抗争效果等问题。② 话语机会结构主要包括某一话语框架在文化传统、社会观念或政治意识形态上的合法性以及被主流媒体报道的可能性等因素。③ 话语机会结构会限定抗争话语的表达空间，而抗争者的话语框架也会根据话语机会结构的约束或激励以及抗争者的需求进行调整，从而体现为框架转移或议题重构。当抗争者面临不利的资源条件或机会结构的约束时，策略性话语框架建构或重构有助于实现机会空间的拓展。

　　借鉴上述研究，本研究所谓的"机会结构"同时涉及政治、法律与话语层面上的机会性因素，各种机会因素的结构性组合共同构成了公众邻避抗争中风险建构与抗争行动及其策略选择的外在制度环境。特别是话语机会结构会直接影响甚至决定邻避抗争中公众风险建构的合法性。同时，本研究也认为抗争公众往往会呈现出一定的主体性或能动性，经由策略性的风险建构有可能突破不利机会结构的约束并营造出有利的抗争机会空间。正是在这种宏观"机会结构"与微观"风险建构"的互动中，公众的风险抗争得以发生并可能取得不同的抗争结果。

　　在前述理论构建的基础上，为了更好地呈现公众的风险抗争过程，后文将采取个案研究的方法，通过对典型案例过程的全面追踪以及具体细节的详细考察，谋求揭示公众风险抗争背后的机制与逻辑。在案例领域上，一方面选择"垃圾焚烧冲突"进行考察，这一案例领域在国内学界已经引起了许多学者的关注。垃圾焚烧技术应用可能引发的负面后果（例如产生二噁英等有毒气体）是科技风险的典型体现，因此垃圾焚烧项目选址引发的公众抗争属于典型的风险

---

① HILSON C. New Social Movements: The Role of Legal Opportunity [J]. Journal of European Public Policy, 2002 (9): 238-255.
② KOOPMANS R, OLZAK S. Discursive Opportunities and the Evolution of Right Wing Violence in Germany [J]. American Journal of Sociology, 2004 (1): 198-230.
③ 卜玉梅, 周志家. 西方"话语机会结构"理论述评 [J]. 社会学评论, 2015 (6): 74-83.

抗争。另一方面，本研究还将选择"基站冲突"作为考察对象，当前国内学界尚未对该领域进行充分讨论。在通信基站选址建设过程中，由于担心基站发出的电磁辐射会对人体健康造成严重危害，一些居民开始质疑甚至抵制基站的建设，进而引发邻避冲突。因此基站冲突能够较好地体现邻避抗争中"科技风险"因素的特殊作用，对于本研究来说也具有较强的典型性。

在具体案例事件的选择上，一方面选择广州番禺小区业主反对垃圾焚烧厂建设事件作为考察对象。在该案例中，抗争业主关于垃圾焚烧的风险建构或定义公开呈现，并与官方风险定义进行着激烈的论争，最终在多种因素的影响下取得了抗争诉求的实现。另一方面，基站冲突案例则选择一起发生于青岛市H小区的居民反对基站建设事件作为考察对象。在该案例中，抗争居民最终也取得了抗争的胜利，然而"科技风险"（基站电磁辐射健康风险）在正式抗争过程中并没有被公开呈现，而是被策略性地隐匿。通过两个案例的对比，可以更为清晰地呈现风险建构与机会结构的不同互动状况是如何导致公众风险抗争的差异化行动选择的。

第二节 风险呈现：垃圾焚烧冲突中的风险论争

一、广州番禺业主的"反焚"抗争历程

社会抗争一般涉及从发起、动员、抗争到结束的持续周期，并因不同时期抗争对象、诉求或行动策略的变化而呈现出阶段化特征。本案例将要考察的广州市番禺区部分小区业主反对垃圾焚烧厂建设的抗争事件发生于2009年9月至2009年12月，整个抗争周期历时3个月。[①] 尽管此次抗争持续时间不长，且发生在较小的地域范围内，却获得了各类媒体的广泛关注和集中报道，进而在当地乃至全国范围内产生了显著影响。具体考察发现，相关小区业主"抵御垃圾

---

① 本案例以2009年12月20日地方政府公开宣布垃圾焚烧厂停建作为抗争"胜利"的标志，也由此划定了案例中抗争由发起到结束的生命周期。不过在2011年广州市重启了垃圾焚烧项目选址，搁置了一年多的番禺垃圾焚烧项目再次被提上议事日程，并引发了新一轮的争议和抗争，这些抗争不在本案例考察的范围之内。

焚烧风险"的抗争历程大致可以划分为抗争动员、正式抗争与抗争升级三个阶段，不同阶段中的抗争诉求表达与行动策略存在一定的差异，进而产生了不同的行动效果。

（一）抗争动员

"垃圾围城"是现代化进程中城市治理面临的严峻问题，与早期主要采用填埋等处理方式不同，20世纪末开始，国内一些城市出现了采用焚烧发电处理生活垃圾的新方式。广州市于1998年开始引进垃圾焚烧处理装置，并于2002年兴建了"李坑焚烧厂"。此后，广州市逐步开始规划新的垃圾焚烧厂选址。2006年，广州市规划局批准在番禺区新建垃圾焚烧厂，具体选址为番禺大石街道会江村。在2006年到2009年的3年间，关于番禺区要建垃圾焚烧发电厂的报道不断见诸报端，广州市国土局、番禺区政府等相关部门也分别在自己的官方网站或有关新闻中披露了这一工程的进展情况。然而这些信息并未引起当地居民的明显关注、质疑或抗议。2009年2月4日，广州市政府向社会发布《关于番禺区生活垃圾焚烧发电厂项目工程建设的通告》，其中指出"番禺区垃圾发电厂项目是广州市重点建设项目，位于番禺区会江村与谢村交界处，计划于2010年建成并投入运营"。

在番禺垃圾焚烧厂选址地附近密布着许多商品房小区，楼盘规模大，住户数量多，许多业主身份为政府工作人员、报社记者、高校教师、企业老板等，具有较高的收入水平以及良好的受教育程度。这些业主较为关注自己的居住环境，也具有较强的权利意识和风险意识。然而上述公告并没有立即引起当地居民的广泛关注，仅有少数小区业主注意到了这一情况。例如在2009年4月29日，一位网友在小区论坛内发帖"垃圾焚烧厂在哪里啊？"，然而该帖子并没有得到广泛回应，不久便沉入"水底"。[①]

2009年9月23日，时任广州市环卫局局长的吕志毅在接受媒体采访时表示，"一旦完成环评，番禺垃圾焚烧发电厂将动工开建"。24日，一些媒体刊发了番禺建设垃圾焚烧厂的报道，其中新快报刊登了一篇占据两个版面的长篇报

---

① 郭巍青，陈晓运．风险社会的环境异议：以广州市民反对垃圾焚烧厂建设为例［J］．公共行政评论，2011（1）：103．

道《番禺建垃圾焚烧厂 三十万业主急红眼》,由此揭开了番禺业主"反焚"抗争的序幕。新快报的报道中描述了垃圾焚烧厂选址与周边小区较近的距离(金城花园约1千米、丽江花园约3千米、太子花园约1千米、祈福新邨约3千米、天龙山庄约1千米、华南碧桂园约6千米、雅典花园约1.5千米、华南新城约8千米),同时也披露了部分小区业主的忧虑:"近日,在番禺洛溪、华南板块、钟村等楼盘业主论坛上,很多业主发帖列举了大量因焚烧垃圾可能导致一系列污染的证据,其中最令人担心的是可能将产生一级致癌物二噁英,大多数业主明确表示,'将对这一项目抵制到底'。"①

同时,该篇报道中也披露了相关业主的早期行动。一是在小区业主论坛内发布"反对建垃圾焚烧发电厂"的帖子,以引起更多业主的关注和支持,从而进行抗争动员;二是向政府相关部门进行投诉,例如报道中指出"南国奥园已经有业主呼吁进行抗议活动,而该小区业委会已将情况上报番禺区政府,等待答复","9月7日,有市民在广州市城市规划局网站上的'规划面对面——市民互动'栏目留言","建议广州市对此项目应该慎重进行环评"②。然而这些意见并没有受到重视。

新快报的报道被许多业主转发到了自己小区的业主论坛内,由此引起了众多业主的热烈讨论。例如在丽江花园小区的业主论坛"江外江"上,该报道被转发到论坛的当天就获得超过500个点击量,并有29个跟帖。业主的评论中"除了对报道中支持垃圾焚烧的专家意见表示不满、质疑政府决策缺乏对民意的关注外,更多的是表示强烈的反对和要求发起集体行动予以抵制"③。由此,依托小区业主论坛(也包括"天涯"等著名的互联网论坛),一些抗争积极分子通过"发帖"的方式进行了初步的抗争动员。帖子的内容除了对番禺垃圾焚烧厂的质疑外,还包括许多业主通过网络搜索方式获得的与垃圾焚烧以及二噁英风险相关的资料。其中影响最大的"江外江"论坛更是在10月16日专门开辟了"垃圾焚烧专版",这成为讨论垃圾焚烧问题的"主阵地"。有研究对"江外江"论坛上讨论垃圾焚烧的帖子进行了梳理,发现"一部分是由论坛参与者特

---

① 阮建华. 番禺建垃圾焚烧厂 三十万业主急红眼 [N]. 新快报, 2009-09-24 (3).
② 阮建华. 番禺建垃圾焚烧厂 三十万业主急红眼 [N]. 新快报, 2009-09-24 (3).
③ 尹瑛. 冲突性环境事件中的传播与行动:以北京六里屯和广州番禺居民反建垃圾焚烧厂事件为例 [D]. 武汉:武汉大学, 2010:40-41.

别是论坛意见领袖撰写发布的,另一部分是转帖传统媒体对垃圾焚烧事件的报道",各种讨论的总体基调是"克制和理性的"①,这也构成了整个抗争行动的基调。

关于抗争业主的具体诉求,在一位业主发布在"天涯"论坛上的帖子中得到了集中呈现:

> 对于建立垃圾焚烧发电厂,我们业主目前有以下几点质疑的地方:①该垃圾发电项目未经当地环保部门测评,却已经部分办完征地等手续要开工,程序上不合法;②该项目所在地是一个周边大楼盘林立、人口居住密集的居住区,为什么不是选在较偏僻的地方;③垃圾焚烧发电已经是被国外淘汰的垃圾处理技术,况且垃圾燃烧制造的二噁英会严重致癌,为什么还要引进利用?稍有常识的人都知道,二噁英是一种无色无味、毒性严重的脂溶性物质,毒性十分大,是氰化物的130倍、砒霜的900倍,有"世纪之毒"之称,国际癌症研究中心已将其列为人类一级致癌物。客观地说,我们这些担心和质疑是有道理的。因为我们关注我们生活的环境,关注我们的孩子生活的环境。环境是吸引我们来番禺安家置业的主要原因。如果这里失去了美好的环境,我们或许会被迫移居到别的地方,如从化、花都,乃至于佛山。报纸上报告:番禺房屋成交量自2009年9月份以来下滑了2~3成。而比目前更严重的情况是可能发生的,因为对此事与我相同看法的业主还有很多很多……而那种状况,我相信谁都不愿意见到的!②

可见,对垃圾焚烧产生的二噁英等有毒物质危害性的忧虑是业主抗争的直接原因,这正是科技应用导致的风险的重要体现。也正是这种风险忧虑构成了抗争积极分子持续动员的基础。除了前述基于业主论坛等互联网平台的动员外,一些抗争积极分子也意识到网络无法覆盖所有居民的局限性,因此很快采取了线下动员手段——发放传单和收集签名,从而快速扩大了抗争业主群体的规模。

---

① 袁光锋. 互联网使用与业主抗争:以番禺反垃圾焚烧维权事件为案例[J]. 中国地质大学学报(社会科学版), 2012 (3): 61.
② 月亮照着我的牛仔. 我对番禺建立垃圾焚烧发电厂说不![EB/OL]. 天涯论坛, 2009-10-29.

<<< 第四章　风险抗争：邻避冲突中的公众抗争

同时，一些抗争积极分子也多次碰头一起商讨抗争对策。而为了搜集垃圾焚烧危害性的证据，一些业主代表更是于10月18日赴李坑垃圾焚烧厂进行调查，并将搜集到的垃圾焚烧污染方面的资料发布到网上，从而引起了更多人的关注。

此外，由于小区业主中有新闻记者，因此此次抗争事件较早地引起了许多媒体的关注，特别是新快报、南方都市报等媒体进行了跟踪式报道，同时还不断发表评论，声援业主并为他们出谋划策。许多媒体报道中呈现了各种质疑垃圾焚烧的观点，这无疑构成了对抗争业主的重要支持，也在客观上产生了进一步的动员效果。例如，在新快报于2009年10月14日刊发的《番禺垃圾发电厂争议不能只由官方说了算》一文中，广东省政府参事王则楚指出：

> 市民与官方之间的"分歧"首先就出在是否环保的"标准"上！面对不把灰霾列入空气质量的环境标准，面对引进了最先进技术、排放符合环境标准的李坑垃圾焚烧厂"臭死了"的居民反映，面对世界上"垃圾焚烧炉就是产生二噁英的途径之一"的研究结论，市民怎么能相信"通过了环评"的垃圾焚烧厂是"不臭的"呢？
>
> 其次的"分歧"是垃圾焚烧处理是最先进的吗？为什么原先大量采用垃圾焚烧技术的日本在大量减少垃圾焚烧发电厂？"不要重蹈日本的覆辙"是罗兰·韦伯在垃圾处理问题上给中国的一句忠告，市民希望在垃圾处理方法上有发言权。①

在新快报随后的另一篇报道中，更是大篇幅刊发了国内反对垃圾焚烧的标志人物、中国环境研究院研究员赵章元的观点：

> "焚烧并不会使垃圾量减少，反而会增加更多的污染物。"赵章元指出，垃圾焚烧会产生数百种有毒物质，即便是最先进的焚烧技术，也有几十种污染物，其中最为人们所熟知的就是二噁英。
>
> "目前尚没有技术可以处理掉这些有毒物质。"赵章元指出，在焚烧炉正常运行的情况下，污染问题就已经非常惊心。而据他的了解，国内现有

---

① 番禺垃圾发电厂争议不能只由官方说了算［N］.新快报，2009-10-14（2）.

五六十座垃圾焚烧炉，没有一座能够正常运行，其原因主要有两个，一个是焚烧成本过高，焚烧不划算，二是焚烧厂往往是企业运作，出于成本考虑，往往简化程序，"这样比正常运行污染排放更高"。

赵章元告诉记者，早些年大力推广该技术的日本和美国已吃了亏，焚烧厂周边居民的癌症发病率明显高于其他地区。如此高风险的项目，为何在中国能大行其道？赵章元指出，原因是当前的很多市政管理者思维滞后，还认为焚烧技术是最先进的。但事实上，焚烧技术如今已处于被淘汰的地步。①

总体来看，除了一些抗争积极分子的努力外，抗争初期宣传与动员显著成效的取得很大程度上有赖于小区业主论坛等互联网平台提供的便利以及新闻媒体广泛报道产生的舆论聚焦效应。而在抗争动员的基础上，如何向政府部门提出诉求以实现垃圾焚烧厂"停止建设"的目标则考验着抗争业主的资源动员能力和抗争策略的合理选择。

（二）正式抗争

在抗争初期，有业主想要通过法律途径来实现抗争诉求。例如海龙湾小区业主 Kingbird（网名）曾起草了一份"起诉书"并于 10 月 3 日张贴于"江外江"论坛上，号召大家一起来修改，并准备国庆节结束后就上告法庭。然而很快便有业主劝告 Kingbird："你告不赢的。"② 因此法律诉讼手段最终不了了之。现实中主要采用的抗争手段是向政府相关部门投诉。在广州，政府设立了"接访日"制度来获取民众的意见诉求，而每月的 23 日是广州市环卫局的"接访日"，这成为抗争业主的重要投诉渠道。2009 年 10 月 23 日，抗争业主在环卫局接访日当天将一份《反对兴建垃圾焚烧处理厂的意见书》和收集到的数千业主签名进行了递交，但接待业主们的工作人员只是答应"两个月内给予回复"。此后，抗争业主们又分赴华南环科所、市政园林局和番禺市政府进行投诉，但均

---

① 肖萍. 广州番禺小区业主签名抵制垃圾焚烧厂 [N]. 新快报，2009-10-26 (2).
② 马李灵珊. 盘点 2009 人物：番禺反建垃圾焚烧厂业主获尊敬 [J]. 南方人物周刊，2010 (2)：3-6.

没有得到明确满意的回复。

除了"上访"投诉的抗争手段外，10月23日至25日，部分抗争业主还采取了印发传单、组织签名、印花T恤、"面具秀"与"口罩秀"等方式来表达诉求。这一时期，许多地方媒体也在进行各种积极报道。重要的是在10月26日，中央电视台"朝闻天下"栏目也报道了此次抗争事件，这标志着这场地方性抗争开始获得全国性的关注。而且国家权威媒体的关注无疑也会对地方政府形成一定的压力，促使地方政府正面回应居民的诉求。在此情况下，番禺区政府于10月30日召开了首次新闻通报会，对选址问题进行了说明："该选址方案既符合垃圾焚烧处理厂用地规模，又符合我区自然条件、人文环境和国民经济发展要求。"[①] 同时，番禺区政府邀请了多位专家在会上对番禺垃圾焚烧厂的科学性和可行性进行论证。这些均表明了地方政府推进垃圾焚烧厂建设的坚定态度。然而有业主对会上专家的身份进行调查后发现，这些"挺烧"专家多与垃圾焚烧项目存在利益关联，例如专家聂永丰（教育部固废处理与环境安全重点实验室主任）是一项垃圾焚烧炉专利的持有者，而环评专家徐振成（原环保部华南环境科学研究所副所长）所在工作单位正是番禺垃圾焚烧项目的环评中标单位。[②] 这在很大程度上起到了"反效果"，不仅未能平息抗争业主的质疑，反而影响了政府和相关专家的公信力。

紧接着，政府主导的环评工作于11月1日开始进行。在此期间，政府组织省情调查中心对垃圾焚烧厂周围8千米内的12个小区的居民进行了调查，结果显示97.1%的受访居民反对建设垃圾焚烧厂。然而，11月5日番禺日报以头版头条刊登了《建垃圾焚烧发电厂是民心工程》的报道，称番禺区人大代表70多人视察了垃圾焚烧厂选址地后认为这是"为民办好事、办实事的民心工程"。这一状况无疑加剧了抗争业主的质疑态度以及对地方政府的不信任。

11月，中央权威媒体更为积极地介入对抗争事件的报道中。11月10日，人民日报发表评论文章《决策不能"千里走单骑"》，对地方政府部门只顾"行政效率"而忽视与民众沟通的现象进行了批评。11月21日，中央电视台

---

① 张田田. 商议何以可能？——以番禺垃圾焚烧风波为个案研究 [J]. 湖北社会科学，2013（4）：25.

② 黄岩，杨方. 审议民主的地方性实践：广州垃圾焚烧议题的政策倡议 [J]. 公共管理学报，2013（1）：46.

"新闻调查"栏目播出《垃圾焚烧之惑》节目,聚焦报道了番禺垃圾焚烧发电项目引发的争议。在该节目中播出了对部分抗争业主、地方政府工作人员以及相关专家学者的采访,这些受访者既有垃圾焚烧的支持者也有反对者,他们的差异性观点的集中呈现客观上形成了风险论争与对话的效果。例如,地方政府工作人员的观点包括"我们所采用的技术,所有排放物的标准都是达到国家安全标准,也达到欧盟排放标准,我相信这个项目对周边的市民影响不会很大";支持垃圾焚烧专家的观点包括"垃圾焚烧是无害化相对比较彻底的垃圾处理方式","对解决人口稠密、土地资源短缺,难以找到垃圾处理设施用地的地方来说是一种最好的选择";反对垃圾焚烧专家的观点则包括"垃圾焚烧潜伏性的危险(很大),开始并没有发现,并没有感觉,尽管我们说排放的0.1纳克(二噁英)欧盟标准,应该是很低很低的,但是在你身体里蓄积……你是24小时生活在这里,那就很容易潜伏疾病"。[①]

不过即便上述权威媒体也没有对垃圾焚烧的危害性问题给出定论,这反映出垃圾焚烧这一科学技术问题自身的争议性。也即,垃圾焚烧会产生二噁英是"已经确立的科学事实",然而"相关科学知识还存在许多尚不明确的地方",这给相关争议留下了空间,"反焚者怀疑垃圾焚烧产生的二噁英无法被有效控制,会极大地危害周围乃至全市居民的健康",而"支持焚烧者则相信,反焚者妖魔化焚烧技术,就像近代中国人害怕照相机摄人魂魄或因为害怕火车而拆毁铁路一样"[②]。

在上述争论背景下,广州市政府在2009年11月22日就番禺垃圾焚烧厂项目举行了新闻发布会,会上广州市政府副秘书长吕志毅做出了"广州将坚定不移地推进垃圾焚烧发电"的强硬表态。同时广州市城管委副主任徐建韵在会上对垃圾焚烧的"必要性"和"可行性"进行了具体的解释:

> 我市生活垃圾处理面临着严峻形势,从1999年到今天,广州市生活垃圾产量10年翻了一番,目前全市每天产生的生活垃圾量高达1.2万吨……

---

① 中央电视台《新闻调查》.垃圾焚烧之惑[EB/OL].央视新闻网,2010-04-02.
② 张劼颖,李雪石.环境治理中的知识生产与呈现:对垃圾焚烧技术争议的论域分析[J].社会学研究,2019(4):152-153.

由于受容量所限，我们预计兴丰垃圾填埋厂到 2011 年将被填满，番禺日处理 1200 吨的火烧岗也将在 2012 年被填埋封厂，如果不尽快兴建新的垃圾处理设施，最多再过两年，我市一万多吨生活垃圾将无处处理，广州将面临垃圾围城的巨大危机……

走以垃圾焚烧发电为主的路子，符合国家、省相关政策法规，也符合广州和番禺的实际……焚烧发电，因其占地面积小、处理充分、减容减量明显、资源利用率高等优点，目前被国内广泛利用，目前考虑广州经济发达、土地资源稀缺的实际，通过多年的时间和科学论证，我市确定了生活垃圾综合处理走以焚烧发电为主的新路子，广州采用先进的生活垃圾焚烧发电技术，符合国家和广东省相关产业政策和规划纲要，也符合建设节能型社会发展思路。

焚烧发电是当前国内外广泛运用的生活垃圾处理先进技术和手段，经过 100 多年的发展，垃圾焚烧发电技术已十分成熟，成为当前国际上广泛运用的生活垃圾处理技术……①

同时，徐建韵在会上也指出推行垃圾焚烧是执行国家政策的要求：

2007 年 6 月，国务院发布的《中国应对气候变化国家方案》指出，大力推进生物能源的开发利用，在经济发达、土地资源稀缺的地区建设垃圾焚烧发电厂。2007 年 9 月，国家发展改革委、建设部、环保总部联合颁布实施《全国城市生活垃圾无害化处理设施建设"十一五"规划》指出，焚烧发电可以减少东部地区经济发达地区的原生垃圾填埋量，节省土地资源，鼓励选用先进的焚烧处理技术……2008 年 12 月，国家发展改革委颁布的《珠江三角洲地区改革发展规划纲要》指出，大力发展循环经济，鼓励发展符合国家政策的资源综合利用项目，推动垃圾发电……国家的这三个红头文件，充分肯定并提倡垃圾焚烧发电，这也是我市选择建设焚烧发电厂的重要依据，对国家和省的法规政策我们应该尊重维护并坚决严格执行。②

---

① 番禺垃圾焚烧项目依法推进：会议实录 [EB/OL]. 南方网，2009-11-23.
② 番禺垃圾焚烧项目依法推进：会议实录 [EB/OL]. 南方网，2009-11-23.

上述状况表明，抗争业主的诉求和行动并没有得到政府部门的认可。面对政府的强硬态度，很多业主在小区论坛上表达了自己的不满，同时也在积极寻找新的抗争方式。

（三）抗争升级

在广州市政府举办新闻发布会的第二天，一份《永兴村癌症患者名单》开始在网上流传。永兴村即李坑垃圾焚烧厂所在地。该份名单显示，"1993年至焚烧厂建成的2005年，永兴村因癌症而死亡的人数仅有9人，而垃圾焚烧厂投产后的四年时间里，癌症死亡人数为42人，同时，尚存活的癌症患者也有20人，按此数据分析，临近居民的癌症发病率和死亡率比先前大幅提高"①。这一"信息"极大地加剧了抗争业主的焦虑。

除了抗争规模与力度的增强对地方政府造成的压力升级外，进入12月，多家媒体报道披露了地方政府工作人员、专家与垃圾焚烧厂商之间的利益链条，这一状况更是为地方政府的垃圾焚烧项目决策带来了巨大的舆论压力。例如，许多小区业主论坛中流传开了另一个关于政府、专家和厂商间利益关联的信息：

> 曾参与及见证利益集团在中国推动垃圾焚烧项目的一位番禺居民向《亚洲周刊》透露，十多年前，就有以"海归"人士为核心的利益团体，包括学者、企业家、国外的设备供货商、投资者等，由学者出面，以研讨会的形式游说领导干部及地方政府，采用国外进口设备，用BOT的经营形式建垃圾焚烧厂。这位曾经的参与者如今居住在番禺丽江花园，不幸成为番禺会江垃圾焚烧的直接受害者。他表示，当时参与游说和研讨的专家都明码标价，收1.5万元（约合2195美元）到2万元的出场费，以正面叙述支持垃圾焚烧。一般的程序是，先说服地方领导干部，然后撬动环保局局长。②

---

① 郭巍青，陈晓运．风险社会的环境异议：以广州市民反对垃圾焚烧厂建设为例［J］．公共行政评论，2011（1）：104．
② 郭巍青，陈晓运．风险社会的环境异议：以广州市民反对垃圾焚烧厂建设为例［J］．公共行政评论，2011（1）：108．

<<< 第四章　风险抗争：邻避冲突中的公众抗争

上述信息的披露无疑对番禺垃圾焚烧厂项目决策的合法性构成了一定的挑战，也更加坚定了业主们的抗争信心。而在前述各种因素的共同作用下，地方政府的态度也在悄然发生变化。2009年12月10日，番禺区政府发布《创建番禺垃圾处理文明区工作方案（讨论意见稿）》，表示对于垃圾处理方式和垃圾处理项目选址，番禺区将重新进行讨论和论证，让市民参与选址论证和环评。12月20日，番禺区委书记谭应华应丽江花园小区业主的邀请参加座谈会，会上公开表示"垃圾焚烧厂项目已经停止"。至此，在经历了近3个月的持续抗争后，番禺小区业主反对垃圾焚烧厂建设事件最终以业主的"阶段性胜利"而告终。

二、垃圾焚烧风险呈现与论争的抗争逻辑

对番禺小区业主"反焚"抗争历程的考察可以发现，抗争的"胜利"是多重因素共同作用下的结果。在这其中，业主的持续动员与投诉是基础，而这在很大程度上又有赖于多位抗争积极分子的努力。而小区业主论坛作为抗争群体间联络沟通的平台也起到了重要支撑作用，正如有学者对此次抗争事件中业主论坛作用的评价："最初，它普及了关于反垃圾焚烧的相关知识，从而建构了业主的抗争共识；之后，通过论坛中的理性协商，它成为业主之间，以及业主与传统媒体、政府进行互动的渠道。"[①] 同时，各类新闻媒体在抗争事件中扮演了重要角色，特别是以新快报、南方都市报等为代表的众多当地媒体从多个角度对抗争事件进行了跟踪报道，从而极大地扩大了事件影响。而且这些媒体的报道在很大程度上站在了抗争业主的立场上，成为抗争业主的重要"同盟"，共同向地方政府部门施加压力。更重要的则是人民日报、中央电视台等中央权威媒体的"介入"报道，无疑对地方政府加速"冲突解决"构成了自上而下的巨大压力。此外，抗争过程中也存在一些"偶然"因素（例如"癌症名单"的出现、对广州市政府重要工作人员与垃圾焚烧厂商利益链条的披露等），这些在一定程度上推动了抗争的升级，也必然对地方政府构成新的压力，从而有助于推动地方政府的"妥协"。

---

① 袁光锋. 互联网使用与业主抗争：以番禺反垃圾焚烧维权事件为案例 [J]. 中国地质大学学报（社会科学版），2012（3）：61.

除了上述因素的影响外，就作为典型的"风险抗争"而言，贯穿整个抗争过程的风险呈现与论争成为番禺业主"反焚"抗争的重要特征。因此，为了更好地理解番禺业主"反焚"抗争的行动逻辑，有必要深入探究这种风险呈现与论争的逻辑。在本案例中，对垃圾焚烧技术风险（垃圾焚烧对环境与健康的潜在危害）的建构与呈现构成了业主抗争行动的"起点"，也是持续性的抗争动员与诉求表达的核心。而风险呈现与论争之所以能够持续进行，主要受到抗争机会结构的影响，同时有效的风险呈现与论争也为抗争业主营造了有利的抗争机会。本研究认为，番禺业主抗争的"胜利"很大程度上正是源于这种风险建构（呈现和论争）与机会结构的有效互动。

（一）"反焚"抗争中的机会结构

在番禺"反焚"案例中，抗争业主面临着较为复杂的"机会结构"，这些结构性因素在特定情况下分别发挥着推动或阻碍业主抗争的作用。如前所述，本研究所谓的"机会结构"同时涉及政治、法律与话语层面上的机会性因素，下面将依次考察这些因素在番禺案例中的体现及其具体影响。

就政治机会结构而言，广州市政府设立的"接访日"为普通市民提供了重要的反馈意见诉求的制度化渠道，也成为抗争业主表达诉求的重要机会。如前所述，番禺抗争业主充分利用了这一机会，10月23日与11月23日的"接访日"当天均出现了大量业主拥入政府部门表达意见诉求的景象。同时，传统的信访渠道也被充分利用，11月23日有大量业主到广州市信访局进行"上访"。大量业主的"投诉""上访"无疑体现出一种"闹大"的逻辑，挑战了地方政府的"维稳"神经，在很大程度上能够迫使地方政府直面问题或进行妥协。然而基于"闹大"的压力传导策略需要以"守法"为前提，过度的"闹大"如果扰乱了正常的社会秩序则有被"镇压"的风险。番禺抗争业主清醒地意识到了这一问题，少数业主提出的"游行示威"等意见很快被否定，一些抗争积极分子指出"必须用政府可以接受的方式，以合理合法的手段表达自己的意见与诉求"，"我们和政府沟通时，不能先带着敌意"[1]。正因如此，番禺抗争业主基本

---

[1] 马李灵珊. 盘点2009人物：番禺反建垃圾焚烧厂业主获尊敬 [J]. 南方人物周刊，2010（2）：3-6.

上是以理性的方式在表达诉求，这是他们的抗争能够获得许多媒体特别是中央媒体认可的重要原因，也是地方政府认真对待这些"民意"的重要前提。

就法律机会结构而言，如前所述，在抗争初期曾有业主想要诉诸法律途径谋求垃圾焚烧厂的停建，然而最终不了了之。不过，由于部分抗争业主有法律教育的知识背景，因此他们查阅了大量相关法律政策，来为自己寻求有利机会。例如有业主查询法律条文后发现，"这种工程一般都会有'环保'和'消防'的一票否决制，就是这两方面必须达标"，于是该业主"开始向广州市市政园林局、环保局和市容环卫局打电话，表达自己的意见，问询环评情况"，相关部门则回复"环评报告还在做，还没交上来"①。"环评"尚未完成便决定建设，而且政府的"环评"工作缺乏有效的公众参与环节，这意味着决策程序上存在一定的不当之处，这一点无疑成为业主的一个重要抓手。而地方与中央媒体的众多报道中也多次表达了对这一政府决策程序性问题的质疑，并从公众参与合理性的角度提供了对抗争居民的舆论支持。例如人民日报刊发的《决策不能"千里走单骑"》一文中即指出："超过98%的民众对'涉及众多民众利益，但有关部门垄断行政决策，未能及时通报消息'最为不满——这一对周边环境及民众生活可能产生重大影响的项目，从2004年确定地址、2006年通过审批、2009年开始征地，5年中没有情况通报，没有听证，甚至电厂所在的会江村村民也大多不知道有该项目的存在，直至它突兀地被民众关注。"② 类似报道从程序合法性的角度对地方政府构成了明显压力，从而有助于抗争诉求的实现。

此外，由于风险抗争的核心是抗争业主的风险建构或风险定义是否能够获得充分的"合法性"，因此相较于政治与法律机会结构而言，话语机会结构显得更为重要。在番禺业主的"反焚"抗争中，如前所述，地方政府工作人员很大程度上坚持"垃圾焚烧无害"或"危害可以控制"的立场，而且多次邀请专家来为上述观点进行"科学论证"。同时，当地的官方媒体（例如番禺日报）多次刊发文章宣传垃圾焚烧的"安全性"。

同时，抗争业主也面临着许多有利的话语机会结构。一方面，由于在国内

---

① 马李灵珊. 盘点2009人物：番禺反建垃圾焚烧厂业主获尊敬 [J]. 南方人物周刊，2010（2）：3-6.
② 史哲. 决策不能"千里走单骑" [N]. 人民日报，2009-11-10（2）.

较早就存在着关于垃圾焚烧风险（特别是二噁英危害性）的公开论争，而且在科学共同体内部也存在许多争议，因此各种质疑垃圾焚烧安全性的言论并未在科学逻辑上遭到完全的否定。另一方面，在番禺案例中，无论是以新快报等为代表的地方媒体还是以中央电视台为代表的中央媒体，都能够以较为客观中立的立场对支持和反对垃圾焚烧的各种观点进行公开报道和呈现，从而成为抗争业主以及部分"反焚"专家所持风险观点的重要传播渠道。在此情况下，抗争业主可以经由各种风险知识的搜集和应用来为自己的抗争行动赋予"合理性"，从而营造出更为充分的抗争机会。

（二）风险呈现与论争中的机会营造

针对垃圾焚烧风险的呈现与论争之所以能够成为番禺"反焚"抗争的核心，除了前述机会结构中的有利条件（特别是话语机会结构一定程度上的"开放性"）外，还在于抗争业主较为有效的风险建构与论争策略的使用，从而能够切实地把握住"机会"。具体来看，番禺小区业主大多具有良好的教育经历，尽管大部分并无预先掌握垃圾焚烧的相关专业知识，但是通过查阅互联网资料和相关文献，能够有效理解和迅速掌握该领域知识，从而能够"专业地"与支持垃圾焚烧的政府部门和专家展开论争。例如，一位质疑垃圾焚烧技术功效的业主对国外相关文献进行了查阅和翻译，发现"焚烧技术的效率比MBT（生物处理技术）低228%"[①]，从而为自己的抗争诉求找到了理性证据。而且，番禺相关小区业主中也有媒体记者，正因如此，抗争业主可以十分便利地与相关媒体保持联系，从而使抗争业主的风险观点能够超越小区论坛的局限性而呈现在更具公开性和影响力的正式媒体上。此外，多位在专业领域较具影响力的"反烧

---

① 郭巍青，陈晓运. 风险社会的环境异议：以广州市民反对垃圾焚烧厂建设为例 [J]. 公共行政评论，2011 (1)：105.

派"专家①的存在以及他们对番禺抗争的关注和评论在很大程度上为抗争业主提供了更为专业的知识资源，从而成为抗争业主的重要"盟友"，这也是抗争业主在垃圾焚烧风险论争中能够发出自己的声音并产生重要影响的关键因素。

在具体的风险论争过程中，"反焚"观点针对支持建设垃圾焚烧厂的各种观点及其论据进行了一一"驳斥"，双方之间的"交锋"主要体现为如下几个方面。首先，针对垃圾焚烧技术的成熟性问题（例如是否能够有效控制二噁英的产生和排放），政府及相关支持垃圾焚烧的专家均持确定性立场，然而这种"确定性"遭到了各种质疑。例如从科学角度讲，垃圾焚烧产生二噁英的一个必要条件是燃烧温度低于850摄氏度。尽管一些专家强调现有技术可以做到将燃烧炉温度控制在850摄氏度以上，但是也有专家指出由于燃烧过程本身的特性，并不能完全保证温度能够始终达标。② 而在中央电视台播放的《垃圾焚烧之惑》节目中，一位李坑焚烧厂项目经理在接受采访时承认"目前的技术要做到对二噁英的在线监测还很困难"，对此记者则发出疑问，"既然你不能够实时监测它的排放数值，怎么能够保证它每时每刻所排出来的二噁英的含量是合乎标准的，是对人体没有危害的？"③，这无疑在很大程度上挑战了"垃圾焚烧安全"论述的有效性。

其次，即便垃圾焚烧技术本身是足够成熟和有效的，"反焚"派还通过对技术应用管理中可能存在的缺陷的强调来挑战"垃圾焚烧安全"论述的有效性。例如在新快报的一篇报道中，一位广东省政协委员在接受采访时指出：

---

① 除了前文提到的著名"反焚"专家赵章元外，还包括广州大学环境科学与工程学院副院长王筱虹（认为国内的垃圾焚烧厂在运营和监督管理上的巨大缺陷是垃圾焚烧方式存在风险的关键所在）、中国能源问题专家林伯强（认为中国的垃圾分类不如欧洲和日本细致，所以垃圾焚烧所产生的有害物质会更危险，必须执行比欧盟更严格的分类标准）等，此外还有一些社会科学领域的"反焚"专家，例如中山大学政治学教授郭巍青（曾撰文批评垃圾焚烧发电，主张大力推进垃圾分类和减排）、北京大学法学教授王锡锌（强调政府信息公开和吸纳民众参与的必要性）等，相关资料可参见：黄岩，杨方．审议民主的地方性实践：广州垃圾焚烧议题的政策倡议［J］．公共管理学报，2013（1）：48.
② 张劼颖，李雪石．环境治理中的知识生产与呈现：对垃圾焚烧技术争议的论域分析［J］．社会学研究，2019（4）：157.
③ 中央电视台《新闻调查》．垃圾焚烧之惑［EB/OL］．央视新闻网，2010-04-02.

公众担心的是真实的结果,政府部门强调的是设备与技术的先进性。政府部门试图避开真正关键的问题:据专家介绍,不管从理论上或国外的实践上讲这项技术与设备如何先进、如何成熟,在国内就是因为在运行、管理上存在缺陷而产生问题。因此,光谈设备与技术的先进和国外的例子并不能让公众信服和放心。几十年来,这种设备先进但是由于管理水平的落后、监督机制的不完善而造成的损失,甚至灾难的事例难道还少吗?![1]

再次,与居民小区保持一定的"安全距离"是具有污染风险的工程项目选址时的基本原则,而在安全距离的确定上,"反焚"派也在挑战官方论述的正当性。例如有研究指出,"在番禺,政府部门称远离项目选址三千米之外的住宅区处于安全距离,并提供专业测量距离指称三千米范围内不存在居民小区"[2]。然而如前所述,早在9月24日,新快报的报道中即指出有多个小区距离垃圾焚烧厂的选址地远远小于三千米。[3] 同时,针对官方的"安全距离"论述,许多业主"采用了谷歌地图这一网络工具甚至使用GPS实地检测经纬度的办法却得出与政府测量差异极大的数据,部分业主更是提出,如果考虑风向则三千米的距离将失去意义"[4]。这表明抗争业主有能力基于自己的经验来认知生产风险知识,从而为抗争行动赋予理性上的正当性。

此外,如前所述,地方政府论证建设垃圾焚烧厂的一个重要依据是当前城市生活垃圾的快速增长已经超出了填埋等传统方式的处理能力,因此选择垃圾焚烧成为"必要"甚至"唯一"的出路。也正是在"番禺的垃圾必须在番禺处理"这一前提下,"反焚"行动很容易被斥为"不顾现实"或"自私自利"的非理性抗争。针对这一问题,抗争业主同样表现出了较为理性的回应,这主要体现为"垃圾分类"诉求的提出。例如,在中央电视台于2009年11月25日播出的《垃圾面前:民意是黄金》报道中即公开呈现了抗争业主对垃圾分类的

---

[1] 番禺垃圾发电厂争议不能只由官方说了算[N]. 新快报,2009-10-14 (2).
[2] 郭巍青,陈晓运. 风险社会的环境异议:以广州市民反对垃圾焚烧厂建设为例[J]. 公共行政评论,2011 (1):113.
[3] 阮建华. 番禺建垃圾焚烧厂 三十万业主急红眼[N]. 新快报,2009-09-24 (3).
[4] 郭巍青,陈晓运. 风险社会的环境异议:以广州市民反对垃圾焚烧厂建设为例[J]. 公共行政评论,2011 (1):113.

倡议：

> 主持人：姚阿姨，您的意思就是不反对把垃圾移走，但是反对焚烧这种方式。但是我们从短片里面也了解到了，如果不焚烧，只是用掩埋这种方式，垃圾很快就会把番禺给围起来，面对这种局面，你们有什么好办法没有？
>
> 姚女士：我们的意思就是说，现在马上就要进行垃圾分拣，垃圾分拣了以后，减少的数量是很大的。
>
> 主持人：垃圾分拣您觉得是一个特别好的主意？
>
> 姚女士：至少我们现在分拣的水平还比较低，但是我们估计起码也可以减去百分之四五十以上。①

从地方媒体的报道立场来看，对垃圾分类的强调也成为抗争中后期许多媒体大力报道的重要内容。② 相较于抗争初期业主的诉求主要聚焦于对"停建"的强调而言，抗争中后期对垃圾分类等替代性方案的强调不仅驳斥了前述官方立场，而且体现了抗争性质的转变，即从狭隘的"邻避"走向更具公益性的社会运动（环保运动），这无疑更容易获得社会舆论的广泛支持。

总之，正是由于话语机会结构的开放性，抗争业主的风险建构获得了与官方论述进行公开对话与竞争的机会，尽管这些风险建构在现实中并没有获得官方完全意义上的接受，但是这种"理性"论辩过程本身即为业主的抗争赋予了理性色彩以及较强的合法性。而且如前所述，"反焚"派对官方论述的逐一驳斥有助于他们获得更多的社会关注和舆论支持。这些因素与前述政治与法律机会结构中各种有利因素的结合，共同为业主的抗争行动营造了更为有利的机会空间，这是抗争诉求能够实现的关键。

---

① 央视关注番禺垃圾厂事件：垃圾面前民意是黄金［EB/OL］. 中国日报网，2019-11-26.
② 张田田. 商议何以可能？——以番禺垃圾焚烧风波为个案研究［J］. 湖北社会科学，2013（4）：25.

第三节　风险隐匿：基站冲突中的策略化抗争

一、青岛 H 小区居民的基站抗争历程

青岛 H 小区居民的基站抗争发生于 2018 年 5 月至 2019 年 3 月，整个抗争周期历时 10 个月。对基站建设可能带来的科技风险（电磁辐射健康风险）的忧虑是居民抗争的直接原因，谋求基站拆除是抗争的核心诉求。在具体考察后则发现，居民"抵御科技风险"的历程曲折复杂，包括"动员""投诉"与"施压"三个阶段，各个阶段中居民抗争的诉求表达与行动策略存在明显差异。

（一）动员阶段

2018 年 5 月 21 日，H 小区居民萌叶①在业主 QQ 群内发布了几张照片，照片内是两根距离很近的蓝白相间的杆子竖立在小区门口附近道路的一侧。萌叶在群里进行了解释，"听邻居说这是移动基站，离住宅至少要 200 米才行，听说没有环评就建了"，"为了大家的健康，希望大家关注，打 12345 投诉"。由此，萌叶在业主 QQ 群内发起了抗争动员。对 QQ 群发言记录进行梳理发现，很多居民在第一时间就进行了积极的回应。一些居民明确表示"电磁辐射确实可能对人体产生伤害""为啥就在四号楼下啊？这么近行不行啊？就不能建在一个十字路口吗？""电磁场强对身体器官是有损伤的……全国没有小区愿意在辐射附近""不应忽视小区业主的健康隐患，仓促就建起一个信号站"（QQ 群发言记录）。

由于小区居民大多缺乏移动通信技术以及电磁辐射相关领域的专业知识，因此上述风险认知所涉及的知识主要源于互联网。一些居民将从网络搜索到的电磁辐射危害信息发布到了业主群内，其中抗争积极分子白咖啡发布的信息较具典型性：

著名雷达专家、中国电子科技集团科技委副主任、中国工程院院士王

---

① 本案例中涉及的人与公司均进行了匿名处理。

小谟则认为，电磁辐射对人体健康肯定是有影响的，通信基站的电磁辐射也一样，而这种影响并不是短期内就可以发现的。经常处于电磁辐射的环境下，久而久之对人体健康的危害也会很严重，而这种危害也是多方面的，除了引发头晕头疼等病征，长期还可能影响下一代的质量，比如产生畸形儿、老年人得癌症的概率的上升、成年人的不孕不育症等，因此必须引起有关部门的重视。（QQ群发言记录）

这种诉诸专家观点的论证方式为前述风险认知赋予了"权威性"，从而引起了许多业主的认可和附和。除援引专家观点外，相关法律政策也成为支持抗争诉求的重要依据。例如萌叶在群内发布了自己查询到的相关政策规定：

国家环保总局（现国家环保部）1997年3月发布的18号令规定：一切涉及电磁辐射环境影响的项目或活动必须进行环境影响评价……《国家电磁辐射保护管理办法》第二十条规定，在集中使用大型电磁辐射发射设备或者高频设备的周围……不得修建居民住房和幼儿园等敏感建筑……《中华人民共和国电信条例》规定电信业务经营者可以在民用建筑物上附挂电信线路或者设置小型天线、移动通信基站等公用电信设施，但是应当事先通知建筑物产权人或者使用人……（QQ群发言记录）

在抗争动员的方式上，除了将"基站"与"电磁辐射"以及"健康危害"进行关联从而引起居民的"不安全"想象和恐惧心理以进行风险动员外，抗争发起者还采取了诉诸弱势群体身份的情感动员方式。由于小区内建有幼儿园，而基站位置距离幼儿园很近，这一点更是容易加剧相关居民的焦虑感。抗争积极分子会彩儿即指出：

孩子本身体弱，怀孕前半年还不能拍片子呢。大人受点辐射算了，还常不在家，孩子可是天天年年。反正要是建塔站，我就不让孩子上这个幼儿园了，我宁愿出去租房子，送私立，我昨天晚上都寻思搬家的事了……（QQ群发言记录）

111

尽管小区门口竖起的"两根杆子"尚未安装天线或通信设备，但是当它们被指认为通信基站后，辐射危害的预期或想象在许多居民的头脑中开始形成，进而对他们造成了巨大的心理压力和不安全感，从而推动了抗争动员的顺利进行。在抗争积极分子的宣传和推动下，许多居民表示需要发动起来一起拨打12345市长热线进行投诉，谋求基站拆除或迁址。

不过，并非所有居民都认可了基站辐射"健康危害论"的观点，也有居民明确提出了相反的看法。居民皮皮鲁指出，"移动基站没多大辐射，它功率小，远了就没用了，就得靠近小区"。另一位居民大海有过通信行业工作经验，成为主张基站辐射"无害论"的代表者。基于自己对无线通信行业的了解，大海在群内发布了许多基站电磁辐射及其安全性方面的科普信息，这些信息的来源既包括"知乎"等网络文章，也包括《人民邮电》《中国环境报》《光明日报》等官方甚至权威媒体刊载的文章。这些信息的主要观点包括：

> 其实我觉得别说基站，你现在不论走到哪儿周围都有几十个WiFi，也没见怎么样……你住在什么地方周围没辐射？……基站辐射是手机辐射的五百分之一……基站越多，个人接受的辐射越少，基站离你越远，你的手机发射功率就越大，很可能你接收到的辐射反而更大。（QQ群发言记录）
>
> 电磁能产生的辐射，可分为电离辐射和非电离辐射。前者专指一种高能量辐射，能破坏生理组织，对人体造成伤害，比如X光、核辐射等；后者一般只有热效应，不会伤及生物体的分子键，基站产生的辐射就属于此类，不会对人体有害。①

大海发布的科普观点遭到几位抗争积极分子的质疑和反对，双方围绕辐射类型、辐射功率与距离的关系、辐射的长期累积效应、辐射数据可靠性等问题展开了激烈争论。不过，除了像大海这样的居民因工作行业原因而具有一定的电磁辐射专业知识外，其他居民并不具备相关专业知识，也没有能够列举出权威的科学证据来支持"电磁辐射有害论"的观点。同时，由于此时的风险动员基本上体现为业主群内部的动员而尚未公开化，因此持有不同观点的居民未能

---

① 杨君. 基站建设，"一闹就拆"如何解 [N]. 光明日报，2015-10-13（5）.

诉诸具有公信力的外部政府或专家权威进行评判,这使得业主群内的这种风险沟通与论争基本体现为"各说各话",最后甚至发展为争吵与谩骂。特别是对一些持"电磁辐射有害论"的居民来说,当他们无法对自己的观点进行"科学"论证时,最终选择了对官方"科普"信息的可信性进行质疑。

尽管大海观点的附和者较少,但是这些异质观点的存在表明"风险建构"并非单一的,基于基站辐射健康风险的抗争动员具有一定的脆弱性。特别是大海发布的观点与文章往往来自正式媒体,在很大程度上反映了政府与学界的权威观点,与之相对照的则是基站反对者的论证资料多源于网络搜索的非正式信息,其科学性和有效性难以得到保障。一些抗争积极分子也认识到了这一点,在发现无法通过话语沟通与辩论来驳斥"基站辐射安全论"后,为了维护抗争网络的稳定性,他们选择单独成立了一个业主维权微信群,并通过线上好友拉人、线下介绍推广等方式积极动员反对基站建设的居民入群。微信群的成立实现了对"异质观点"的隔离,维护了抗争群体内部的团结,成为后续抗争阶段居民内部沟通与持续动员的主要平台。

(二) 投诉阶段

在正式抗争中,居民主要采取向政府部门投诉的方式,表达对相关企业在小区门口建设基站行为的不满。维权微信群成立后,抗争积极分子立即在群内商讨维权行动的细节问题。首先需要解决的是维权口号或诉求问题,如一位业主指出的,要"写一封信,发到群里,一起发邮件加打电话,打电话不知道说什么就照着信念"。经过讨论,这封"信"的内容被确定为:

> 1. 周围小区人口密度大,离居民楼只有几米的距离,50米内建了两个基站。2. 幼儿园就在小区里面,距离基站只有几十米。3. 我们没有接到任何公示。4. 小区通道两侧人流大,杆子太高危险。5. 买房时未公布此不利因素。6. 无论它是"信号塔"还是"移动基站",还是叫作"中继",过于接近居民楼,我们都反对,建议移走,改选地址。(微信群发言记录)

可以发现,动员阶段中被反复提及的"电磁辐射健康危害"并没有明确体现在真实的抗争诉求中,而基站建设过程的程序合法性问题则成为投诉的核心内容。抗争积极分子白咖啡直接呼吁"咱们先调研他们违规违法的证据，距离居民区、幼儿园过近之类的，没有公示之类的"。电磁辐射风险问题的"消失"并非抗争者的疏忽，而是有意为之。对此白咖啡曾解释道：

> 我们去投诉当然主要是因为基站辐射会危害我们的健康，不过你不能直接这么说，说了他们（政府部门）也不信……会让你提供辐射证据，但是对这个辐射我们其实也很难说清楚，就看你自己信不信……他们可能觉得我们无理取闹，这个事就麻烦了……（访谈记录）

由此可见，对投诉口号的选择性强调或隐匿体现了抗争者的理性选择。相较于提供基站电磁辐射危害的有效证据而言，诉诸前述相关法律政策来质疑和挑战基站建设的程序合法性则更具可行性。抗争积极分子张传民查阅了相关政策后证实建基站需要规划、环保等相关部门的审批，然而对于小区基站"没看到任何官方批文"。因此，"违建"成为居民基站抗争的主要理由和口号。

在抗争方式的选择上，利用合法渠道（12345市长热线、市长信箱、向政务网投递投诉信等）向政府部门进行投诉成为优先选择。对此抗争积极分子会彩儿在群里进行了明确呼吁：

> 我们的维权途径，一是投诉，二是发动大家质疑，来推动投诉落实，不是拉横幅闹事。希望大家到业主群里质疑，这样会有更多人加入进来质疑，不然光我们质疑没有用！容易功亏一篑！无法引起相关部门重视，怎么会出面解决问题。（微信群发言记录）

抗争居民已经明确意识到，要想投诉取得效果，必须形成足够的影响力以引起相关部门的重视。基于这种认识，有居民建议"要不就闹大一点，要不就别折腾"。不过，由于此时恰逢青岛"上合"峰会期间，这使得堵路、拉横幅等非制度化抗争手段被排除在外。对此多位抗争积极分子均在群内进行了提醒："千万别闹事，峰会期间处理严重""拉横幅的事，咱们暂时不搞"。此外，一些抗争居民建议"找媒体曝光"以扩大影响，特别是求助于在青岛本地颇具影响力的市电视台《大明帮办》栏目。然而有居民通过熟人咨询得到的结果是

"《大明帮办》说最近是峰会期间，一般不会报道这些的"。鉴于这些状况，许多抗争居民意识到"只有打12345了"。

经过12345市长热线投诉，问题被移交给城管部门进行核实处理。大约一周后，城管回复了核查结果：两个基站分别为铁塔公司青岛分公司和青岛R信息科技公司所建，均未办理《建设工程规划许可证》，属于"违建"。鉴于这一状况，城管给两家建设单位下发通知要求一周内自行拆除。同时，城管工作人员给抗争居民做出承诺："如果超过期限对方不拆的话，由我们来拆。"（访谈记录）

很快，由铁塔公司建的基站于6月中旬被顺利拆除，抗争初见成效。然而R公司所建的另一个基站则迟迟不见动静。抗争居民在询问城管后，得到了如下答复：

> 前一个基站拆除后，第二个基站建站者提出了质疑，说是本来不需要审批，现在R公司去规划局审批去了，城管这边等着基站方面给相关可以建基站的证明。如果其办手续通过了，就超出城管的执法权范围了，只能交给环保局了，或者通过12345去继续这种维权。（微信群发言记录）

由此，在基站是否属于"违建"的问题上，是否需要《建设工程规划许可证》成为关键。与之前的确信态度不同，面对R公司的质疑，城管向市规划局专门提交了公函进行咨询。随后规划局复函中要求基站相关设置单位15日内到规划局办理相关审批手续。面对这一状况，抗争积极分子戚薇儿拨打了规划局电话进行询问，得到答复："就看他们有没有土地证，有土地证我们就可以审批，但是在审批之前他还是要提供环评的相关材料，不然也不能审批。"（访谈记录）鉴于"环评"的重要性，抗争居民转而向市环保局进行了投诉。环保局核查后的回复出乎居民意料：

> 按照国家《建设项目环境影响评价分类管理名录》的有关规定：铁塔建设项目为环保豁免项目，不纳入环评审批；通信基站建设项目也不纳入环保部门审批，只进行环保备案。经审核建设单位提报的材料，已经市政府批准的《青岛市移动基站设施专项规划（2016—2020）》中，包括此处基站。（微信群记录）

115

事实上，我国环评制度在操作上体现为基于风险分级的分类管理与评估模式，即针对建设项目可能造成的环境影响程度划分为高、中、低三个风险等级，分别适用于不同的环评程序，低风险项目则不需要进行环评。2002年至2018年，我国《建设项目环境保护分类管理名录》历经多轮修订，基站等无线通信设施最初为高或中风险，2015年统一归类为中风险，而到了2018年则统一归类为低风险，已经无须环评程序就可以兴建。此次抗争恰逢政策改革时期，也由此导致了居民与城管、规划等部门对环评程序认识上的模糊与偏差。至此，基站是否能被拆除，最终取决于R公司是否能够顺利"补办"规划审批手续。

总体来看，在正式抗争阶段，抗争居民选择将投诉理由诉诸"违建"议题，而辐射健康风险则在很大程度上处于隐匿状态。诉诸"违建"议题彰显了抗争诉求的合法性，同时也争取到了城管等政府部门的支持，因此抗争很快取得了一定的成效。然而在面对R公司的质疑和抵制时，基于"违建"诉求的抗争网络同样暴露出了自身的脆弱性。在"环评"法律规定调整以及允许R公司"补办"审批手续的情况下，一旦该公司成功获得审批，"违建"诉求的合法性将难以延续。这无疑给抗争居民造成了巨大压力，正如抗争积极分子戚薇儿指出的，"那提供了手续，咱们就没有理由反对了"（微信群发言记录）。此时，抗争居民要想实现自身诉求，迫切需要寻找新的抗争策略。

（三）施压阶段

在投诉阶段，基站建设单位成为直接抗争对象，而城管等政府部门则是居民求助的对象。从城管早期的态度看，也确实站在了居民一方。然而随着R公司开始补办手续，城管的立场发生了变化，"说不确定是违法建筑了，只能等部门审批"（微信群记录）。15天期限过后，仍未有最后的审批结果，而城管也未履行"超期我们给拆"的承诺。漫长的等待引发了抗争居民的愤怒：

> 邻居们还要继续投诉……这事儿怎么还能他们去问规划局啊，不是谁主张谁举证吗？他们要建基站，拿不出手续来就建了，不是应该按违章建筑先拆么，哪能主管部门主动去给违章建筑找依法合规的证据啊……（微信群发言记录）

<<< 第四章 风险抗争：邻避冲突中的公众抗争

由此，抗争进入了针对政府部门自身的"施压"阶段，要求城管兑现拆除基站的"承诺"。施压的方式仍主要诉诸打12345市长热线进行投诉，然而并未奏效，基站拆迁迟迟未见动静。后来有居民发现基站又开始"悄悄施工，在安装天线"。这一状况引发了居民的焦虑，多位居民开始建议："咱们去上访吧""要不咱们去拉个横幅去，只拉横幅，正当要求，不搞破坏，不堵路"。（微信群发言记录）

不过，愤怒的情绪很快转变为冷静的思考。现实抗争行动并未采取激进的制度外方式，而是对制度内投诉渠道进行了"变通"利用。一方面，抗争居民在跟城管的交涉中直接对城管施压，戚薇儿在群内对具体的施压方式做出了"示范"：

> 我觉得吧，咱们这个电话应该这么打，就是直接跟城管说，咱们和他的对话都记录过了，就是从他一开始受理到每次跟咱们沟通的结果，我们都录音了。如果说他违背了当时给我们承诺的15天，就是超过期限不作为。现在山东省不是下来什么纪律组了，那么咱们就投诉他不作为。咱们就直接说，从一开始他推三阻四到找各种理由，然后拖着不办。最后，如果他还不说拆，咱们就说投诉他。再不拆的话，就说我们要去市政府门口抗议，去信访局。（微信群发言记录）

这种施压甚至"威胁"方式得到许多抗争积极分子的认可，他们在后续打电话投诉的过程中开始注意进行录音以保留"证据"。同时，施压的对象从城管部门进一步具体到部门领导个人，戚薇儿在与城管交涉的过程中明确指出：

> 说找他们领导，又说不在，我问是躲避吗，还是在庇护这个单位在拖时间。我打了很多次电话都找不到这个领导，他们称这个领导刘副中队，我说今天下午如果接不到他的回复，我就投诉他个人不作为。……（访谈记录）

这种对领导者个人的直接施压很快取得了效果，当天下午刘副中队给戚薇儿进行了回复，解释了至今未拆的原因还是"程序"问题，并且声明"规划局答复了是违法建筑后就不会再进行相关手续的批复"。这一声明被戚薇儿录音，以防城管再次"反悔"（访谈记录）。

另一方面，投诉过程的长期僵局状态使许多抗争居民意识到需要向上级部门反映。此时，戚薇儿再次进行了典型"示范"，她在群里发布了自己在人民网"地方领导留言板"中给山东省委书记的留言，直接投诉"城管不作为不拆除"。此外，其他居民也展示了在"国务院大督查"期间通过微信小程序进行投诉与意见反馈的操作方式。这些"向上反映"按照程序将逐级转交给地方主管部门进行处理，这一过程无疑给地方政府部门构成了直接的压力，从而加速了事件的处理进程。例如，一份在人民网"地方领导留言板"给省委书记的投诉意见最终被移交给青岛市李沧区委来办理，区委的回复中指出：

> 综合行政执法局多次与R公司进行沟通，并多次发函要求改正违法行为，其仍未对该处移动基站信号塔进行拆除。对此，综合行政执法局于2018年8月13日、8月17日分别给R公司下达了《限期拆除告知书》《限期拆除公告书》《限期拆除决定书》，目前该案正在严格依法进行推进。（微信群记录）

在上述各种方式的施压下，R公司所建的基站最终于2019年3月26日被城管拆除。随后微信群由"业主维权群"改名为"业主交流群"，H小区居民的基站抗争最终以诉求实现而正式结束。总结来看，抗争居民清楚地认识到，通过针对城管部门前后态度的不一致，诉诸"不作为"并借助于上级政府权威来进行投诉与施压，将会对地方政府构成直接的压力。由此，在因政策调整而导致"违建"诉求遭遇挑战的情况下，通过抗争诉求的适时转换保证了抗争的延续性。

相较于动员与投诉阶段而言，施压阶段中的抗争行动没有遇到明显的挑战。一方面，对于城管等政府部门来说，无论是初期对于基站建设法定程序认识上的偏差（例如是否需要"环评"），还是后期处理过程中的"超期"现象（例如限期一周内拆除、限期15天补办手续），都表明了其工作中有"漏洞"，而这些恰好被抗争居民利用。另一方面，治理有关部门"不作为"作为当前国家行政改革的重要内容，为居民的抗争提供了充分的合法性与正当性。而对于 R 公司而言，"补办"审批手续是否可以为所建基站赋予合法性，这一点很大程度上取决于政府部门的行政裁量。在拥有自由裁量权同时又面临一定政治压力的情况下，否决 R 公司的"补办"申请，对"违建"基站进行拆除就成为一种合理的执法选择。

二、基站风险隐匿与策略化抗争的行动逻辑

对于 H 小区居民抗争的成功，借鉴既有的社会抗争理论可以进行一定的解释。例如多位抗争积极分子的组织与坚持保证了抗争动员的持续性，而 QQ 群与微信群等业主网络论坛的存在很大程度上降低了抗争动员与交流的成本，有利于集体行动的组织协调。电话（12345）与网络投诉渠道的存在同样因其低成本与便捷性而更有利于抗争的开展。此外，从抗争策略角度来看，整个抗争过程中居民采取的均是合作性策略（投诉或申诉）而非对抗性策略（游行、堵路、上访等），后期对地方政府的施压也是诉诸体制内渠道，这种"依法抗争"方式避免了抗争被"镇压"的风险。

然而，上述解释无法回应"科技风险"自身的特殊性问题。基站抗争作为典型的风险抗争，其核心问题是居民对基站辐射健康风险的建构是否能够获得合法性，或是否能够被基站选址决策者所认可。在这方面，抗争居民面对许多不利条件，例如自身缺乏基站辐射相关的专业知识，也缺乏专家学者、媒体等拥有风险定义权的"盟友"。在此情况下，如何为自己的抗争诉求或风险建构赋予合法性，就成为抗争居民需要解决的首要问题。案例表明，居民的抗争诉求经历了由"（基站）不安全"到"（基站）不合法"再到"（政府）不作为"的转换。在这种转换中，科技风险（基站辐射健康风险）这一抗争的直接对象主要体现在抗争动员阶段，而在后续的抗争过程中则被策略性地"隐匿"。本研究认为，居民对辐射健康风险的建构体现了风险定义的开放性，而后续"隐匿科技风险"的行为选择则主要受到抗争机会结构的影响，而风险的隐匿与重构有助于实现抗争机会空间的拓展。正是这种机会结构与风险建构的互动，使得抗争居民能够突破各种资源限制，最终取得抗争的成功。

（一）基站抗争中的机会结构及其影响

对案例的考察发现，H 小区居民抗争过程中面临着明显不利的机会结构。就法律机会而言，随着相关法律政策的修改，基站建设中"环评"程序的取消使得居民基于程序合法性的投诉理由难以维系。而从宏观政策环境来看，随着近年来"互联网+""宽带中国"等战略的提出以及 5G 时代的来临，包括通信基站在内的网络设施成为国家战略性公共基础设施，得到了各级政府自上而下的大力推动建设。青岛市于 2018 年 12 月发布的《青岛市通信设施建设与保护管理办法》中指出"任何单位和个人不得妨碍通信设施建设与维护"。在此背景下，基站抗争很容易被视为妨碍"公共基础设施"建设的行为而丧失合法性。

更重要的则是，基于"基站辐射健康风险"的抗争诉求面临着话语机会结构的约束。一般而言，邻避抗争中诉诸"健康"议题在很大程度上能够为抗争行动赋予合法性。然而在基站电磁辐射问题上，"健康风险"议题的合法性取决于抗争居民的这种风险建构是否具有科学上的合法性。从科学角度来看，基站发出的电磁辐射为非电离辐射，一般认为只要将辐射强度控制在一定范围之内，就不会对人体造成危害，这些科学知识成为基站科普宣传的主要内容。在我国，无论是科学界还是政府管理部门，均将"基站电磁辐射有害健康"的观点视为谣言。例如生态环境部官网曾发表声明指出电磁辐射"没有放射性，对环境的影响是物理量，不积累、不扩散，影响范围、大小和后果明确"[①]。一些专家在进行科普宣传时也以确定性口吻指出，电磁辐射等非电离辐射"一般只有热效应"，"不会对人体有害"，"人体暴露在辐射场中无论多长时间都是安全的，不存在辐射累积效应"[②]。由此形成的话语机会结构在很大程度上否定了基于电磁辐射健康风险的基站抗争的合法性。例如本案例中，环保局在对投诉意见的回复中即指出：

> 经审核建设单位提报的材料，已经市政府批准的《青岛市移动基站设

[①] 生态环境部核与辐射安全中心. 我国电磁辐射管理的基本情况是怎样的？[EB/OL]. 生态环境部网站，2016-07-04.

[②] 杨君. 基站建设，"一闹就拆"如何解 [N]. 光明日报，2015-10-13 (5).

施专项规划（2016—2020）》中，包括此处基站。近年来，青岛市环境监测中心站通过环境影响评价、委托或信访等工作，对全市500多个通信基站进行了监测，重点选择在居民区、学校、幼儿园、医院、政府机关等环境敏感区或敏感点进行布点监测。通过监测数据来看，所有基站的电场强度监测值范围在0.13—7.52V/m，均低于国家《电磁环境控制限值》规定，属于安全范围，对人体健康不会造成负面影响。（微信群记录）

对于H小区的抗争居民而言，基于风险定义的开放性，他们可以通过互联网查找基站辐射危害的相关信息做出"基站辐射有害健康"的风险建构。然而，由于居民自身缺乏有效的知识资源与科学专家"盟友"，他们的风险定义缺乏足够的权威性与话语竞争能力，因此难以突破前述话语机会结构的限制。由此也导致在抗争动员阶段中，当一些居民基于"基站辐射无害论"进行"反动员"时，抗争居民无法进行有效回应，只能通过另建微信群的方式来转移动员与沟通场域。而抗争居民也切实体会到了这种话语机会结构的约束，因此在正式抗争阶段选择将"科技风险"议题进行隐匿，转而通过建构"违建"以及后续的"不作为"议题来进行投诉。

（二）策略性风险建构与抗争机会的拓展

对于H小区的抗争居民而言，前述风险隐匿与抗争议题转换行为是机会结构约束下的无奈之举，但同时也体现了一种理性的抗争策略选择。如前所述，风险建构具有开放性，所有人都可以基于自己的理解提出风险定义。这种"开放性"对于居民抗争而言具有双重影响。一方面，抗争居民可以通过基站电磁辐射健康风险的建构激起人们的恐惧"想象"从而发起抗争动员，但另一方面，基站支持者也能够进行反向的风险建构，抗争居民的风险建构很容易遭遇这些异质性风险建构的挑战。此时，为了抗争动员的延续，抗争居民必须通过有效的风险知识来论证基站电磁辐射危害的确凿性。在缺乏专业知识与专家"盟友"的情况下，这已经超出了他们的能力范围。因此居民内部的风险论争基本体现为"各说各话"，彼此均无法说服对方。这一情况使抗争居民意识到基站辐射健康风险话语面临的合法性困境，因此在正式抗争阶段进行了风险的重新建构。"违建"诉求的提出表明抗争居民的风险建构由"科技风险"转变为"法律风险"。

121

从影响抗争结果的各种因素来看，前述抗争诉求或者风险建构的变化意味着抗争行动场域的转移，这种转移也会导致抗争中资源条件与机会结构的相应变化。"违建"诉求的提出使抗争场域由"科学知识"场域转移到"法律"场域，基站选址程序相关的法律政策规定为抗争居民提供了新的资源与机会。这种抗争议题的重构既规避了科技风险话语的合法性问题，同时也有利于获得城管等执法部门的支持，这是抗争能够取得成效（第一个基站被顺利拆除）的重要原因。然而如前所述，"环评"等法律程序的调整以及可以"补办"审批手续的政策规定使得"违建"议题的合法性被严重削弱，也失去了城管等政府系统内部的重要"盟友"，此时抗争居民再次面临资源与机会上的困境。

在此情况下，抗争居民又一次对抗争议题进行了策略性建构，转而诉诸政府"不作为"问题进行投诉。由此，抗争行动场域转移到"政治"场域中，地方政府的"政治风险"开始凸显出来。此时，人民网"地方领导留言板"等向"上级"投诉渠道的存在为居民抗争提供了制度化机会。这在很大程度上体现出抗争居民对中国政治领域中政府在维稳压力下的"体制性过敏"[1]与"中央—地方"权力层级特征的深刻理解和熟练运用，通过上级或中央政府权威来对地方政府施压，为抗争行动营造了至关重要的政治机会。[2]

总结来看，作为公众抗争的直接原因，科技风险本应成为邻避抗争的核心诉求。然而在话语机会结构的约束下，公众丧失了科技风险建构中的合法话语权，因此只能选择将科技风险诉求进行"隐匿"，并通过策略性风险建构来转移抗争诉求与对象。在此过程中，科技风险（"不安全"）议题逐渐退居幕后，法律风险（"不合法"）与政治风险（"不作为"）议题则先后凸显出来。这种风险建构的变化使得抗争行动场域发生了转换，而抗争面临的资源条件与机会结构也在相应地发生变化。正是在这种资源与机会的聚合与重构过程中，有利于抗争的真实机会空间得以被营造出来。因此，整个基站抗争过程即是这种"机会结构"与"风险建构"的互动过程，这种互动的实现体现出了抗争行动的策略性以及居民的主体性与能动性，这是 H 小区居民基站抗争能够最终取得

---

[1] 王郅强. 底线或策略："身体抗争"的行为逻辑 [J]. 南京社会科学，2017（1）：83.
[2] 施芸卿. 机会空间的营造：以 B 市被拆迁居民集团行政诉讼为例 [J]. 社会学研究，2007（2）：102.

成功的关键。

此外需要指出的是,科技风险在正式抗争阶段的被"隐匿"还意味着它无法成为公开交流讨论或风险论争的对象,这使得抗争居民的初始风险认知很难发生改变。这也意味着,除了在早期业主 QQ 群内存在短暂的风险论争与抗争"反动员"之外,在整个抗争阶段并不存在针对科技风险抗争的"反动员"。基站建设单位与政府部门的"反动员"主要体现在"违建"与"不作为"议题上,而这并未触及抗争居民的真实诉求。因此,科技风险自身作为维系居民持续性动员与抗争的核心因素在整个抗争过程中几乎并未遭受挑战,这也是基站抗争能够取得成功的重要原因。

第四节 风险抗争的社会政治效应

前文考察的两个风险抗争案例具有许多相似之处,例如抗争的发起均源于地方居民对邻避设施科技风险的忧虑或恐惧,抗争在结果上也均取得了"胜利"(邻避设施停建或拆除)。然而两个案例中的地方居民在抗争行动策略的选择上则体现出了较为明显的差异。前文分析指出,这主要是不同抗争场域中"风险建构"与"机会结构"互动下的结果。特别是对于以风险建构或定义作为起点与主线的风险抗争而言,话语机会结构的开放或封闭性在很大程度上影响了抗争居民的行动策略选择。在此基础上,本研究想要进一步探讨的是,不同话语机会结构下的风险抗争策略选择(风险"呈现与论争"或风险"隐匿")除了影响地方居民的抗争结果外,还将会在更广泛的社会或政治层面上产生怎样的后续影响。这种考察和讨论不仅有助于我们更为全面地理解和评价地方公众的风险抗争行动,而且也可以为这种科技风险型邻避冲突的有效治理提供一定的启发借鉴。

一、风险论争中的抗争议题拓展

长期以来,地方居民的邻避抗争已经被许多人贴上了"自私自利"的负面标签。之所以如此,在很大程度上是因为居民邻避抗争的诉求往往局限于自己居住地附近邻避设施的"停建"或"搬迁",只要"不在自己家附近"即可。这在厦门PX事件中得到了直接体现,厦门居民抗争的结果是PX项目"改址"到漳州建设。原本"分配"给厦门居民的风险改由漳州居民来承担,这显然难以符合邻避设施风险分配中的正义原则。综观我国近些年出现的各类邻避冲突事件,较少有抗争公众能够提出超越个人或地方利益的抗争诉求。对此,何艳玲在对"中国式"邻避冲突的考察中指出,国内邻避抗争存在"行动议题难以拓展"的现象。也即,与一些国家或地区中邻避抗争的目标"往往会从反邻避设施的兴建开始,慢慢过渡到包含环保政治、族裔平等多个议题"不同,国内邻避抗争往往体现为谋求邻避设施"停建"或"搬迁"的"单议题"行动,"一旦唯一的目标得到实现,抗议即马上停止"。①

在番禺垃圾焚烧冲突案例中,对"二噁英"等垃圾焚烧技术应用"副作用"的忧虑或恐惧促使地方居民提出了"停建"垃圾焚烧厂的诉求。就此而言,番禺居民的抗争在很大程度上也是一种"单议题"行动。不过随着风险论争的持续进行,居民的抗争诉求也在逐渐发生变化,最典型的即是"垃圾分类"议题的提出。如前所述,对于广州而言,"垃圾围城"已经成为地方政府管理者需要解决的迫切问题。正是基于这一现实问题的压力,地方政府选择了垃圾焚烧的应对方案。在政府管理部门和许多专家看来,垃圾焚烧技术相较于传统的填埋等方式而言,不仅更有效率,而且也更为"环保"。然而在激烈的风险论争中,垃圾焚烧技术的风险问题得以公开呈现和讨论,甚至出现在了中央权威媒体上。这不仅使得越来越多的社会公众了解到更多的垃圾焚烧风险知识,而且也促使地方政府直面各种风险认知中的异质性观点。正是在各种观点的交流碰撞下,地方政府与抗争居民在一些问题上逐渐达成共识,其中最为重要的是要以垃圾的"分类"和"减量"作为焚烧等终端处理的前提。对于抗争居民而言,垃圾分类诉求的提出不仅仅是抗争策略的调整,而且也意味着他们对垃圾焚烧议题认识上的拓展和深化。也即,经由广泛的风险沟通,抗争居民意识到简单地谋求垃圾焚烧厂的"停建"无法从根本上解决地方的"垃圾围城"问题,因此需要从更为整体性的角度思考当地垃圾处理以及焚烧技术如何应用的问题。也正是在这一意义上,番禺案例所体现的已经不仅仅是地方居民"自私

---

① 何艳玲."中国式"邻避冲突:基于事件的分析[J].开放时代,2009(12):106.

自利"的利益抗争,而是具有了一定的社会运动(环保运动)属性。

在番禺案例中,地方政府宣布垃圾焚烧厂"停建"之后,政府与公众的互动并未停止。在 2009 年 12 月下旬,番禺区政府发起了关于如何处理垃圾问题的社会大讨论,并设置了多种渠道来搜集各种意见和建议。2010 年 1 月开始,广州市政府发起了为期两个月的"广州垃圾处理,政府问计于民"的网络征询活动,广泛收集公众意见。类似的公共讨论在番禺以及整个广州地区多次举行。在政府推动、媒体报道与社会公众的积极参与下,垃圾分类的必要性经由"大讨论"得到了更为广泛的认可。在此基础上,广州市于 2011 年 4 月 1 日出台了国内首部垃圾分类管理办法——《广州市城市生活垃圾分类管理暂行规定》。从"公众倡议"到"政府立法"的转变正是番禺垃圾焚烧抗争事件产生的积极影响。而到了 2019 年,垃圾分类成了国内垃圾处理改革的新潮流,也成为最受关注的社会议题之一。这种宏观政策导向的转变事实上也受到了各地"反焚"抗争与风险争论的影响。就此而言,开放性的风险沟通与对话在一定程度上有助于推动邻避冲突的解决,也有利于更广泛意义上社会治理的改善。因此,如何推动或促成不同主体在科技风险议题上理性沟通对话的实现,应当成为政府管理部门认真思考的重要问题。

二、风险隐匿下的风险治理困境

对 H 小区基站抗争案例的考察发现,针对科技风险(基站电磁辐射健康风险)的讨论主要体现在居民内部动员阶段,而在正式的抗争过程中则被"隐匿"。前文分析指出,这种"隐匿科技风险"的行为受到抗争机会结构的影响,同时也有助于实现抗争机会的拓展。因此从社会抗争的角度来看,"隐匿科技风险"体现为一种有效的抗争策略,是基站抗争能够取得成功的关键因素。然而,如果从科技与社会关系的角度进一步思考的话,本研究认为案例中科技风险被建构、呈现或隐匿的现象还具有更深层次的社会政治效应。也即,本研究认为在以基站冲突为代表的科技风险型邻避问题中,H 小区案例体现了"成功的邻避抗争"与"失败的风险治理"。

所谓"风险治理"涉及"邻避风险治理"与"科技风险治理"两个层面。一方面,对科技风险(基站电磁辐射健康风险)的忧虑是抗争的直接原因,然而在真实抗争过程中科技风险却被隐匿，从而使得居民的真实诉求模糊化与隐蔽化。事实上，现实邻避抗争中居民的诉求往往呈现出多元复合性特征，除了"不要在我家附近"的自利诉求外，也往往在呼吁"程序公正""环境保护""民主参与"等，这在 H 小区案例中也有直接体现。然而这种公益性或权利型诉求的提出不应轻易地被解读为抗争向"社会运动"的转变或"公民社会"的形成，因为正如本研究基站抗争案例所表明的，这可能只是一种谋求抗争合法性的表达策略（这一点与番禺垃圾焚烧抗争案例形成了鲜明对照）。从邻避风险治理的角度来看，抗争真实原因与诉求的被隐匿不利于类似邻避冲突的预防和最终化解，相反，这种"成功的邻避抗争"还可能会形成"模仿"效应，有可能会进一步加剧邻避风险的产生。

另一方面，邻避抗争中科技风险的隐匿与重构使得风险治理的重心落在"法律"与"政治"等其他风险问题上，长远来看也不利于科技风险自身的有效治理。科技风险论争与冲突的核心是不同主体风险认知或知识的差异。如前所述，风险定义中"话语机会结构"的封闭性使得普通公众丧失了风险定义的话语权，这是基站抗争中科技风险被隐匿的深层次原因。然而问题的关键在于，科技风险的界定或评估是否应当由科学专业知识进行"垄断"，或者普通公众的风险认知是否必然是非理性或"不科学"的。事实上，我国近年来屡屡发生的邻避冲突多涉及科学中的"难缠"问题（wicked problems）[1]，这些问题单靠科学自身无法得到有效解答。在基站电磁辐射健康影响问题上，研究表明当前的科学知识事实上存在许多不确定性与"未知"问题，由此暴露出科学评估自身的局限性或不足。在此情况下，对公众风险认知或知识的贬低与排斥无助于应对与化解科技应用带来的负面影响。

因此，需要对邻避抗争者进行"去污名化"，承认并重视公众认知与价值诉求中的合理性因素。相应地，科技风险型邻避冲突的长效治理需要建立在有效的风险沟通和对话的基础之上，其前提则是推动特定领域话语机会结构的开放。这是番禺垃圾焚烧冲突案例与青岛 H 小区基站冲突案例从不同侧面所提供的共同启示。

---

[1] 陈俊宏. 邻避（NIMBY）症候群，专家政治与民主审议 [J]. 东吴政治学报, 1999(10): 112.

第五章

技术治理：邻避冲突的政府治理范式

在科技风险型邻避冲突中，由于冲突所涉及的科技风险议题具有高度的复杂性与专业性特征，因此相关决策基本上被科学专家与技术官僚所垄断，由此形成了一种"技术治理"范式。如前所述，基于科学理性的技术治理是工业现代化结构性基础的重要构成，它也成为现代国家治理与政府决策的基本模式。具体到邻避冲突中，技术治理范式一方面主导了邻避设施选址决策过程，另一方面也体现于政府部门针对公众邻避抗争或冲突的治理决策中。在技术治理范式下，科学技术相关决策被视为典型的"非政治"领域，政府部门通过科学咨询获取专业知识并用于决策。普通公众则多被视为"感情用事""不理性"甚至"无知"，从而被排斥在邻避设施选址或冲突治理决策过程之外。然而现实表明，这种技术治理范式不仅无助于邻避冲突的化解，反而在一定程度上会引发社会公众对科学专家可信性以及政府决策正当性的质疑，最终导致"一建就闹"的邻避困局。有鉴于此，有必要全面梳理与深入剖析邻避冲突技术治理的内在逻辑及其实践模式，从而为更好地理解和思考当前邻避治理的困境以及未来治理变革的方向奠定基础。

第一节 技术治理的兴起及其理论逻辑

一、技术治理理念的兴起

英文中的"技术治理"（technocracy）一词源于希腊语 techne（技术）和

kratos（统治、管理）的结合，意指基于技术的统治或管理。而 technocracy 一词被认为由一位美国工程师于1919年所创造，用以指代"通过雇佣科学家和工程师代理社会事务以提高效率的原则"[①]。除"技术治理"外，technocracy 在中文中还存在各种不用的译法，例如"技治主义""技术统治""技术统治论""专家政治""专家治国""专家体制"等。在不同的语境下，对上述概念的不同翻译反映了研究者关注对象侧重点上的差异。对于本研究而言，technocracy 所指的主要是一种社会与政府治理模式或政治运行体制，其本身是一个中性的概念，因此将其译为"技术治理"更为合适。

技术治理作为一种社会或政治治理理念，主要追求将科学知识与技术应用于经济、社会与政治实践过程中，以实现效率、秩序、进步等人类社会所追求的理性目标。技术治理研究者罗斯扎克（Theodore Roszak）曾将技术治理描述为"工业社会用以达到它的有组织整合的顶峰的社会形式，它是人们谈到现代化、时新化、理性化、计划化时通常考虑的理想"，"我们达到社会工程（social engineering）的时代，在这个时代，企业家把他的职权的才干扩大到特地安排工业复合体周围的人的全部与境。政治、教育、闲暇、娱乐、作为一个整体的文化、无意识的内驱力，甚至反对技术本身的抗议——所有这一切都变成纯粹技术的研究和纯粹技术的操作的对象或题材"[②]。而如果从治理主体的角度来看，技术治理理念强调那些掌握了科学专业知识与特定技术技能的"专家"在经济、社会与政治事务中管理权力的获取。这些"专家"在不同领域涉及不同身份的群体，例如科学家、工程师、企业经理、政策分析师等。在政府管理或政治领域中，那些凭借着其所拥有的技术专业知识而行使权力的人被称为技术官僚（technocrat），而技术官僚在政府政策制定或执行过程中能够发挥重要作用的体制即为技术治理体制。

如果从广义上来理解技术治理的话，它所反映的由掌握专门知识或技能的人来掌握权力以进行管理或统治的理念在人类社会历史发展中由来已久。例如，古希腊思想家柏拉图的"哲学王"理念在某种程度上即是一种技术治理的体现，他主张由拥有理性智慧的哲学家来行使城邦的政治统治权，并认为这是实现城

---

① 刘永谋. 论技治主义：以凡勃伦为例 [J]. 哲学研究，2012（3）：91.
② 李醒民. 论技治主义 [J]. 哈尔滨工业大学学报（社会科学版），2005（6）：1-2.

邦正义状态的必要选择。而中国传统思想中的"选贤任能""学而优则仕"等理念也反映了专门知识与权力获取之间的紧密关联。只不过柏拉图与中国古代思想中关于"知识"或"理性"的内容与近现代技术治理理念的内容存在很大差异。柏拉图所强调的更多的是抽象的哲学知识，中国传统思想中所强调的更多的是伦理道德知识，而近现代技术治理所强调的更多的是科学技术专业知识。

近现代意义上的技术治理理念可以直接追溯至英国哲学家弗朗西斯·培根（Francis Bacon）与法国思想家克劳德-昂利·圣西门（Claude-Henri de Rouvroy）的相关思想。培根在其1627年出版的《新大西岛》一书中构想了一个由科学所主宰的社会，该社会中的各项事务由一个名为"所罗门之宫"的机构来主导，而该机构则由科学家与技术专家所构成。总体而言，培根意在呈现的是一个应用自然科学知识与技术来改善社会发展的理想愿景。圣西门被一些学者称为"专家治国论之父"[①]，他在《一个日内瓦居民给当代人的信》《论实业体系》等著作中提出了所谓的"实业家科学家联合统治论"，主张由科学专家组成"牛顿议会"以行使最高统治权[②]。当然就现实来看，圣西门与培根一样，其构想带有很强的"空想"色彩，缺乏实践操作的可行性，不过这些理念在很大程度上反映出当时欧洲科学技术发展对社会各领域所带来的显著影响。特别是19世纪以来，西方国家自然科学与技术的迅速发展催生出科学主义的思潮。在当时，"应用科学方法研究社会问题成为一种时髦"[③]。西方社会中盛行的这种科学主义思潮为技术治理理念的产生奠定了思想基础。

尽管技术治理的早期思想发端于欧洲国家，然而就作为一种系统性理论的发展而言，则主要归功于20世纪美国一些思想家的努力。其中影响最大的是弗雷德里克·泰勒（Frederick Taylor）提出的科学管理原理，主张用科学化和标准化的方法来管理企业生产过程，以此来实现生产效率的极大提升。除泰勒外，托斯坦·凡勃伦（Thorstein Veblen）、哈沃德·斯科特（Howard Scott）等一大批学者都提出了较为系统的技术治理理论。而且在他们的倡议和推动下，美国于

[①] 侯波. 美国进步主义时代专家参政现象研究：1900—1920 [D]. 天津：南开大学，2012：6.
[②] 刘永谋. 论技治主义：以凡勃伦为例 [J]. 哲学研究，2012（3）：92.
[③] 邓丽兰. 20世纪中美两国"专家政治"的缘起与演变：科学介入政治的一个历史比较 [J]. 史学月刊，2002（7）：76.

20世纪20年代开始逐渐兴起了一场所谓的"技术治理运动",提出了许多具体的改革措施,从而扩大了技术治理理论的影响。

具体来看,技术治理运动在20世纪20年代兴起有着特定的历史背景。一方面,随着西方资本主义的发展,各种经济危机、社会矛盾不断出现;另一方面,随着电力革命的发展,科学技术在社会发展中的作用日益彰显,掌握科学知识与技术的专家阶层逐渐成为重要的社会政治力量。在此情况下,许多人主张"将政治权力由资本家手中转交到专业的科学家和工程师手中,以提高效率,避免危机"①。而在美国,"内战"之后随着工业化与城市化的全面发展,美国出现了许多严重的社会问题与技术性难题,美国的改革者意识到,"这些'工业—城市'社会的新问题不是昔日'乡村共和国'时代形成的小而弱的政府可以解决的,也不是仅仅依据常识、道德和法律知识就能处理的,美国各级政府必须在扩大其规模和职能的同时转而向当时出现的大学里的专家寻求帮助,以期后者能运用其专长协助政府对公共事务进行有效的管理"②。

在上述背景下,经济学家凡勃伦与工程师斯科特等人在1919年发起成立了名为"技术联盟"(technical alliance)的组织,这标志着技术治理运动的正式开始。凡勃伦被视为美国技术治理理论的奠基人,他认为需要按照科学技术原理来运行工业系统,因为只有工程师才有这样的专业能力,因此他主张将权力交给工程师,以此构成"技术人员的苏维埃"来治理整个社会。③ 斯科特的思想在很大程度上受到凡勃伦的影响,他认为科学技术的发展带来了物质产品的极大丰富,传统上基于物质稀缺的经济理论将不再有效,由此他预言,"价值规律将迅速崩溃,一个富裕的技治主义制度将取而代之"④。由于预期了资本主义制度的崩溃,因此斯科特倡导要为"工程师掌权"做准备,并试图以二战为契机,在加拿大发起"总征兵",意图组建起"有纪律的部队",并因此而被政府所查禁。⑤

---

① 刘永谋,李佩. 科学技术与社会治理:技术治理运动的兴衰与反思[J]. 科学与社会,2017(2):60.
② 侯波. 美国进步主义时代专家参政现象研究:1900—1920[D]. 天津:南开大学,2012:1.
③ 刘永谋. 技术治理的哲学反思[J]. 江海学刊,2018(4):48.
④ 李醒民. 论技治主义[J]. 哈尔滨工业大学学报(社会科学版),2005(6):2.
⑤ 刘永谋. 技术治理的哲学反思[J]. 江海学刊,2018(4):49.

在凡勃伦、斯科特等人的倡导和组织下,"技术联盟"发起了一系列实践项目,其中最具影响的是"北美能源调查"项目。该项目通过调查北美大陆的能源数据,意在"确定能源消耗与商品和服务回报之间的关系,为创立一种新的社会结构做准备"①。此外,斯科特等人也曾提出要用"能量券"来取代货币等十分激进的改革措施。总体而言,凡勃伦与斯科特等人代表了技术治理理论中的"激进派",他们都主张推翻现有的经济社会制度,拒绝与政府合作。也正是由于其主张过于激进,凡勃伦与斯科特的一些主张在美国遭到了许多批评和限制,并最终导致盛极一时的技术治理运动在20世纪三四十年代后便迅速衰落。

与"激进派"不同,技术治理理论中的"温和派"并不谋求推翻资本主义的经济社会制度,而是积极寻求与政府的合作,将科学技术的应用视为一种提升社会运作水平的改良方案。例如,贝尔指出技术治理"是非意识形态的,是支撑发达资本主义社会或后工业社会的基本制度"②。现实中技术治理的倡导者事实上均持有较为温和的立场,正因为如此,他们的许多主张切实影响了社会与政府治理实践。特别是在胡佛与罗斯福两届政府中,许多重要职务均由科学技术专家担任,政府许多重要政策的制定也均有大量专家学者的参与。罗斯福更是倡导成立了许多智库,"大规模推行专家政治"③。例如,美国最负盛名的智库兰德公司即成立于1948年,由一批科学家和工程师负责为美国政府的战略决策提供专业性分析。也正是由于许多技术治理的倡导者不再谋求根本制度体制上的变革,从而使得这种工具理性意义上的改革主张能够与不同的政治社会制度相结合。现实中,技术治理相关理念也传播到了美国之外的其他一些国家,并在一定范围内影响了政府管理实践。例如,苏联在20世纪20年代也曾出现一场"专家治国运动",谋求让科学技术专家与工程师在国家建设中发挥主导性作用。④而在20世纪30年代,技术治理思想也被引入中国,当时南京国民政府吸收了许多专家进入政府机构任职,采纳了许多技术治理的改革主张。⑤

---

① 刘永谋,李佩. 科学技术与社会治理:技术治理运动的兴衰与反思[J]. 科学与社会,2017(2):60.
② 刘永谋. 技术治理的哲学反思[J]. 江海学刊,2018(4):49.
③ 刘永谋. 论技治主义:以凡勃伦为例[J]. 哲学研究,2012(3):91.
④ 樊玉红,万长松. 20世纪20年代苏联"专家治国运动"研究[J]. 东北大学学报(社会科学版),2014(4):343-348.
⑤ 刘永谋. 论技治主义:以凡勃伦为例[J]. 哲学研究,2012(3):97.

总结来看，随着技术治理理念与实践的发展，原本激进的经济、社会与政治制度变革的诉求逐渐被扬弃，最终得以发展并传承至今的主要是作为一种中性的"治理模式"，强调"科技专家及其专业知识在社会发展与建设中的作用，如经济发展、政治决策、社会治理等"①。当前来看，随着经济社会事务日趋复杂，各种棘手的社会问题不断涌现，更加需要通过技术治理手段来予以解决。而近年来诸如互联网、大数据、人工智能等各种新兴技术的发展成熟，也为技术治理实践提供了更为有效的支撑。特别是在政府管理领域，新的信息搜集与分析处理技术的应用极大地提升了政府管理或决策的效率与精准程度，这些都进一步推动或巩固了技术治理实践模式的应用。

二、技术治理的理论逻辑

技术治理理念与实践的兴起和不断发展在根本上体现了现代化进程中人们对于"理性"和"进步"的不断追求。如前所述，随着近现代自然科学的快速发展，原本抽象的启蒙理性发展为更加具体的科学理性，并进一步具体化为科学知识与技术的生产（或发明）及应用。而随着科学知识与技术的应用，人们认为这有助于提升生产效率并推动经济社会与政治领域的发展。就此而言，技术治理的理论与实践模式之所以能够产生广泛的影响力，很大程度上是由于它建立在两个已经被广为接受的逻辑命题基础之上，分别是"理性＝科学"与"进步＝效率"。除了这两个逻辑命题外，技术治理理论在逻辑上的成立还在于，它将经济社会与政治领域视为类似于自然世界的客观事物，谋求借助科学研究的观察、实验等方法以及归纳、演绎等逻辑来探究经济社会与政治世界运行的确定性规律，进而预测甚至控制经济社会与政治发展的方向。

在前述逻辑基础上，技术治理包含两个基本原则，分别是"科学管理"与"专家政治"②。所谓科学管理，是指将科学知识与技术应用于经济社会管理领域，并将科学原则作为经济社会领域发展的基本原则。科学管理最初被应用于企业管理领域，并很快取得了显著的成效，带来了工业生产效率的极大提升。

---

① 兰立山，刘永谋. 技治主义的三个理论维度及其当代发展 [J]. 教学与研究，2021 (2)：37.
② 刘永谋. 技术治理的逻辑 [J]. 中国人民大学学报，2016 (6)：118.

受此影响，许多人主张将科学知识或技术进一步应用于社会领域，以推动社会的理性化或科学化。这方面的一个典型案例是"社会达尔文主义"的产生。达尔文提出"进化论"用以解释生物种群优胜劣汰的自然选择规律，社会达尔文主义则主张借鉴进化论的生存竞争与自然选择等观点来解释人类社会的发展规律。而这种优胜劣汰的人类社会发展观进一步催生出"优生学"、种族主义等社会政治主张。例如，德国纳粹的种族屠杀在某种程度上即是以社会达尔文主义为基础，也是对人类群体发展自身进行"科学管理"的某种体现。当然，由于自然世界与社会世界存在很多差异，因此在很多情况下，科学知识与技术并不能直接应用于社会管理或治理实践。此时就需要一种"治理转译"过程，即"先从科学和技术中提炼出科学技术的精神、原理、模式、规范和传统等更'形而上'的要素，再应用于社会治理中"[①]。在此过程中，以经济学、管理学、社会学等为代表的现代社会科学知识的发展发挥了重要作用，这些学科在"科学化"理念下充分扮演了自然科学知识与社会治理之间的"转译者"角色。

在"科学管理"的基础上，技术治理的另一原则"专家政治"强调应当由掌握科学知识和技术的专家来掌握政治权力并负责做出政治决策。就此而言，技术治理不仅追求经济社会领域的科学化，也主张对政治领域进行科学化的改造。特别是人们在目睹了传统政治领域中利益竞逐、权力倾轧、政治分肥等各种乱象之后，更是寄希望于科学专业知识的运用能够带来政治管理与公共决策的理性化，期待"脱离于政治压力之外的科学专家能够制定出服务于公共利益的政策"[②]。而在现实中，科学专家的确被赋予了这种积极形象。例如，在20世纪初期的美国，很多人认为"专家是科学和理性的象征，他们奉公无私、远离政治和党派之争，只有他们才能理性地运用科学原则使政府有效地对公共事务进行管理"[③]。

从科学理性到专家政治的转化所内含的逻辑假定是，那些接受了专业教育和训练的科学专家是科学知识与技术的拥有者或掌握者，因而也是科学理性的

[①] 刘永谋. 技术治理的逻辑 [J]. 中国人民大学学报，2016（6）：119-120.
[②] MCAVOY G. Controlling Technocracy: Citizen Rationality and the NIMBY Syndrome [M]. Washington, DC: Georgetown University Press, 1999: 6.
[③] 侯波. 美国进步主义时代专家参政现象研究：1900—1920 [D]. 天津：南开大学，2012：86.

"代言人"。许多人甚至认为,只有科学专家才能够理解并应用科学理性,"外行"公众则缺乏这样的理性认知能力,因而只能将权力交由专家并服从专家决策。具体来看,专家政治中的"专家"并不仅仅局限于自然科学家与技术工程师,也包括经济学家、管理学家、社会学家等其他拥有专业知识的主体。由这些主体掌握政治权力,体现了技术治理的权力分配原则,即"以知识而非暴力、血统、金钱等为标准来赋予权力"①。不过对专家进行的权力分配并不一定意味着科学专家直接掌握了所有政治权力。如前所述,凡勃伦等"激进派"主张由工程师全面行使国家权力,这涉及对政治制度的根本性改造,很难转化为真实的改革实践,因而在很大程度上沦为乌托邦式的想象。而技术治理的"温和派"则主张专家与政府合作,帮助政治家或政府管理者改进决策效率与质量。对于这一情况,贝尔曾指出,"最终掌握权力的,不是技术专家,而是政治家"②。

因此,技术治理中的"专家掌权"事实上更多地体现在"非政治"事务领域,这些领域的特征是较多涉及公共事务管理或决策效率等问题,而较少涉及政治或意识形态立场、社会价值判断或选择等问题。不过,现实中随着技术治理的彰显,一些政治议题也可能经由各种策略而被塑造为"技术问题",从而被纳入技术治理的范围。而对技术治理或专家掌权的合法性问题来说,与传统政治决策主要诉诸民主代表性来获取合法性不同,由于科学专家负责的管理领域相对于传统政治领域的划界与区分,因此其管理决策的制定过程在很大程度上排斥了民主控制和公众参与。在此情况下,技术治理主要诉诸"科学知识的客观真理性以及科学技术知识的普遍性、可靠性"来论证其自身的合法性。③ 现实中科学技术在改造自然中的巨大成功以及在经济社会领域取得的显著成效则不断印证和巩固了技术治理的合法性。

总结来看,作为一种公共事务的治理模式,技术治理实践有着自身的理论逻辑,建立在一系列理论假设的基础之上。究其实质而言,技术治理的有效性或合法性证明所依赖的是科学理性的自我证成逻辑。正是科学理性的权威性(甚至对理性的垄断)奠定了科学管理与专家政治的合法性基础。即便是现实中

---

① 刘永谋. 技术治理的逻辑 [J]. 中国人民大学学报, 2016 (6): 120.
② 贝尔. 后工业社会 [M]. 彭强, 译. 北京: 科学普及出版社, 1985: 107.
③ 周千祝, 曹志平. 技治主义的合法性辩护 [J]. 自然辩证法研究, 2019 (2): 32.

科学专家主导下的管理决策产生了负面后果，也往往被视为特定专家主体对科学知识或技术的"不当使用"，科学知识本身仍然是客观有效且价值无涉的，是解决公共问题的"唯一"途径，这被称为科学的"启蒙观"。[1] 就此而言，尽管科学理性主张"去意识形态化"，然而这种科学启蒙观无疑已经成为技术治理实践发展中的重要意识形态基础。

第二节 现代国家治理中的技术治理机制

在明确了技术治理的基本理念及其内在逻辑的基础上，需要进一步考察技术治理在现代国家或政府治理实践中的具体体现。如前所述，技术治理的理论与实践在20世纪上半叶的美国得到了蓬勃发展，而在该时期，美国的政府管理发生了巨大变革，最重要的体现即是政府行政部门职能的扩张与规模的膨胀。在此基础上，美国实现了由传统"司法国家"向现代"行政国家"（administrative state）的转型。行政国家的成长建立在"政治—行政"二分的基础上，而"行政"（公共行政或政府行政）之所以能够从传统政治领域中分离出来，主要是由于行政机构及其人员所占据的专业知识（expertise）。在德怀特·沃尔多（Dwight Waldo）看来，正是由于公共行政是建立在专业知识的基础之上，才使其能够成为一种"新兴的政治角色"[2]。而专业知识的主要来源是科学或技术知识，它们构成了"理性"行政范式下公共行政机构及其人员的权力基础。对应于实践中，随着公共事务与政府治理复杂性的不断提升，行政部门日益依赖专家咨询（特别是科学技术专家）来获取决策所需的"可靠知识"，实践表明这在很大程度上提升了政府决策的正确性或有效性。正是基于这一状况，二战后美国社会中形成了这样一个共识，即"行政管理的合法性只有建立在专家有效的技术管理基础上才

---

[1] IRWIN A. Citizen Science: A Study of People, Expertise and Sustainable Development [M]. New York: Routledge, 1995: 48.
[2] 沃尔多. 行政国家：美国公共行政的政治理论研究 [M]. 颜昌武，译. 北京：中央编译出版社，2017: 2.

能有保障"①。

行政国家由经过科学训练的专家进行统治,这"不言而喻是不民主的"②。在这种情况下,公共行政的合法性所诉诸的是科学理性的逻辑。首先,人们相信科学知识的有效性;其次,掌握和应用科学知识并为政府提供咨询意见的专家被认为是可信的、政治中立的、"公众利益"的代表。正如技术治理倡导者罗斯扎克所指出的,"统治者通过诉诸技术专家证明他们是正当的,而技术专家转而诉诸科学的知识形式为他们自己辩护,超出科学权威之外,没有什么可诉诸的"③。现实中,罗斯福"新政"、二战以及战后复苏时期的行政实践表明了技术治理模式的显著成效,"没有哪个时期政府有如此大的合法性"④。

在现代行政国家的治理实践中,技术治理的实现有赖于一系列制度安排及其运行机制的支撑。其中,政府决策过程中的科学咨询制度直接体现了"科学"与"政策"(或"政治")的"联姻",因而成为技术治理的核心机制。科学咨询制度广泛应用于各类专业性或复杂公共事务的治理过程中,在本研究所考察的邻避冲突问题中也有直接体现。由于邻避设施建设可能对生态环境或人体健康造成潜在危害,因此设施选址一般要以"环评"作为必经程序。而环评工作的专业性特征使得相关领域的科学专家主导了评估过程,因而也是技术治理的重要体现。有鉴于此,下文将依次考察科学咨询制度与环评制度的实践模式及其特征,从而更为具体地呈现现代国家治理中技术治理的运行逻辑。

一、政府决策中的科学咨询制度

如前所述,技术治理主张的"专家掌权"在程度与形式等问题上形成了"激进派"与"温和派"之间的观点分歧。在政府决策领域,这种分歧具体体现为,激进观点主张应当由专家自身充当决策者的角色,而温和观点则主张政

---

① 麦克斯怀特. 公共行政的合法性:一种话语分析 [M]. 吴琼, 译. 北京:中国人民大学出版社, 2016:142.
② 沃尔多. 行政国家:美国公共行政的政治理论研究 [M]. 颜昌武, 译. 北京:中央编译出版社, 2017:米勒序 11.
③ 李醒民. 论技治主义 [J]. 哈尔滨工业大学学报(社会科学版), 2005 (6):2.
④ 麦克斯怀特. 公共行政的合法性:一种话语分析 [M]. 吴琼, 译. 北京:中国人民大学出版社, 2016:142.

府决策者应当依据专家的意见及其专业知识来进行决策。[1] 这种温和主张即现实政府决策实践中的科学咨询制度。所谓科学咨询制度，即政府部门在制定公共政策时要向专门的科学专家机构咨询意见，并基于所获得的专业知识来进行决策的一项制度。就科学咨询的内容来看，科学咨询机构不仅要为政府部门提供关于科学政策方面的专业意见（policy-for-science），还要"提供更为广泛的包含科学要素的政策（science-in-policy）议题的咨询"[2]。现代社会中，科学技术已经被广泛应用于经济社会生活的各个领域，这使得公共决策议题的复杂性及其科学属性日益显著，从而也导致政府部门对于科学咨询的需求日益提升。

历史上具有科学咨询性质的机构由来已久，但是其真正形成规模和影响力则是在二战之后。以国家层面的科学咨询机构为例，美国最早于1957年成立了总统科学顾问委员会作为最高决策层的科学咨询机构，英国则于1964年创立了政府首席科学顾问一职来为首相的重要决策提供科学建议。到了20世纪70年代，科技应用与工业生产引发的环境与健康风险日益凸显，由此促成了西方国家特别是美国各类政府监管机构的设立和扩张，"使得公众对专业知识的需求剧增"，"人们希望科学为解决这些风险提供最广泛的解决方案"[3]。在此背景下，科学专家的政治地位不断上升，科学咨询机构甚至成为拥有事实上的政策制定权的"第五部门"。[4]

由于政治体制以及文化传统等因素的不同，各个国家的科学咨询制度的构成及咨询模式存在很大差异。对此有研究总结出了几种较为典型的科学咨询制度模式，包括以英国为代表的"专家制定决策型咨询模式"、以美国为代表的"市场主导型科学咨询模式"和以德国为代表的"政府控制型科学咨询模式"。[5]而从科学咨询机构自身的性质来看，主要包括三种类型，分别是官方科学咨询机构、民间科学咨询机构以及大学科学咨询机构。三种咨询机构各有其优势与

---

[1] 周千祝，曹志平. 技治主义的合法性辩护 [J]. 自然辩证法研究，2019（2）：32.
[2] 樊春良. 科学咨询与国家最高决策：美国总统科学咨询机制的产生和发展 [J]. 中国软科学，2007（10）：60.
[3] 布朗. 民主政治中的科学：专业知识、制度与代表 [M]. 李正风，张寒，程志波，等，译. 上海：上海交通大学出版社，2015：14.
[4] 贾萨诺夫. 第五部门：当科学顾问成为政策制定者 [M]. 陈光，译. 上海：上海交通大学出版社，2011.
[5] 王昊. 科学咨询模式及其哲学思考 [D]. 南京：南京大学，2016：12-24.

局限,如官方咨询机构能够掌握更多政府信息或权威数据但独立性较弱,而民间与大学机构独立性较强但也容易被外部力量所操控。现实中各国政府越来越重视咨询渠道的多元化,谋求构建起更为系统完善的咨询体系。

就科学咨询制度的本质而言,它代表着一种"政治的科学化"诉求,寄希望于通过科学理性来改善政府决策的质量,使其免受政治因素的干扰。也即,科学咨询制度预设了一种客观、中立、有效的"纯粹科学",并认为将科学咨询作为必要的决策程序有助于排除决策过程中各种政治与社会多元复杂利益与价值的挑战,从而确保政府决策的科学性与客观性,进而促进公共利益的实现。就此而言,科学咨询制度的有效性取决于它是否能够生产出"有用的真理"(serviceable truth),即有助于政策目标实现的真实的科学知识。[①]

而为了防范科学咨询被特殊利益或政治权力所操控从而出现"科学的政治化",保持科学咨询机构的独立性、咨询专家遴选以及咨询过程的公开透明显得尤为重要,这是当前许多国家科学咨询制度改革的重要趋势。以欧盟食品安全监管领域重要的咨询机构欧洲食品安全局为例,它享有独立的法律地位并单独编制预算,并不需要向欧委会与成员国负责,从而避免了政治因素对科学分析的干预。为了确保科学咨询的独立透明,欧洲食品安全局的科学评估专家的遴选与更新遵循严格的程序,同时确立了一套完整的利益声明规则与信息公开制度,确保科学评估代表社会公众利益而非特定行业、利益集团或科学团体自身的利益。[②] 类似这些制度设计成为科学咨询制度能够在现代政府决策过程中发挥积极作用的重要保障。

二、"技术—经济"发展中的环评制度

在工业现代化进程中的"技术—经济"发展导向下,科技创新以及基于科技应用的工业生产与经济发展的优先性得以确立。然而随着科学技术的广泛应用以及工业生产的不断扩张,由此引发的环境或健康风险问题也日益突出,进而引发了各种社会矛盾或冲突。在此情况下,如何协调"发展"与"安全"间

[①] 施云燕. 科学与政治的"协商":评《科学权威的矛盾性:科学咨询在民主社会中的作用》[J]. 科学与社会, 2015 (4): 120.

[②] 戚建刚,易君. 论欧盟食品安全风险评估科学顾问的行政法治理 [J]. 浙江学刊, 2012 (6): 155-161.

<<< 第五章 技术治理：邻避冲突的政府治理范式

的内在张力成为政府管理部门需要认真考虑并予以解决的重要问题。在特定科技设施或工业项目选址建设之前进行"环评"（环境影响评价或环境影响评估），则是解决上述问题的一项重要制度设计。

所谓环评制度，是指对科技工业项目可能对生态环境造成的潜在影响进行调查、分析与评估，并以此作为相关决策重要依据的一项制度。我国《环境影响评价法》中规定，"本法所称环境影响评价，是指对规划和建设项目实施后可能造成的环境影响进行分析、预测和评估，提出预防或者减轻不良环境影响的对策和措施，进行跟踪监测的方法与制度"。相应地，环评制度的基本功能被界定为"通过法律保障拟议行动可能的环境影响在相关决定做出之前得到揭示、知悉和考虑，以此防范和减少环境污染和生态破坏"[1]。由于环评要在项目建设之前进行，因此体现了一种"防患于未然"的风险评估与防范理念。而由于环评工作所涉及领域的复杂性与专业性特征，因此其评估工作主要由相关领域的科学专家来完成。政府管理部门在实践中会组建专门的环评专家库，从中遴选相关领域专家组成环评委员会，用以完成特定的环评工作。

正是由于环评工作对于专业知识的依赖，因此"科学性"成为环评工作的重要原则。例如，我国《环境影响评价法》中明确规定，"环境影响评价必须客观、公开、公正，综合考虑规划或者建设项目实施后对各种环境因素及其所构成的生态系统可能造成的影响，为决策提供科学依据"，"国家加强环境影响评价的基础数据库和评价指标体系建设，鼓励和支持对环境影响评价的方法、技术规范进行科学研究，建立必要的环境影响评价信息共享制度，提高环境影响评价的科学性"。在现实中，专家评估委员会的评估结论或意见成为政府决策的重要依据，正如有研究指出的，"至少在理论上，环评审批机关并不会完全抛开专家的咨询论证而自行其是，这种制度实际上是将一部分决策权授予了专家审查小组"[2]。

尽管环评制度中也会设置公众参与的环节，然而这种参与多流于形式，甚至往往被忽视，这在前文考察的番禺垃圾焚烧厂建设事件中得到了直接体现。

---

[1] 金自宁. 中国大陆与台湾地区环评制度之比较：立法框架、行政执行和司法实践 [J]. 中国地质大学学报（社会科学版），2017（3）：22.

[2] 黄锡生，何江. 核电站环评制度的困境与出路 [J]. 郑州大学学报（哲学社会科学版），2016（1）：23.

因此就其实质而言，环评制度背后所隐含的是一种"科学理性至上"或"科技决定论"的认知。正因为如此，虽然环评制度设置的初衷是对基于科学理性的"技术—经济"发展导向过分彰显的防范或制约，但是其实际运行中所体现的正是基于科学理性的技术治理逻辑，并由此而引发了环评实践中的各种问题。

第三节　科技风险型邻避冲突的技术治理

在科技风险型邻避冲突问题中，围绕科技风险议题的相关决策是技术治理的典型领域。这种技术治理模式贯穿于邻避冲突生成演化以及政府应对的全过程。一方面，在邻避冲突事件发生之前，针对邻避设施所涉及科技风险的评估以及邻避设施选址决策过程均体现了技术治理的逻辑。另一方面，针对已经产生的公众质疑、抗争或冲突，政府管理部门仍诉诸技术治理思维予以应对，谋求以科学理性来纠正抗争公众风险感知的"偏差"或"错误"认知，进而化解冲突。有鉴于此，下文将依次从上述几个方面入手来考察邻避冲突的技术治理模式，并以基站冲突及其所涉及的电磁辐射风险议题为例来展开分析，以更为清晰地呈现技术治理的具体实践过程及其内在逻辑。

一、基于科学证据的邻避设施风险评估

正如贝克所指出的，科技风险"完全脱离了人的直接感知能力"，因此需要借助于科学的"感觉器官"（理论、实验和测量工具）才能变得"可见"或可解释。[①] 正因为如此，针对特定科技的风险评估基本上被等同于科学评估[②]，科学知识以及掌握了科学知识的专家与技术官僚垄断了对邻避设施相关科技风险的评估与界定。不过，在邻避设施风险评估实践中，科学知识的范围与边界往往并不清晰。即不同主体（特别是科学共同体内部的不同主体）对于邻避设施风险的认识可能会存在分歧，而在何种观点或证据被认为在"科学上有效"这

[①] 贝克. 风险社会：新的现代性之路 [M]. 张文杰, 何博闻, 译. 南京：译林出版社, 2018：14.

[②] 贾萨诺夫. 自然的设计：欧美的科学与民主 [M]. 尚智丛, 李斌, 等, 译. 上海：上海交通大学出版社, 2011：167.

<<< 第五章 技术治理：邻避冲突的政府治理范式

一问题上也可能存在许多争议。现实中，以政府管理部门或"主流"学界为代表的官方主体基本上是基于自然科学的"观察—实验"法则以及"计算理性"的逻辑来确定风险评估的有效科学证据，无法满足科学研究逻辑的各种观点或证据则被排斥在外。

上述基于"有效"科学证据的风险评估原则典型地体现在对基站电磁辐射健康风险的评估中。为了回应社会公众关于基站电磁辐射的风险忧虑，许多国家和国际组织的科学机构进行了大量研究，谋求揭示基站电磁辐射这种低强度非电离辐射与人体健康之间的关系。其中 WHO 于 2006 年发布的《国际电磁场研究计划》报告被认为较具权威性，该报告得出结论认为截至目前，所有证据都无法显示由基站或无线网络产生的微弱电磁波会对人体健康造成负面影响，然而与此同时也建议"政府和企业应追踪科学，促进研究计划，以减少有关极低频场暴露健康影响的科学证据的不确定性"[①]。针对基站电磁辐射风险问题，英国国家辐射防护委员会（NRPB）也曾指出，关于电磁辐射的"非热效应"问题，"多数证据是不一致的、相关研究没有充分控制或存在偏见"，"不存在没有歧义的实验证据表明暴露于这些电磁场可能引发癌症"[②]。由此可见，在以 WHO 和 NRPB 为代表的官方机构看来，只有"确定一致"的证据才是基站电磁辐射风险评估中的有效证据，也才可以作为政府监管政策制定的基础。具体来说，这种科学证据的"确定一致"原则又体现为下述多个方面。

首先，有效的科学证据需要接受实验的检验，要符合实验上的可重复性要求。在这方面，一些主张电磁辐射危害性的观点由于无法提供可重复的实验证据而被排斥于有效的科学证据之外，典型例子是学界对"电磁波敏感症"的检验。例如，曾有科学家设计了实验来检验电磁波敏感症是否真实存在，该实验所依据的科学原理是"如果一个人真的对电磁波过敏，只要他暴露在电磁波环境中，就会很快产生不适；反过来，他能够根据身体上的不适以及不适的程度，判断电磁波是否存在、是强是弱"[③]。然而实验结果却是，"那些声称自己患有

---

① WHO. "国际电磁场计划"的评估结论与建议 [R]. 杨新村，李毅，译. 北京：中国电力出版社，2008：4.
② STILGOE J. The (Co-) Production of Public Uncertainty: UK Scientific Advice on Mobile Phone Health Risks [J]. Public Understanding of Science, 2007, 16 (1): 49-50.
③ 真的有"电磁波敏感症"吗？[EB/OL]. 微科普网，2016-01-01.

141

电磁波过敏症的人，在试验过程中，并不能准确说出环境中有没有电磁波、电磁波的强弱是多少；他们的判断和对照组之间，没有明显区别"①。因而，实验研究者认为，所谓的电磁波过敏并不是一种真实存在的生理反应，而可能是一种心理效应。包括我国科学界在内的国际主流学界基本上均将电磁波敏感症视为一种科学"流言"，因而不被承认为基站电磁辐射风险评估的有效证据。

其次，科学证据的"确定性"往往具体化为各种量化指标，以提供一种可以进行测量与评估的客观标准。在基站电磁辐射风险问题上，这具体体现为通过各种指标对电磁辐射的强度或人体暴露水平设置"安全限值"。关于基站电磁辐射的人体安全限值，国际上有两大主流标准。其中应用范围最广的是国际非电离辐射防护委员会（ICNIRP）于1998年发布的标准，该标准被世界卫生组织所认可，建议各成员国予以采纳。另一标准由美国电机电子工程师协会（IEEE）于2002年发布，该标准相较于ICNIRP标准较为宽松，被美国、加拿大、日本等国家和地区采用。② 而在我国，1988年由国家环保局发布的《电磁辐射防护规定（GB8702—1988）》中规定了比国际标准更为严格的辐射安全限值。以900MHz辐射频率为例，我国限值是40微瓦/平方厘米，欧盟标准是450微瓦/平方厘米，美国标准是600微瓦/平方厘米。③ 2014年原环保部发布了《电磁环境控制限值（GB8702—2014）》作为旧标准的替代，新标准参考了ICNIRP与IEEE相关指标，但是在手机、基站等特定频率辐射的限制上仍沿用了旧标准的限值。上述辐射限值是政府部门与相关专家论证基站安全性的主要依据，如《中国环境报》曾刊文指出"在国家标准范围之内的通信基站辐射是安全的"④。与此相对应的则是，尽管关于基站电磁辐射非热效应方面的研究在不断增多，但是多数观点均不符合量化的可测量标准，因而不被视为有效的风险证据。例如，英国电磁辐射监管部门的一名专家曾指出，该部门之所以没有考虑非热效应问题，是因为"非热效应无法适用模型以得出确定的、量化的标准"⑤。

---

① 陶文冬.「科学」流言榜：真有「电磁波过敏症」吗？[N]. 北京日报，2016-01-06（5）.
② 武彤. 通信电磁辐射知多少？[N]. 中国环境报，2015-12-24（8）.
③ 袁卫国. 基站辐射恐慌何时休？[N]. 中国环境报，2014-04-23（2）.
④ 袁卫国. 基站辐射恐慌何时休？[N]. 中国环境报，2014-04-23（2）.
⑤ STILGOE J. Controlling Mobile Phone Health Risks in the UK: A Fragile Discourse of Compliance [J]. Science and Public Policy, 2005, 32（1）: 60.

此外，科学研究强调因果解释，因此认为有效的科学证据应当能够将基站电磁辐射与特定危害后果（如脑部肿瘤）之间的因果作用机制解释清楚。在这方面，电磁辐射加热效应的健康影响机理已经得到了有效揭示，然而在非热效应问题上则缺乏充分的科学解释，更多地体现为一种模糊状态。对此，英国国家辐射防护委员会的专家曾公开指出，"非热效应问题在科学上看起来是有趣的而非令人担忧的，因为在呈现出生物学效应与呈现出健康效应之间尚存在很大的跨越"[1]。即许多非热效应方面的研究发现基站电磁辐射与人体的中枢神经系统、心血管系统、内分泌系统、生殖系统等会发生相互作用（生物学效应），但是这种效应是不是确定会引发癌症等健康危害，则尚有待进一步研究。正是由于从生物学效应到健康效应之间的因果关联尚不明确，因此许多权威机构否认了上述观点在风险评估中的有效性。例如WHO指出，"暴露限值不应以'生物效应'为基础，因为这将产生过分保守的标准，不仅会限制技术进步，而且从损失技术进步带来的利益看，也是不可接受的"[2]。

总之，在技术治理范式的主导下，邻避设施风险评估建立在科学证据的基础上，而"科学"的标准则体现为对各种"确定一致"证据的强调。正是这种"科学"标准导致了对各种尚不充分的异质性观点或证据的排斥，也由此引发了各种风险论争或冲突。

二、基于科学咨询的邻避设施选址决策

如前所述，科学咨询制度已经成为现代国家治理中技术治理模式的核心运行机制，这也典型地体现在邻避设施相关风险的评估与监管以及邻避设施选址决策过程中。在科技风险问题上，对科学咨询的依赖事实上反映出一种矛盾状况，即科学技术本身同时扮演了风险的"制造者"和"解决者"的角色。正如贝克所指出的，"极大的危险将解释的专利从全体人民手中让渡给了制造危险的人"，"一方面，工程科学不知不觉在其矛盾的风险诊断中扮演自我纠错的角色，另一方面，它们继续实施从恺撒时代就被赋予的特权，即有权根据它们自己的

---

[1] STILGOE J. The (Co-) Production of Public Uncertainty: UK Scientific Advice on Mobile Phone Health Risks [J]. Public Understanding of Science, 2007, 16 (1): 50.
[2] 杨新村. 电磁场暴露限值科学依据的探讨 [J]. 环境与职业医学, 2010 (10): 605.

内部标准决定极端政治本性的全球社会问题：怎样的安全才是足够的安全"①。正是由于科学证据支配了邻避设施风险的评估或界定，因此基于科学咨询所获取的科学专业知识成为邻避选址决策的决定性因素。对此贝克亦指出，"政治机构只是在执行专业科学意见的推荐内容（比如环境政策，或者在大型技术设施及其部署地点的选择方面）"②。

在基站电磁辐射风险问题上，许多国家的监管部门均成立了由相关领域科学专家组成的咨询委员会，用以为政府监管决策提供专业的咨询意见。例如在英国，电磁辐射健康风险监管主要由卫生部负责，同时由国家辐射防护委员会（NRPB）负责在辐射防护领域进行研究并提出监管建议。随着手机和基站电磁辐射风险争议的凸显，NRPB意识到有必要针对移动通信非电离辐射问题进行更为专门的研究，因此在其内部成立了"非电离辐射咨询工作组"（AGNIR）。正是在NRPB与AGNIR的主导下，英国基于加热效应制定了电磁辐射强度与人体暴露水平的"安全限值"。如前所述，NRPB对电磁辐射风险证据的考量遵循了严格的科学确定一致原则，因此这种科学咨询下的监管决策正是技术治理的典型体现。而在我国，非电离电磁辐射安全监管主要由政府环保部门负责，并成立了电磁辐射环境影响评审委员会用以提供科学咨询意见。这些科学咨询意见也成为我国基站电磁辐射风险评估、监管以及基站选址决策的重要依据。

前文曾指出，科学咨询制度之所以能够成为政府决策中的关键制度设计，除了决策自身的复杂性导致的对科学专业知识的大量需求外，还在于科学自身的客观、中立形象。在许多人看来，科学研究能够超越特殊利益和权力的干扰，为政府决策提供理性保障。现实中的科学咨询委员会也会小心翼翼地划清自己与行业利益或政治权力的边界，从而赋予自己的研究结果或咨询建议以合法性。在基站电磁辐射风险领域，ICNIRP与WHO等国际机构在相关研究项目实施过程中均反复强调了"研究过程中不接受企业资助"的原则，尽管这一原则在现实中并没有得到有效落实。③ 而在英国，NRPB与AGNIR主导下的电磁辐射暴

---

① 贝克. 世界风险社会 [M]. 吴英姿, 孙淑敏, 译. 南京: 南京大学出版社, 2004: 78.
② 贝克. 风险社会: 新的现代性之路 [M]. 张文杰, 何博闻, 译. 南京: 译林出版社, 2018: 237-238.
③ HARDELL L. World Health Organization, Radiofrequency Radiation and Heath: A Hard Nut to Crack [J]. International Journal of Oncology, 2017, 51 (2): 405-413.

露限值的确定引起了许多争议。为了回应争议,卫生部于 1999 年在 NRPB 之外成立了"移动电话独立专家工作组"(IEGMP),用于对移动通信电磁辐射风险问题展开独立评估并提供咨询意见。这种风险评估与咨询独立性的增强在现实中的确取得了较好的效果,如有研究指出 2000 年之后公众关于移动通信电磁辐射风险的忧虑在英国逐渐平息,在其他国家却迅速上升。[①]

具体到以基站为代表的邻避设施选址决策过程中,科学咨询的作用还体现在基于科学评估的"环评"程序的设置上。在我国,早在 1997 年颁布的《电磁辐射环境保护管理办法》中即规定了各级政府环保部门对包括基站在内的各类电磁辐射项目建设的环境保护申报登记和环境影响报告书的审批职责。具体的环评工作需要由有资质的专业机构进行,通过实际环境监测确保基站电磁辐射水平符合国家规定的"安全限值"。我国的环评制度在具体操作上体现为基于风险分级的分类管理与评估模式,即针对建设项目可能造成的环境影响程度划分为高、中、低三个风险等级,分别适用于不同的环评程序。低风险项目则属于"豁免"对象,不需要进行环评即可建设。2002 年至 2018 年,我国《建设项目环境保护分类管理名录》历经多轮修订,包括基站在内的无线通信设施最初被归类为高或中风险,在 2015 年被统一归类为中风险,而到了 2018 年则统一归类为低风险,已经无须环评程序就可以兴建。这事实上反映出技术治理范式下国家监管部门对基站电磁辐射安全性或符合限值标准的"确信"态度。

在基站的具体选址地点问题上,相关决策的做出也是基于科学专家的专业知识。例如,有铁塔技术专家曾指出,"居民区因用户集中、需求旺盛、建筑物阻挡严重,为保证良好通信,基站会考虑建在距离用户较近的地方","一般来说,基站天线正对方向 10 米之外、垂直方向 3 米之外,都是安全距离,辐射在国家安全标准之内,甚至低于电脑、冰箱等家用电器产生的辐射"[②]。正是这种对"安全距离"的科学界定构成了大量中小型基站设置于居民区附近的合理性依据。当然正如前文青岛 H 小区基站抗争案例所表明的,科学专家与普通公众对于"安全距离"的界定存在明显差异,这正是冲突产生的重要原因。

[①] STILGOE J. Scientific Advice on the Move: The UK Mobile Phone Risk Issue as a Public Experiment [J]. Palgrave Communications, 2016 (28): 7.
[②] 到底离通信基站多远才算安全? 这是真相 [N]. 南方日报, 2015-06-18 (5).

三、基于科普教育途径的邻避冲突化解

在科学理性的支配下，社会公众针对特定科技设施或工程项目的质疑与抗争行为通常被视为"误解了科学"的结果。这种认识的前提是前文曾指出的科学"启蒙观"以及对普通公众科学认知能力上的"缺失模型"（deficit model）假设。基于这些假设，包括科技风险评估以及邻避设施选址决策在内的复杂科技事务被认为应当而且只能由专家来决定，普通公众所要做的则是提升自身的科学素质。① 正因为如此，20世纪80年代以来，西方政府与科学界发起了所谓的"公众理解科学"运动，主张科学家肩负着向外行公众传播科学知识的重要责任，认为一旦公众的科学素质得到提升，理解了科技风险问题的"事实"之后，"他们就不会过度忧虑"。②

专家与民众对于科技风险的认知能力上的差距问题，长久以来已经作为一种"真实"情况而被广泛接受。对此，贝克曾进行了细致的描述：

> 科学"确立风险"，民众"感知风险"——偏离这一模式只能证明"非理性"和"敌视技术"的程度……公众的风险"感知"之所以"偏离"正途，之所以呈现为"非理性"，是因为他们大部分人的举止行为就像是刚入学的工程类新生……普通民众都幻想着有一天成为工程师，只是目前他们还欠缺足够的知识。因此，我们只需往他们脑袋里填塞各种技术细节，就能让他们接受专家的立场和评估，即风险在技术上是可控的，这一点本身并不存在任何风险。公众群体的抗议、恐惧、批评或抵制只是一个纯粹的信息问题。只要人们获悉技术人员知道的那些，并像技术人员那样思考，他们就会放松情绪，否则他们就会表现出非理性的绝望。③

---

① BUCCHI M. Beyond Technocracy: Science, Politics and Citizens [M]. London: Springer, 2009: 2.
② IRWIN A, WYNNE B. Misunderstanding Science? The Public Reconstruction of Science and Technology [M]. Cambridge: Cambridge University Press, 1996: 2.
③ 贝克. 风险社会：新的现代性之路 [M]. 张文杰，何博闻，译. 南京：译林出版社，2018: 59.

<<< 第五章 技术治理：邻避冲突的政府治理范式

正如贝克所指出的，很多人认为"非理性"的民众一旦获得了足够的知识，就能够"像技术人员那样思考"，从而实现"非理性"向"理性"的转变。正是基于这种认识，面对邻避冲突中地方民众的质疑、忧虑以及异议，政府管理者与科学专家多诉诸科普教育途径来谋求冲突的化解。针对一些居民所认定的基站电磁辐射具有"致癌性"等严重健康危害问题，许多专家、媒体以及政府部门均进行了大量的科普教育活动。例如，著名科学传播组织"科学松鼠会"曾专门筹办了"电磁辐射专题"，发布了关于电磁辐射知识的系列科普文章。①《人民邮电报》《中国环境报》《光明日报》等官方媒体也多次刊发文章讨论基站冲突问题，并明确呼吁要对相关居民进行科普教育。② 同时也有许多地方政府部门选择直接进入社区，向当地居民现场讲解电磁辐射科普知识。③ 而作为我国电磁辐射监管的官方机构，生态环境部在其官方网站上也公开指出，电磁辐射设施的建设单位和环境影响评价单位需要"通过科普宣传以及必要的专家论证会和听证会等形式，回答公众关切的问题，传播科学知识"④。

在科普教育的具体实践中，政府管理部门与相关领域专家采取了多种手段来向民众传递专业知识。首先，最为常见的科普手段是通过新闻媒体发布基站电磁辐射方面的科学知识。例如，在《人民邮电报》刊登的一篇名为"基站辐射大不大 科学来说话"的报道中，一方面通过精确的数据列举表明居民区附近的基站辐射强度远远低于国家标准限值，另一方面则对一些认识"误区"进行了澄清：

那么，老百姓对基站辐射有哪几个误区呢？

所有电磁辐射都是有害的。有句话说："有电流的地方就有电磁场，而有电磁场必然会有电磁辐射。"随着家用电器的普及，我们所生活的环境中电流陡然增多，我们每时每刻都生活在电磁辐射的环境中。但大部分的电

---

① 科学松鼠会. 电磁辐射专题 [EB/OL]. 果壳网, 2018-03-02.
② 贺子玮. 基站辐射大不大 科学来说话 [N]. 人民邮电报, 2017-01-04 (2)；袁卫国. 基站辐射恐慌何时休？[N]. 中国环境报, 2014-04-23 (2)；杨君. 基站建设，"一闹就拆"如何解 [N]. 光明日报, 2015-10-13 (5).
③ 杨盛. 电磁辐射科普宣传进社区 [N]. 南宁日报, 2020-08-17 (2).
④ 我国电磁辐射管理的基本情况是怎样的？[EB/OL]. 国家核安全局网站, 2015-09-01.

磁辐射都不会对人体产生危害，关键是要把电磁辐射控制在安全范围内。

手机信号弱，辐射就小。有许多人认为手机信号差点儿没有关系，只要不在自家附近建设基站就不会受到辐射。但事实上真的如此吗？手机在远离基站的情况下通话，其信号强度显示只有"一格"时，发射功率在1W以上，处于最强状态；反之，当显示"满格"的时候，手机发射功率将小于0.1W。

电磁辐射可以穿过楼房辐射到家里。很多人都有这样的认识误区，事实上基站发出的电磁波在空中传播衰减很快，其功率随着距离的增大衰减更快。在电磁波穿过钢筋水泥板的时候，其强度会衰减到1%。因此当楼顶建有基站时，住宅区的居民所接收到的辐射是可以忽略不计的，大可放心。①

其次，针对部分居民的忧虑，政府相关部门往往会派出专业技术人员对特定区域的辐射水平进行现场测量，通过"用数据说话"的方式获取居民的信任。近年来我国一些城市也开始设置电磁辐射环境自动监测站，对环境中的电磁辐射水平进行实时监测，监测数据通过电子显示屏向公众进行展示，这种信息公开的方式也被视为化解公众电磁辐射恐慌的重要措施。② 此外，针对部分居民发出的"为什么建在我家附近"的质疑，一些地方政府部门选择通过在政府机关附近或政府大院内建设基站的"行为示范"方式来予以回应。③ 更有政府官员在新闻发布会上"现身说法"："自家住宅楼顶就安装有4G基站，妻子怀孕母子平安健康，要求大家科学看待基站辐射，不能盲听盲信。"④

总之，在公众风险感知"偏差"与科学认知"能力缺陷"的前提假设下，通过科普教育途径来提升他们的科学认知和理解能力成为化解邻避冲突的必然选择。也正是由于对公众较低的科学认知能力的认定，现实的科普实践主要体现为"自上而下"的信息传达，而较少存在政府、专家与公众之间平等的沟通

---

① 贺子玮. 基站辐射大不大 科学来说话 [N]. 人民邮电报，2017-01-04 (2).
② 杨昕. 我市首个电磁环境监测"电子警察"上岗 [N]. 平凉日报，2020-03-12 (4).
③ 杨漾. 为破除基站辐射危害健康谣言，三亚市委市政府带头在大院建站 [EB/OL]. 澎湃新闻网，2016-09-12.
④ 秦立夏. 基站选址难？政府来督办 [N]. 人民邮电报，2016-06-17 (2).

对话。前述多样化科普手段的使用正是为了确保"低认知能力"的普通公众对"科学知识"的理解,而公众对科学的理解不仅是化解冲突的途径,也是技术治理运行的重要社会基础。

四、基于公众"接受"科学的决策参与

基于科学理性的技术治理与现代民主政治所强调的公众参与之间存在一种内在的张力关系,这也是行政国家合法性论证中所要处理的重要问题。正如有学者所指出的,"非选举的职业行政人员所行使的自由裁量权和代议制的民主原则相冲突,所以行政国家需要被证明是合法的"[1]。现实中,基于科技应用或科学咨询的公共事务治理绩效的显著提升为行政国家的合法性提供了重要支撑,许多人意识到"行政管理的合法性只有建立在专家有效的技术管理基础上才能有保障"[2]。然而随着技术治理实践的全面发展,特别是当它成为涉及社会公共利益或价值的公共决策过程中的主导范式之后,如何通过广泛的民主参与来为其提供更为有效的合法性支撑显得尤为重要。例如在环评过程中,尽管科学专家及其专业知识在很大程度上主导了环评结果,但是公众参与已经被确立为一项不可或缺的制度性程序。我国《环境影响评价法》中规定"国家鼓励有关单位、专家和公众以适当方式参与环境影响评价","对环境可能造成重大影响、应当编制环境影响报告书的建设项目,建设单位应当在报批建设项目环境影响报告书前,举行论证会、听证会,或者采取其他形式,征求有关单位、专家和公众的意见"。为了具体落实环评中的公众参与原则,我国生态环境部更是专门制定了《环境影响评价公众参与办法》,对公众参与的范围、形式与流程等做出了具体规定。

在科技风险型邻避冲突问题上,由于该领域往往涉及特定科技自身的"副作用"问题,因此越来越多的人意识到通过公众参与来弥补专家主导下风险决策缺陷的重要性。有学者曾将公众参与风险决策的价值归纳为三方面:一是"实质性"价值,即公众参与能够弥补专家对于风险判断上的缺失;二是"规范

---

[1] 斯蒂福斯. 公共行政中的性别形象:合法性与行政国家[M]. 熊美娟,译. 北京:中央编译出版社, 2010:1.
[2] 麦克斯怀特. 公共行政的合法性:一种话语分析[M]. 吴琼,译. 北京:中国人民大学出版社, 2016:142.

性"价值,即公众参与能够体现民主理念;三是"工具性"价值,即公众参与有助于增强风险决策合法性并保障政策效果的实现。[1] 然而在现实中,政府决策部门在吸纳公众参与时,更多考虑的是规范性或工具性价值,而往往忽视甚至否认实质性价值的存在。这一状况究其根源而言,正是由于"缺失模型"假设下对公众科学认知能力的否认。

从现实来看,无论是在邻避设施选址决策过程中还是在邻避冲突的治理过程中,对公众参与的强调很大程度上是作为一种科普教育的手段,谋求通过公众的"切身接触"来使公众更好地"理解科学"。例如,针对部分居民对基站电磁辐射的忧虑问题,成都市一家电磁辐射评测机构的工作人员曾进入当地一些小区进行现场测量,在测量过程中邀请了多位小区居民亲自参与测量,从而使得"许多住户打消了基站辐射的顾虑"。[2] 在逻辑上,当以"公众理解科学"作为吸纳公众参与的重要目标时,在很大程度上意味着公众的各种异质性观点将会被视为"非理性"而不被承认,无法作为参与过程中合法的信息"输入"。即决策参与过程中相关公众所持有的"电磁辐射危害论"等观点尽管可以得到公开表达,但是不被承认是有效的知识证据,也无法影响最终的政策决策。这在英国移动通信电磁辐射监管论争过程中得到了直接体现。NRPB 等机构组织了多次公共会议听取不同群体的意见,然而部分公众所提出的"电磁波敏感症"等观点被视为"轶事证据"(anecdotal evidences)而不被承认。NRPB 的专家所关心的是,相关证据"经过同行评审了吗"。[3] 公众的"轶事证据"以及各种争议性研究证据由于不是经由"严谨的"科学研究流程而得出的,因此在官方机构看来是"不科学"和无效的。

事实上,在技术治理范式下,邻避相关决策中的公众参与需要建立在公众"理解"科学进而"接受"科学的前提下。即如果公众参与的目的是影响或改变政府邻避决策的话,那么有效的参与需要公众接受并应用科学知识,以此来表达自己的意见诉求。对此贝克曾一针见血地指出:

---

[1] DANIEL F. Citizen Participation and Environmental Risk: A Survey of Institutional Mechanisms [J]. Science, Technology & Human Values, 1990, 15 (2): 227-228.
[2] 佚名. 科学设置通信基站 居民无需担心信号辐射 [N]. 成都日报, 2016-05-17 (3).
[3] MOORE A, STILGOE J. Experts and Anecdotes: The Role of "Anecdotal Evidence" in Public Scientific Controversies [J]. Science, Technology & Human Values, 2009, 34 (5): 662.

  人们最终必须诉诸他们所驳斥的科学理性来实现自我辩护。他们很快就会撞见这条严厉的法则：只要科学没有承认，风险就不"存在"——至少它不存在于法律、医学、技术和社会等层面，因而无须预防、处置或补偿。再多的集体牢骚也不能改变这一点，只有科学可以。科学的裁决垄断了事实真相，因此受害者需要动用各种各样的科学分析手段，才能实现自己的诉求。①

  因此，现实中对于邻避相关决策过程中公众参与的强调更多体现的是一种程序意义上的参与。从积极的角度来看，这种参与打破了科学专家与技术官僚对决策过程的垄断，在一定程度上赋予了普通公众与科学专家进行"对话"的权利，公众甚至拥有了对科学知识的某种"选择权"。然而在基于公众"接受"科学的决策参与过程中，"知识的流动依然是从专家到公众，而且决策本质上依然是由那些在专业知识上更有权威的人做出"，这被称为"深层'缺失模型'的延续"②。就此而言，技术治理范式下的公众参与并没有体现在实质性的风险知识层面上，这种参与在某种程度上沦为一种"伪参与"。

---

① 贝克. 风险社会：新的现代性之路［M］. 张文杰，何博闻，译. 南京：译林出版社，2018：79.
② 谭笑. 技术问题决策中的专家话语和公众话语：柯林斯《重思专能》的方案［J］. 开放时代，2014（6）：218.

第六章

科学不确定性：邻避冲突技术治理的内在困境

现代邻避冲突所涉及科技风险议题的专业性与复杂性是"技术治理"范式形成的重要原因，在该范式下，邻避设施选址与治理决策均建立在科学知识（科学理性）的基础上。然而，科技风险议题的重要特征还体现为高度的不确定性，这种不确定性同样内在于科学自身。20世纪70年代兴起的科学知识社会学研究即指出了科学的"不确定性"问题，风险社会理论学者吉登斯也指出"科学理应使世界的可预测性增强，但与此同时，科学已造成新的不确定性"[①]。对于某些科技应用可能造成的负面影响，既有科学知识无法给出确切的解答（无法证实，也无法排除），不同主体（甚至科技专家之间）在特定知识问题上难以达成共识。这种科学不确定性在很大程度上构成了对技术治理有效性的根本挑战。因此，科学不确定性问题的凸显为我们重新思考现代邻避冲突问题提供了新的背景。有鉴于此，本章将对邻避冲突中的科学不确定性问题进行全面考察，在此基础上探讨科学不确定性背景下邻避冲突技术治理所面临的内在困境，以帮助我们深入理解当前邻避僵局背后的深层难题。

第一节 科学不确定性的内涵与来源

一、科学不确定性的基本内涵

对"确定性"的追求是人类的期待与理想。这种确定性，在知识形态上表

---

① 吉登斯. 现代性的后果 [M]. 田禾, 译. 南京: 译林出版社, 2000: 115.

现为反映事物本质与客观规律的原理或"真理",在社会政治领域则表现为对社会事务与公共问题的掌握与控制。政府必须呈现出一种"对控制的掌握"(哪怕只是一种表象),才可能获得政治合法性。[1] 正是这种"确定性"的重要性引发了人们对"不确定性"问题的高度关注。而为了理解"不确定性"以及"科学不确定性"的内涵,也必须从对"确定性"的理解入手。

关于"确定性"(certainty)概念,有研究对其英文含义进行总结后指出它包含两方面意思:"一是从事物或过程本身存在或状态来看,它们的存在是不变的或是真(truth)的(具有真实性、真理性),人们对此没有怀疑;二是从人们对事物或过程的认识来看,事物的存在或真能够完全为人们所认识,能够运用其'真'或规律肯定地预见未来。"[2] 由此可知,这种"确定性"实质上同时涉及本体论与认识论两个层面上的确定。相应地,"不确定性"也同时涉及本体论与认识论两个层面,即事物或过程本身存在状态以及人们对该存在状态认识上的无法确定。本体论上的不确定性往往与"随机性""不完备性""不稳定性"等相关联。例如,抛硬币时正面是否朝上是不确定的,因为它具有随机性;而某条河流的水流速度也是不确定的,因为水流速度总是在变化,并不稳定。认识论上的不确定性更多地与认知信息的不完善以及人类认知能力的局限等因素相关,"如果某事不为人们清楚知道,就是不确定的;即使被清楚知道,但不知道其真理性如何,真理性可疑,那么该事物也是不确定的"[3]。

在科学发展史上,对"不确定性"现象的揭示主要源自量子力学等理论。德国物理学家海森堡指出,"微观世界具有一些不确定的关系,一个微粒子的某些成对的物理量,如粒子的位置与动量、时间与能量等,不可能同时具有确定的数值"[4]。不过,量子力学所揭示的并非仅仅是本体论意义上事物客观存在的不确定性,正如一些学者指出的,"对微粒子某些共轭量不可同时测定,是由于观察仪器、活动对被测量对象的干扰,影响了其本真态,而无法与其他相关量

---

[1] WYNNE B. 风险社会、不确定性和科学民主化:STS 的未来 [J]. 周任芸, 译. 科技、医疗与社会, 2007 (5): 23.
[2] 吴国林. 论知识的不确定性 [J]. 学习与探索, 2002 (1): 14.
[3] 吴国林. 论知识的不确定性 [J]. 学习与探索, 2002 (1): 15.
[4] 胡潇, 李金梅. 知识不确定性寻因 [J]. 江海学刊, 2018 (1): 54.

被同时测准",因此不确定性也是一个认识论命题。①

在明确了不确定性概念的基础上,所谓科学不确定性是指科学研究以及科学技术应用实践中产生的各类不确定性问题。对此有研究指出,"随着科学认识对象的日益复杂,以及科技和社会的相互影响日益加强,科学认识能力的历史局限性凸显了出来,使得在知识的生产、应用,以及利用知识进行决策的过程中,显示了种种不确知或不知道(not-knowing),这就是科学技术的不确定性"②。科学不确定性同样涉及本体论和认识论两个层面。本体论意义上的科学不确定性主要是指科学对象以及科学技术本身内在属性上的模糊或不确定(如转基因技术应用是否对健康有害),认识论意义上的科学不确定性则主要是指科学认识能力或科学知识本身的不清晰或不充分(如当前关于转基因技术的知识是否充分准确)。

在20世纪中后期的科技应用实践中,科学不确定性问题不断凸显出来。1986年发生的切尔诺贝利核泄漏事件具有重要的标志性意义,它使得"关于自然、社会体制、科学、技术、专家意见以及发展的理所当然的前提假设崩溃了,由此引起的极端不确定性、焦虑、冲突、对抗性和差异第一次接受人们的反思"③。类似的重大科技灾难在20世纪80年代后多次发生,暴露出了"科技官僚的无能与无知",由此"使得人们对科技官僚所建构出的社会安全体系产生重大的质疑"④。而近年来诸如转基因、基因编辑、人工智能等技术应用更是引发了社会对其安全性的广泛争论。这些现象即为本研究所考察的科技风险问题,而科技风险的产生在很大程度上根源于科学技术的不确定性。对此有学者指出,"不确定性在现代科技中普遍存在,并意味着风险,以至于吉登斯和贝克等社会学家称后工业化社会为'风险社会',借以表明风险的深刻存在和普遍性"⑤。在贝克看来,风险社会的来临标志着科学技术的不确定性向人类社会各个领域的渗透,"不确定性以自律的现代化之胜利的不可控制的(副)作用的形式回归

---

① 胡潇,李金梅.知识不确定性寻因[J].江海学刊,2018(1):54.
② 徐凌.科学不确定性的类型、来源及影响[J].哲学动态,2006(3):48.
③ 薛晓源,周战超.全球化与风险社会[M].北京:社会科学文献出版社,2005:5.
④ 赖沅晖.新兴科技发展中的民主与治理[M].台北:韦伯文化出版公司,2005:6.
⑤ 徐凌.科学不确定性的类型、来源及影响[J].哲学动态,2006(3):48.

了"[1]。

此外，为了更好地理解本研究中科学不确定性的内涵，有必要明确"不确定性"与"风险"概念的区别。一些经济学家明确对风险与不确定性进行了区分，如凯恩斯认为，"不确定性是一种状态，在这种状态下，个体行动者发现不可能对其选择的预期结果，给出一个合理明确的概率"，而"风险相当于一个降低不确定性的尝试，这是通过尽量为不确定的结果赋予可能性而实现的"[2]。此后，经济学家奈特也以是否可以对结果进行概率计算来区分风险与不确定性。[3] 基于这种区分，一般意义上的风险多指后果已知且可以通过概率描述其发生可能性，而不确定性则特指后果不明、原因不清且无法进行概率统计的风险类型。在此基础上，一些学者进一步提出了"无知"的概念，是指人们甚至不知道"后果可能为何"的情况，也即"不知道我们不知道什么"。[4]

与上述经济学理论中对风险与不确定性等概念的严格区分不同，本研究更多是借鉴风险社会理论中对相关概念的用法。此时，风险同不确定性一样，多用于指科技应用后果的不可预测性、不可计算性和不可控制性。同时，风险与不确定性概念往往也会涉及"无知"问题，即对于科技应用可能引发怎样的后果方面存在根本上的知识缺失甚至"空白"。就此而言，本研究中所谓的科学不确定性主要指现有科学研究或知识在科学技术风险后果问题上的无知（无法准确地界定、确认、计算、预测或控制等）状况。

二、科学不确定性的主要来源

科学不确定性源自哪里？对这一问题的解答是有效理解和应对科学不确定性的重要前提。对于这一问题，许多学者从不同角度进行了考察。例如，有学者基于复杂性理论指出科学不确定性源自认识主体与客体间的复杂性互动，这是由于主客体之间及其与所处环境之间均是相互开放且彼此互动的，在互动过

---

[1] 王小章. 论焦虑：不确定性时代的一种基本社会心态 [J]. 浙江学刊, 2015 (1)：190.
[2] 诺沃特尼, 斯科特, 吉本斯. 反思科学：不确定性时代的知识与公众 [M]. 冷民, 徐秋慧, 何希志, 张洁, 译. 上海：上海交通大学出版社, 2011：38.
[3] 奈特. 风险、不确定性与利润 [M]. 安佳, 译. 北京：商务印书馆, 2010：191.
[4] WYNNE B. 风险社会、不确定性和科学民主化：STS 的未来 [J]. 周任芸, 译. 科技、医疗与社会, 2007 (5)：29.

程中"主体把自身不确定的作用加予客体，引发和加剧客体的不确定性；客体之间、客体与环境之间的复杂互动形成的不确定性又反馈给相关主体，也培育和强化了主体及其认知的不确定性；最后，是在这一系列不确定性的联动中构建和激化了主客体关系的不确定性"①。也有学者更具体地指出了科学不确定性多个方面的来源，如认识对象的复杂性、认识主体的局限性、科学研究范式及体制方面的限制等②。特别是当科学知识转化为技术进而应用于社会领域中时，不确定性问题将更为显著。对此，贝尔曾在对后工业社会的展望中指出，"如果社会越来越依赖技术和创新，这个系统就会产生危险的'不确定性'"③。而贝克本人在对科学范式的反思中也讨论了"科学理论的可误性"与"研究实践的可误性"问题④，这事实上也指出了科学不确定性的多方面来源。

　　由于本研究对科学不确定性问题的关注意在探究其对技术治理的挑战，这主要涉及科学不确定性与作为技术治理之理性基础的科学理性（科学知识）之间的张力问题，因此下文主要以科学知识作为标准，从科学知识的"外部"与"内部"两方面来讨论科学不确定性的来源问题。就"外部"来源而言，主要涉及科学知识的"应用"问题。这种"应用"首先体现在主体层面，即科学专家对科学知识的"不当使用"。这种"不当使用"可能源自某些科学专家个人能力的缺陷，导致对科学知识原理的错误认知，也可能是由于某些科学专家在利益或权力等因素影响下而"滥用"科学知识以实现个人目的。由于科学知识或技术总是要由特定主体来加以应用，这种人类主体自身的不完美成为科学不确定性的重要来源。

　　科学知识"应用"引发的不确定性还体现在科学"知识"向"技术"转化的过程中。这种技术往往具体呈现为某种工具、机器或设施等"人工制品"。然而，即便科学知识或科学原理本身是足够完善的，这些知识原理是否能完美地复刻于人工制品中，仍然存在很多的不确定性。对此有学者指出，"不确定性是现代机器固有的属性，但它也体现了一切技术物体的本质"，而且"技术的不确

---

① 胡潇，李金梅. 知识不确定性寻因 [J]. 江海学刊，2018（1）：56.
② 徐凌. 科学不确定性的类型、来源及影响 [J]. 哲学动态，2006（3）：48-50.
③ 贝尔. 后工业社会 [M]. 彭强，译. 北京：科学普及出版社，1985：9.
④ 贝克. 风险社会：新的现代性之路 [M]. 张文杰，何博闻，译. 南京：译林出版社，2018：206-209.

<<< 第六章 科学不确定性：邻避冲突技术治理的内在困境

定性伴随技术发展的整个过程"①。在现代工业社会，各种技术应用（机器设备）已经发展为庞大复杂的科技工业系统，系统本身的交互复杂性与耦合性特征导致"意外"的产生难以避免，而成为必然会发生的"正常"现象。正如佩罗（Charles Perrow）曾指出的，"无论安全控制装置如何有效，某种形式的事故也是无法避免的"②。

此外，从科学知识与应用性技术的关系来看，技术发展是一个社会选择过程，"技术开发的方向并非完全由科技共同体所决定，它在很大程度上取决于经济社会的需求"③。从核能技术到转基因技术，科学技术的发展总是致力于改造自然生态环境从而实现人类特定意图。然而技术应用所面对的总是冲突着的人类价值，如能源价值、安全价值与伦理价值的冲突等。科学技术在工业社会中所取得的巨大"成功"导致对工具理性的推崇进而影响了冲突性价值选择的结果。工具理性与价值理性、科技理性与社会理性之间的断裂日益明显，"使得科技创新发展的速度脱嵌并超越于原本应该制约它的社会结构与社会制度容量，从而对生态环境产生了诸多负效应和不利影响，导致了环境风险的不断累积、生产和再生产"④。这种科技创新的快速性也体现为基础科学理论的研究与技术转化应用之间的时间周期日益缩短，"这表示科学家要去了解它们可能的后果为何的机会也越来越小，如此一来则会释放出更多无法预测的后果"⑤。

而科学不确定性的"内部"来源主要是指科学知识本身的不确定性问题。自启蒙时代以来，科学取代宗教成为"确定性"知识的主要来源，科学的权威性由此确立。如前所述，这种科学知识的权威性成为技术治理范式形成的重要基础。然而，从科学知识正确性到技术治理有效性之间的证成逻辑被指出存在

---

① 吴标兵，许为民．技术不确定性：技术政治学的分析视角［J］．中共浙江省委党校学报，2014（1）：76.
② PERROW C. Normal Accidents: Living with High-Risk Technologies [M]. New York: Basic Books, 1984: 3.
③ 肖巍，钱箭星．环境风险中的科技缺陷［J］．复旦学报（社会科学版），2008（1）：42.
④ 王芳．不确定性与脱嵌：环境风险生成中的科技失灵［J］．华东理工大学学报（社会科学版），2016（4）：1.
⑤ WYNNE B. 风险社会、不确定性和科学民主化：STS的未来［J］．周任芸，译．科技、医疗与社会，2007（5）：25.

许多漏洞①，特别是针对作为技术治理逻辑前提的科学知识正确性或确定性存在许多质疑。在这方面，以科学知识社会学为代表的许多研究指出科学知识具有内在的非确定性，科学知识是通过"社会磋商"过程而被确立起来的。② 正是这种科学知识的不确定性在根本上导致了风险的不确定性特征。

具体来看，科学权威性的确立与近代经验主义传统密切相关。经验主义主张有效知识源自对外在客观世界的观察与归纳，只有能够经由客观经验事实证实或证伪的命题（观点）才具有认知上的意义。相反，诸如价值判断、玄想等无法进行验证的命题被视为非科学或认知上无意义的。以上即为科学知识的第一个特征——"经验客观性"。科学知识的第二个特征是"价值中立性"，它是经验客观性的进一步延伸，即科学知识只是对客观事实的归纳与抽象，不涉及价值判断问题，也不受主观意识以及权力、政治的干涉。如果说经验主义传统关注的是经验观察一致性基础上的普遍化的话，源自该传统的实证主义则更进了一步，致力于探究事物发展的客观规律③，以达到预测、控制事物发展的目的。由此形成了科学知识的第三个特征——"规律普适性"。"规律"并非对经验事实的简单归纳，而是要抽象出一个具有普遍解释力的理论，据以解释那些未经观察的事物。此外，科学知识的另一个重要特征是"逻辑有效性"，即科学知识是由各种有效的命题依照严谨的逻辑关系所构成的理论体系，其内部的知识要素构成是一致融贯的，对外的知识宣传则主要诉诸严谨的理性论证。

然而，科学哲学、知识社会学等相关理论的发展对上述科学权威性标准进行了逐一批判。首先，基于"观察—归纳"而产生的科学知识的"客观性"被认为具有欺骗性。卡尔·波普尔（Karl Popper）指出观察具有"理论负载性"（theory-loaded），"观察不可能发生在理论之前，任何观察都受一定理论或理论倾向的指引"④。其次，现实世界中事实与价值命题是不可分的，科学知识的价值中立性是一种理想状态。尤尔根·哈贝马斯（Jürgen Habermas）指出知识源自人类的认识旨趣。决定认识旨趣的又是个人所处的现实社会关系。科学知识

---

① 刘永谋. 技术治理的逻辑 [J]. 中国人民大学学报，2016（6）：121-123.
② 马尔凯. 科学与知识社会学 [M]. 林聚任，译. 上海：东方出版社，2001：124.
③ FISCHER F, FORESTER J. The Argumentative Turn in Policy Analysis and Planning [M]. Durham and London: Duke University Press, 1993: 169-170.
④ 黄光国. 社会科学的理路 [M]. 台北：心理出版社，2001：145.

的生产可能是源自科学家对职业地位、科研经费的追求，由此导致科学知识被有意识地选择来服务于意识形态或权力操纵的可能。再次，批评者指出实证主义科学论者所追求的事物发展之"规律"与事物的内在"本质"存在区别："本质属于物自身，而规律却与探求者的旨趣有关，前者与形而上学相关，后者则是实证研究的工作。"[①] 所谓"客观规律"多是对事物发展趋势统计意义上相关性的说明，而非内在逻辑机制本质的把握。因此这种规律的"普适性"是有限的，对事物发展的预测与控制也是不稳定的。最后，以系统性理论而呈现的科学知识的逻辑有效性也是可质疑的。对一个抽象理论概念的验证需要首先对其进行"操作性定义"（operational definition），即必须将其与经验性内容进行关联，然后才能判断真伪。然而，如要验证这些关联性经验事实的真伪，又涉及支持这些经验事实的"次阶"理论命题的真伪判断问题。[②] 由此循环往复，理论命题的真伪最终要取决于该命题所存在于其中的理论"网络"，也依赖于研究者进行判断时主观选择的事实依据。正是源于上述原因，科学知识在进行事实判断与事物发展本质探寻的过程中，其真实性具有内在的不确定性，而原本认为具有权威性的科学自身也因此成为可质疑的对象。

第二节 邻避冲突中的科学不确定性问题

技术治理范式强调科学知识的确定性与权威性，由此否定了邻避冲突中抗争民众所持有的"设施危害健康"观点的合法性，这也是当前邻避治理决策的知识基础。然而，就本研究所考察的科技风险型邻避冲突现象而言，其特殊性在于当前关于邻避设施所涉及科技风险问题的科学知识往往存在许多局限与不足，从而呈现出鲜明的科学不确定性特征。例如在基站冲突中，科学界对基站电磁辐射加热效应方面的研究已经十分充分，加热效应被视为电磁辐射"确证的危害"，这成为相关监管政策建立的科学基础。然而随着相关研究的持续进

[①] 洪涛. 本原与事变：政治哲学十篇 [M]. 上海：上海人民出版社，2009：120.
[②] 蔡宏政. 公共政策中的专家政治与民主参与：以高雄"跨港缆车"公民共识会议为例 [J]. 台湾社会学刊，2009（43）：14.

行,非热效应问题开始被提出,如前所述,这是当前基站冲突中相关风险论争的核心问题。总体来看,当前关于基站电磁辐射健康风险的相关研究并不充分且充满分歧,从主张无风险到认为存在严重健康风险的各种观点均有支持者。①这种无法证实但也无法排除的状况即科学不确定性现象,它表明了传统科学研究以及基于科学的风险评估模式在特定情况下的局限性。

在基站电磁辐射风险的研究与评估中,许多科学机构均明确承认了科学不确定性问题的存在。例如,世界卫生组织曾于1996年启动了《国际电磁场研究计划》,旨在调查长期暴露于低频电磁辐射下可能造成的健康影响问题。尽管2006年发布的调查报告得出结论认为截至目前,"所有证据都无法显示由基站或无线网络产生的微弱电磁波会对人体健康造成负面影响",然而与此同时也建议"政府和企业应追踪科学,促进研究计划,以减少有关极低频场暴露健康影响的科学证据的不确定性"②。此外,2011年世界卫生组织下属机构国际癌症研究所基于各种研究结论而将包括手机、基站在内的射频辐射电磁场列为2B类致癌物(有可能致癌)。这些均表明,当前基站电磁辐射的健康风险属于既无法完全确定也无法完全排除的科学不确定性问题。

当然,在邻避设施风险问题上,科学不确定性可能涉及不同的领域或类型,不能一概而论。因此为了更为全面地认识邻避冲突中的各种风险争议,有必要结合科学不确定性的不同类型来进行考察。在这方面,著名科学哲学学者杰罗姆·拉维茨(Jerome Ravetz)曾将科学不确定性划分为"技术不确定性"(technical uncertainty)、"方法论不确定性"(methodological uncertainty)和"认识论不确定性"(epistemological uncertainty)三个层面③,下文将依次从这三个层面入手进行考察。

一、技术层面的不确定性

技术层面的科学不确定性主要是指科学知识应用过程中特定技术自身的精

---

① MCLEAN C, PATTERSON A. The Regulation of Risk: Mobile Phones and the Siting of Phone Masts [J]. Science and public Policy, 2012 (39): 830.
② WHO. "国际电磁场计划"的评估结论与建议 [R]. 杨新村,李毅,译. 北京:中国电力出版社, 2008: 4.
③ KRIMSKY S, GOLDING D. Social Theories of Risk [M]. Westport, CA: Greenwood Publishing Group, 1992: 259.

确性问题。这种技术上的"不精确性"意味着科学理论与技术实践之间不同程度上的"落差"。即，即便在理论上可以做到科技风险的有效防控，但是由于技术设施自身的不完善，可能导致理论预期无法完全实现。以垃圾焚烧技术为例，如前所述，垃圾焚烧过程中产生二噁英的一个必要条件是垃圾的不充分燃烧，其界限温度为850℃。也即，从科学的角度而言，只要燃烧温度高于850℃，就不会产生二噁英，这是垃圾焚烧技术应用的科学理论基础。对此，许多支持垃圾焚烧的科技专家指出，"炉温控制在850℃以上在技术上是可以实现的，焚烧锅炉的预热系统、第二燃烧室等设计就是为了确保充分燃烧"，"此外，焚烧厂有着严密的监控系统，对于焚烧温度足以精确掌握和实时调控"①。

  然而在前文考察的广州番禺垃圾焚烧冲突事件中，一位垃圾焚烧厂的项目经理在接受媒体采访时曾指出，"目前的技术要做到对二噁英的在线监测还很困难，因为它的含量非常低，我们排放的量是以非常非常低的0.1纳克为标准的，目前还没有哪一种设备能够在线实时监测出来"②。二噁英排放实时监测上的困难成为一些专家反对垃圾焚烧的重要理由，他们认为当前垃圾焚烧炉的设计技术无法确保温度能够始终达标。例如有反焚专家指出，"燃烧的全过程包括起始的点燃、升温和最后的熄灭、降温，如果降温不能在两秒钟之内迅速完成，那么二噁英还是有充足的时间生成"，"尽管理论上高温充分燃烧可保证二噁英不产生，但在现实中这个过程需要同时满足很多苛刻的条件才能达成，包括柴油投放量、烟气温度、氧气浓度、停留时间等，这些条件不仅缺一不可，还要确保其在每一次的燃烧中持续不断地被满足"③。因此，"充分燃烧"这一看似简单的理论逻辑在实践中却面临着过于复杂的技术操作难题。此外，当一些专家以垃圾焚烧炉应用了"西方前沿技术"或符合"欧盟标准"来论证技术的安全性时，一些地方抗争居民却基于当地特殊情况来质疑西方技术在当地的适用性问题。例如，一些广州反焚人士指出，由于广州人与外国人的饮食差异，使得厨余垃圾数量较大，而且广州的潮湿气候更容易导致垃圾的不充分燃烧以及二

---

① 张劼颖，李雪石．环境治理中的知识生产与呈现：对垃圾焚烧技术争议的论域分析［J］．社会学研究，2019（4）：157.
② 中央电视台《新闻调查》．垃圾焚烧之惑［EB/OL］．央视新闻网，2010-04-02.
③ 张劼颖，李雪石．环境治理中的知识生产与呈现：对垃圾焚烧技术争议的论域分析［J］．社会学研究，2019（4）：157.

噁英的产生。① 这些均表明，技术应用的真实世界场景要比实验室的科学研究环境更为复杂，各种现实因素均可能导致技术应用中的不确定性或偏差。

另外，技术层面的不确定性也可能体现为技术设施运作过程中因各种人为或客观原因而导致的运转"失灵"或故障问题，这也是邻避抗争的重要原因。例如在 PX 冲突中，许多科学专家均在科普宣传中强调"PX 属于低毒化学品，其生产工艺成熟，安全可控"②。然而即便很多居民接受了 PX"低毒"等科学知识，他们也可能对 PX 生产过程中因安全管理不当等原因所导致的各种危害产生忧虑。2015 年福建漳州 PX 项目发生的严重爆炸事故更是印证了许多居民的担忧。如前所述，随着现代技术系统或工业生产系统构成的复杂化，复杂系统内部构成要素之间关联紧密且呈现出非线性互动的态势，其组织结构更容易出现"失败"问题。这种复杂技术或工业系统中的每个节点或环节均可能发生"意外"，从而带来对整体系统的扰动甚至冲击，这成为技术应用中不确定性产生的重要来源。

此外，技术层面的不确定性还可能体现为技术被人为"滥用"的问题。一些科学工作者可能受经济利益、科学荣誉、职业晋升等因素的诱导而对特定技术进行不当使用。而在基站电磁辐射领域，有研究者考察了电磁辐射健康影响相关研究的资金来源，发现多数主张"电磁辐射安全"的研究受到了通信企业的资助，即便是 ICNIRP 与 WHO 等国际机构宣称的"研究过程中不接受企业资助"的原则在现实中也没有得到有效落实。③ 这使得相关科学研究的可信性在很大程度上遭到质疑，技术应用的合理性也无法得到确定性保障。

二、方法论层面的不确定性

方法论层面的科学不确定性是指科学研究获取有效知识的方法本身存在的局限性或不确定性。在这方面，实验方法是现代科学最为依赖的方法，然而"在简化的、受控制的实验室条件下产出的知识在说明和运用于复杂的现实条件

---

① 张劼颖，李雪石. 环境治理中的知识生产与呈现：对垃圾焚烧技术争议的论域分析 [J]. 社会学研究，2019（4）：157.
② 郝帅. 福建 PX 项目事故暴露安全管理严重问题 [N]. 中国青年报，2015-04-23（1）.
③ HARDELL L. World Health Organization, Radiofrequency Radiation and Heath: A Hard Nut to Crack [J]. International Journal of Oncology, 2017, 51 (2): 405-413.

时，就可能出现未预见到的状况，产生不确定性"①。例如，在基站电磁辐射健康风险评估领域，当前研究主要以动物为实验对象，然而从动物实验中得出的知识在应用于人类自身时必然出现"可推广性"难题，这成为风险论争中的重要内容。

在这方面，美国国家卫生研究院下属机构国家毒理部以3000只小鼠为实验对象进行了为期两年的研究，实验过程中让小鼠每天暴露于不同强度的射频辐射下超过9个小时。2018年发布的实验结果表明，有6%的雄性大鼠出现了心脏神经鞘瘤，这被视为长期频繁接触以基站电磁辐射为代表的射频辐射会造成危害的重要证据。然而，也有科学家针对该项实验的结果是否可以推广至人类自身提出了质疑，认为"研究中的辐射水平和持续时间远高于人们日常使用手机时所接触的强度，而且实验鼠接受了全身照射，因此该调查结果不能简单推广到人类身上"②。

另外，基于科学知识的风险评估强调科学模型与量化方法的使用，其典型体现是各种衡量风险的指标或安全"限值"的确立，以此来表征一种科学上的"确定性"。然而，这些"指标"或"限值"是否能够如实、准确地反映相关风险的类型与程度，则存在很多质疑与争论。例如，针对垃圾焚烧产生二噁英的测量问题，有研究指出"如果根据简单的因果逻辑，在空气中所测得的二噁英含量基本上对人体是没有伤害，但实际上的科学评估与测量是否真正能掌握复杂环境的污染指数与变数，便是一个经常受到争议的议题"③。

而在基站电磁辐射领域，包括ICNIRP标准在内的对电磁辐射人体安全限值的设定主要考虑的是短期接触下的加热效应，并没有考虑非热效应等其他风险，因而引发了争议。在英国，针对公众对手机与基站辐射风险的忧虑，政府监管机构反复强调"当前的辐射水平符合安全限值"，以此作为"电磁辐射安全论"的主要依据。然而，许多公众对此表达了质疑，他们意识到监管机构并没有直接回应他们所询问的问题，"忧虑的公众想要确认的并非手机和基站辐射是否符

---

① 徐凌.科学不确定性的类型、来源及影响[J].哲学动态，2006（3）：48-49.
② 周舟，林小春.美研究说高剂量手机辐射可致大鼠心脏肿瘤[EB/OL].新华网，2018-02-04.
③ 周桂田.知识、科学与不确定性：专家与科技系统的"无知"如何建构风险[J].政治与社会哲学评论，2005（13）：159.

合限值，而是这些限值在关于非热效应的新研究面前是否依然充分的问题"①。

关于电磁辐射安全限值的合理性，一些研究认为限值以下的电磁辐射对人体健康的可能危害，现有科学研究无法予以排除，也有一些科学团体或机构明确认为现有的人体安全限值标准不够严格，需要重新调整。② 此外，一些批评者指出 ICNIRP 限值只是一种"环境建议值"而非"安全标准"③，因此完全依据该限值的监管措施很大程度上是一种误导。而且从方法论角度来看，现有安全限值的产生方法也存在很多争论。例如，"比吸收率"（SAR）是电磁辐射安全限值设置的重要参考指标，它指的是在单位时间内单位质量的人体吸收的电磁辐射能量。现行国际标准的做法是以 6 分钟为计时单位，测量特定辐射强度下每公斤人体组织所吸收的电磁辐射能量。因此，基于 SAR 的辐射限值所评估的是短期、高强度电磁辐射暴露下的影响问题（加热效应），而忽视了低水平电磁辐射暴露下的长期累积问题。而在俄罗斯等一些国家中，由于其电磁辐射监管政策中考虑了"非热效应""可能的累积效应"等问题，因此其限值标准比 ICNIRP 的建议值低了 100 倍。④ 这些均反映出，电磁辐射安全限值的"科学标准"并非确定唯一的。

三、认识论层面的不确定性

认识论层面的科学不确定性是指科学知识本身的不确定性问题，如前所述，这是科学知识社会学研究的重要结论。而在贝克看来，科学知识上的这种不确定性（"无法预测的结果"）也即"无知"问题，它涉及"尚未了解的（not-

---

① STILGOE J. The (Co-) Production of Public Uncertainty: UK Scientific Advice on Mobile Phone Health Risks [J]. Public Understanding of Science, 2007, 16 (1): 50.
② 科学团体 BioInitiative 曾发布研究报告建议将电磁辐射长期暴露限值修改为 ICNIRP 标准的百分之一甚至千分之一。参见：王瑞庚. 台湾 WiMAX 技术发展政策之科技治理研究 [D]. 台北：台湾大学，2011：30.
③ KAO S F. EMF Controversy in Chigu, Taiwan: Contested Declarations of Risk and Scientific Knowledge Have Implications for Risk Governance [J]. Ethics in Science and Environmental Politics, 2012 (12): 91.
④ SONERYD L. Deliberation on the Unknown, the Unsensed, and the Unsayable? Public Protests and the Development of Third-Generation Mobile Phones in Sweden [J]. Science, Technology & Human Values, 2007, 32 (3): 295.

<<< 第六章 科学不确定性：邻避冲突技术治理的内在困境

yet）知识或可能永远都不会知道的（no-longer）知识"[1]。具体来看，针对邻避冲突中的科技风险问题，科学认识上的"无知"既包括"已知的无知"，也包括"未知的无知"。其中，"已知的无知"是指科学技术可能的负面后果已知，但不清楚它何时发生、如何发生以及如何解决。例如，核辐射的危害后果、化学品的污染危害或垃圾焚烧产生的二噁英的毒性等基本上均是科学"已知"的事实，基于这些已知的知识所设计的各种安全控制机制是防范风险的重要措施。然而对于在相关生产设施、机器设备、生产流程或人员操作上是否会因"故障"或"操作失误"而出现"意外后果"，则存在一定的不确定性。对此，现代科学分析尽管可以通过概率计算的方式来降低这种不确定性，然而在实践中，由于随机误差、统计变异、系统误差、信息缺失等因素的存在，精确的概率计算难以实现。

同时，即便相关危害的科学原理是已知的，但是一旦危害真实发生，在有效的应对措施上也可能存在"无知"或"无能"问题。例如，针对诸如核泄漏这样的严重科技灾害而言，人类社会目前尚缺乏有效的化解能力，更多只能诉诸"隔离"[2]等间接处理方式，这也是科学"无知"的一种体现。

而就"未知的无知"而言，它是指连科技应用到底会产生怎样的后果也不清楚，即可能出现"非预期后果"，这些在邻避设施所涉及的科技风险领域也多有体现。例如，基站电磁辐射可能引发的各种"非热效应"即是一种"未知的无知"。尽管有越来越多的研究指出电磁辐射暴露对人体神经系统、心血管系统、内分泌系统等可能产生明显的生物学效应，然而总体而言，"非热效应"的作用机理尚不确定，存在很多知识上的模糊甚至空白。正如有专家曾指出的，"评价电磁场暴露及其有关的生物效应的知识还很有限，尚不能令人满意地解释电磁场生物学效应中的很多问题"[3]。而且近年来移动通信技术发展十分迅速，5G已经进入商用化进程，这些新技术是否会带来新的健康风险也引起了一些争议。例如，就电磁波自身属性而言，从2G到4G所采用的是微波，而5G采用的

---

[1] 贝克. 世界风险社会［M］. 吴英姿，孙淑敏，译. 南京：南京大学出版社，2004：161.
[2] 无论是对核污染区域的"封闭"、核废水的"储存"，还是对核废料的"填埋"，本质上都是一种将人与危害进行"隔离"的手段，因为就人类技术能力而言，尚无法对核辐射物质进行有效的直接处理来完全消除其危害。
[3] 李振杰. 浅谈电磁辐射生物学效应［N］. 上海科技报，2016-03-25（5）.

是毫米波,其波长更短而频率更高。而且单个5G基站信号"覆盖范围更小,需要更多的信号塔或称基站,也就会导致人们有更大概率在生活中近距离接触信号塔"①。尽管主流科学界否认了5G基站辐射的危害性,然而"非热效应"等问题总体上仍是"尚有争议"的问题,需要等待更充分的科学证据来对之进行证实或证伪。而在充分证据可获取之前,基站电磁辐射风险争议则典型地体现出了科学知识自身的局限性问题。

第三节 科学不确定性背景下的邻避治理困境

如果科技应用引发的负面后果足够清楚,或者科学专家能够提供充分、确定的科学专业知识的话,那么技术治理模式的确有助于提升公共事务治理决策的有效性。然而上述种种不确定性问题的存在表明了科学的局限性,也使科学理性基础上的技术治理实践陷入困境。这种技术治理的困境具体是指随着公共事务的日益复杂,行政官僚逐渐暴露出"无知"的一面并不断出现治理失败,与此同时却仍诉诸科学理性逻辑而推诿责任,由此将引发公众对政府、专家以及治理系统的信任危机,而这会进一步导致公共事务治理的失败。在科技风险型邻避冲突的治理中,这种技术治理的困境同样存在,具体涉及知识困境、责任困境与信任困境三个方面。

一、邻避冲突技术治理的知识困境

在科学理性与技术治理范式下,专家扮演着"科学代议士"的角色,他们与行政官僚共同掌握知识并获得权力,并且因科学知识的有效性而实现行政治理的"自我正当化"。与此同时,社会公众被排斥于治理决策过程之外,"公民被告知,专家和行政管理的专业人士更加具备处理公共问题和事务的能力,与普通民众相比,可以制定出更加合理的决策"②。特别是在较为复杂的科技议题

---

① 王江涛. 手机信号塔的辐射风险是否被低估了?[N]. 南方周末,2020-01-16 (23).
② 谢里尔·西姆拉尔·金,卡米拉·斯蒂福斯. 民有政府:反政府时代的公共管理[M]. 李学,译. 北京:中央编译出版社,2010:67.

上，普通民众被视为"无知"（缺乏科学知识），是科普教育的对象。如前所述，邻避冲突中抗争民众对科技风险的忧虑或恐惧往往被斥为缺乏科学知识的"无知"，对他们进行科普教育也被视为化解冲突的重要途径。

然而，前述科学不确定性问题的存在则揭示了科学自身的"无知"。应当说，不确定性或"无知"领域的存在是科学研究中的常态现象，对无知或未知的探索也正是科学进步的动力。面对科学未知问题，科学专家一般诉诸"更多的研究"予以解决。然而在本研究所考察的科技风险型邻避冲突问题中，这种科学的"无知"往往并非缺乏知识或"尚未"获得知识，而是在根本上"无能去知"（the inability to know）。① 例如，电磁辐射对于人体健康的潜在危害问题，现有的科学手段根本无法准确获知。而且在一些情况下，科学研究的推进不仅无法根除"无知"或不确定性问题，反而会呈现出一种"知识悖论"，即贝克所谓的"更多更好的知识往往意味着更多的不确定性"②。对此吉登斯也曾指出，"我们如今面临的诸多不确定因素是由于人类知识的增加引起的"③。基站电磁辐射的"非热效应"问题正是体现了这一点。相较于传统对于"加热效应"的认识而言，各种"非热效应"的提出表明了一种知识上的增加，然而这些新知识并非"确定的"共识性结论，从而引发了各种风险论争。

当前来看，对各种科学不确定性或"无知"问题的承认并没有体现在政府风险监管与邻避治理实践中。相反，政府治理实践越来越依赖科学专家的专业建议，科学咨询被认为能够提供治理决策所需的确定性理性知识。如果当前科学无法提供确定的解答方案的话，则认为需要"等待科学"。即便是在科学争议性领域，政府决策者也往往表现出规避甚至"不容忍"科学不确定性（uncertainty intolerance）的倾向。④ 这种倾向在我国科技风险以及邻避冲突治理实践中得到了明显体现。

一方面，科学不确定性问题在很大程度上被忽视或"隐匿"，对此贝克曾指

---

① 贝克. 世界风险社会［M］. 吴英姿，孙淑敏，译. 南京：南京大学出版社，2004：159.
② 贝克. 世界风险社会［M］. 吴英姿，孙淑敏，译. 南京：南京大学出版社，2005：8.
③ 吉登斯. 超越左与右：激进政治的未来［M］. 李惠斌，杨雪冬，译. 北京：社会科学文献出版社，2009：4.
④ EVERSON M，VOS E. Uncertain Risks Regulated［M］. Abingdon：Routledge，2009：368.

出，对于那些尚不具备"技术的可管控性"的风险将被认为"是不存在的"。①例如，针对基站电磁辐射风险争议，原环保部官网曾发表声明指出电磁辐射"没有放射性，对环境的影响是物理量，不积累、不扩散，影响范围、大小和后果明确"②，却没有提及可能的负面后果及其科学争议。而且，以无线通信技术为代表的高科技应用所带来的潜在危害或风险往往在产业发展的逻辑下被漠视。随着近年来"互联网+""宽带中国"等战略的提出，包括通信基站在内的网络设施成为国家战略性公共基础设施，得到了各级政府自上而下的大力推动建设。然而各地政府所制定的基站建设专项规划中，并未涉及基站电磁辐射的可能健康影响问题。例如，青岛市政府于2018年12月发布的《青岛市通信设施建设与保护管理办法》中，关于基站冲突问题仅仅提到了应当"提高社会对通信绿色环保的科学认知，支持配合通信设施建设"，并指出"任何单位和个人不得妨碍通信设施建设与维护"。更有甚者，一些官方甚至会对相关研究结论进行"选择性"强调与诠释。如前所述，世界卫生组织2006年发布的《国际电磁场研究计划》报告中得出了"目前没有证据表明电磁辐射存在健康危害"的结论，但是也指出当前的科学证据存在不确定性。在现实中，基站支持者往往会引用该报告作为基站安全性的证明，但是其中关于现有科学研究存在不足或不确定性的观点则在有意或无意中被忽略。

另一方面，科学理性的过度彰显与"盲目自大"往往会倾向于用"已知"去掩盖"无知"，即"以有限的知识解释无限的现象、以确定解释不确定性、以安全控制之想象处理不安全的领域"③。例如，一些专家在进行科普宣传时以"确定性"口吻指出，非电离辐射"一般只有热效应"，"不会对人体有害"，"人体暴露在辐射场中无论多长时间都是安全的，不存在辐射累积效应"④。而在我国的建设项目环评领域，基站建设现在已经成为环评"豁免"项目，这也

---

① 贝克. 风险社会：新的现代性之路 [M]. 张文杰，何博闻，译. 南京：译林出版社，2018：18.
② 生态环境部核与辐射安全中心. 我国电磁辐射管理的基本情况是怎样的？[EB/OL]. 生态环境部网站，2016-07-04.
③ 周桂田. 知识、科学与不确定性：专家与科技系统的"无知"如何建构风险 [J]. 政治与社会哲学评论，2005（13）：134.
④ 杨君. 基站建设，"一闹就拆"如何解 [N]. 光明日报，2015-10-13（5）.

是因为依据现有的"科学证据"无线通信已经属于"低风险"领域。这些实际上均是用科学"已知"（加热效应）对科学"未知"与争议（非热效应、累积效应）的掩盖或替代。

总体来看，邻避冲突技术治理实践中对科学不确定性或"无知"问题的否认与排斥尽管表面看来能够维护技术治理范式的合法性，但是实质上并没有有效化解科学理性与科学不确定性之间的内在张力，这也是邻避冲突屡屡发生的重要原因。正是在这一意义上，哈耶克将科学理性与技术治理视为理性的滥用，"由于它不承认个人理性的能力有限，反而使人类理性没有发挥应有的作用"[1]。因此，正如贝克将"无知"视为"反身性现代化"的驱动力[2]一样，对于以科学理性作为合法性基础的现代技术治理范式而言，"无知"也是其走向"反身性"或"自我对抗"的根本驱动因素[3]，并由此成为邻避冲突治理僵局的深层根源。

二、邻避冲突技术治理的责任困境

如前所述，在现代国家或政府治理领域，技术治理范式的确立在实践层面上主要体现为行政国家的成长，这又建立在"政治—行政"二分原则的基础之上。作为政治意志"执行者"的行政机构（或称"技术官僚"），因其履行职能的"专业性"而获得大量自由裁量权。然而从分权制度设计的理念上看，这种自由裁量权必须以最有效地贯彻与执行政治意志为根本依归。为了保证自由裁量权不被滥用而侵犯公共利益与民主价值，必须对其进行限制，这典型地体现为"依法行政"与监督原则。"通过立法进行监督，确保公共行政的行动符合民选官员的意志"被视为行政机构合法化的重要途径。[4] 与监督相对应的则是行政机构的"负责"原则。

然而，随着公共事务复杂性的不断提升，对行政人员"专业知识"的要求

---

[1] 哈耶克. 科学的反革命 [M]. 冯克利, 译. 南京：译林出版社, 2003：593.

[2] WYNNE B. 风险社会、不确定性和科学民主化：STS 的未来 [J]. 周任芸, 译. 科技、医疗与社会, 2007 (5)：25.

[3] 科学理性为现代技术治理实践构建起了合法性基础，然而也正是科学理性的过分彰显导致"无知"，进而消解了技术治理范式的合法性。

[4] STEVER J. The End of Public Administration：Problems of the Profession in the Post-Progressive Era [M]. New York：Transnational Publishers Inc, 1988：13.

也日益增多，这最终导致了"技术治理"范式的形成。在技术治理范式下，技术官僚组织因其在信息与专业知识占有上的显著优势而可能出现"失控"现象，即民选官员因为对专业性事务领域"不懂"而无法对官僚行政行为进行实质性的监督与控制，甚至在一些复杂性事务的立法领域（如高科技领域的立法），"立法机关鉴于其自身专业知识和技能的严重局限甚至匮乏，往往不得不委托专业性的行政机关进行立法"①。由此，"依法行政"实际上被"依裁量行政"所替代②，针对专业性行政实践的法律与政治控制日益形式化。这种情况在很大程度上偏离了"技术治理"（technocracy）一词的本义。有研究指出该词的本义是"人民通过他们的公仆即科学家和技术人员来进行有效的统治"，后来才演变为"不对任何人负责的技术人员的统治"③。

而且从权力配置的角度看，管理或决策的正式权力由政治或行政机构所掌握，科学咨询机构似乎仅仅是在"辅助"决策。然而在复杂事务的管理或决策领域，科学咨询机构往往拥有事实上的主导权力。对此，欧盟发布的《欧洲治理白皮书》中明确指出了这一问题："经常不清楚的是事实上谁在做决策——专家还是那些拥有政治权威的人？"④ 而从科学与政治的关系来看，科学咨询制度的设置体现了一种"政治的科学化"或"以知识取代政治"的理想，寄希望于通过科学理性来改善政府治理决策的质量，使其免受政治因素的干扰。现实则表明这种理想往往沦为"政治戴上知识的假面"⑤，科学专业知识往往被操纵，用于为政治决策提供"合理性"论证。

对应于邻避冲突的治理中，长期以来，行政官僚多诉诸科学理性来推卸治理与决策责任。即如果决策是依据科学结论做出的话，"它意味着决策者只是遵循了事物的本质，他们就可以不承担政策选择失误的责任"⑥。随着科学不确定

---

① 王明远，金峰. 科学不确定性背景下的环境正义：基于转基因生物安全问题的讨论 [J]. 中国社会科学，2017 (1)：130.
② 赵鹏. 知识与合法性：风险社会的行政法治原理 [J]. 行政法学研究，2011 (4)：48.
③ 顾昕. 知识分子、专家治国论与民主 [J]. 政治学研究，1988 (4)：16-17.
④ European Commission. European Governance: A White Paper [R]. Office for Official Publications of the European Communities, 2001: 19.
⑤ TORGERSON D. Between Knowledge and Politics: Three Faces of Policy Analysis [J]. Policy Sciences, 1986, 19 (1): 34-39.
⑥ 赵鹏. 知识与合法性：风险社会的行政法治原理 [J]. 行政法学研究，2011 (4)：51.

性与"无知"问题的彰显,依赖科学咨询的公共事务治理决策失败现象日益增多。然而,由于决策失败在很多时候并非源于行政官僚的主观"恶意"或失误,也不违背现有的法律规范,同时在专业分工细化的情况下没有人可以全权决定,因此也就没有确定的责任对象。这一现象被贝克称为"组织性的不负责任"(organized irresponsibility),那些制造了风险的科学专家和技术官僚总是能够掩藏风险的起源并"排除补偿和控制","没有一个人或一个机构似乎明确地为任何事负责"①。在现实中,当科技灾害真实发生后(如核泄漏或化工厂爆炸),承担责任的往往是企业生产主体或负责安全生产监管工作的政府部门,而真正做出"技术—经济"相关决策的科学专家及政府部门等主体则基本上不会成为被"问责"的对象。

在科学不确定性的背景下,对科学知识的依赖成为邻避冲突及其治理失败的重要原因,因此需要基于对科学理性的反思来明确冲突产生与治理失败的责任归属。而上述"组织性的不负责任"现象的揭示则表明了邻避冲突技术治理面临的责任困境,有效问责的缺失成为邻避冲突接续发生以及治理僵局形成的重要原因。

三、邻避冲突技术治理的信任困境

在技术治理范式下,科学专家与技术官僚对治理决策的垄断事实上是对公民主体性作用的排斥,是"不民主"的。在此情况下,它的合法性主要依赖于公民的信任。"公民倾向于信任,至少是容忍由行政管理者制定的决策","人们不再呼吁积极的公民角色"。② 之所以如此,是因为普通公众的"无知",即不具备甚至不理解科学专家与技术官僚所掌握的科学或专业知识。正如吉登斯曾指出的,信任的前提是"无知","只有在愚鲁无知的时候,不论是对技术专家所宣称的知识的无知,还是对一个人所依赖的密友的想法和意图的无知,才有对信任的需要"③。

---

① 贝克. 世界风险社会 [M]. 吴英姿,孙淑敏,译. 南京:南京大学出版社,2005:191.
② 谢里尔·西姆拉尔·金,卡米拉·斯蒂福斯. 民有政府:反政府时代的公共管理 [M]. 李学,译. 北京:中央编译出版社,2010:68.
③ 吉登斯. 现代性的后果 [M]. 田禾,译. 南京:译林出版社,2011:78.

在吉登斯看来，现代性社会的基本特征是由科技、专家与知识系统所构成的"抽象系统"（abstract systems）贯穿我们的日常生活，而社会的正常运转很大程度上依赖于人们对抽象系统的信任。例如，许多人敢于从事汽车驾驶这种具有一定安全风险的行为，并不是因为他们完全掌握或理解了汽车运行的科学原理，而主要是由于人们对汽车运行背后的知识、技术以及安全保障系统等"抽象系统"的信任。也正是这种信任机制的存在，使得人们可以在知识缺失或"无知"的情况下来从事诸如驾驶汽车这样的风险行为。究其根本而言，这种信任并非信任专家个人，而是信任专家系统及其所代表的科学作为可信赖知识的形象。对非专家或"外行"来说，"对专家系统的信任既不依赖于完全参与进这些过程，也不依赖于精通那些专家所具有的知识"①。在很大程度上，正是这种信任机制构成了技术治理实践的重要基础。正如有研究所指出的，在公众对科学专家以及专业行政系统存在高度信任时，传统自上而下的、专家与官僚主导的治理模式将能够有效发挥作用。②

吉登斯所谓的信任是一种"盲目信任"，这是人们为了应对由科学技术所带来的"复杂性"时的无奈选择。在卢曼看来，信任可以被视为"社会复杂性"的一种"简化机制"，它使用系统"内部保证的安全代替缺失的信息"，"没有信任不可能构成相当复杂的社会"③。然而这种复杂性简化机制事实上也是"通过冒险来简化生活"④。科学不确定性以及科学专家的"无知"正是体现了这种"冒险"的负面后果，也表明科学知识"可信任性"的丧失。在风险社会中，各种灾害性事故的发生证实了专家系统"犯错"的可能性，人们真实地见证了"科学知识在面对技术的不确定性时的无所作为，他们开始反思科学知识的权威性"，进而引发了公众对专家系统的信任危机。⑤ 如前所述，科学专家在许多情况下不仅"无知"，而且并非价值中立，经常在科学的掩饰下追求特殊利益。因

---

① 吉登斯. 现代性的后果[M]. 田禾, 译. 南京：译林出版社, 2011: 25.
② LÖFSTEDT R. Risk Management in Post-Trust Societies [M]. New York: Palgrave Macmillan, 2005: 10-11.
③ 卢曼. 信任：一个社会复杂性的简化机制[M]. 瞿铁鹏, 李强, 译. 上海：上海人民出版社, 2005: 125.
④ 卢曼. 信任：一个社会复杂性的简化机制[M]. 瞿铁鹏, 李强, 译. 上海：上海人民出版社, 2005: 93.
⑤ 方芗. 中国核电风险的社会建构[M]. 北京：社会科学文献出版社, 2014: 132-134.

此，公众对专家的信任丧失或不信任事实上可以被视为一种理性选择，正是由于"公众意识到了科学背后不可避免的无知"，才导致了公众对科学专家的信任危机。[1]

具体到邻避冲突问题中，当前邻避冲突技术治理范式的主导正是建立在对普通公众科学认知上的能力缺失或"无知"的假设基础之上。基于这种假设，对技术治理体制（或科学专家与技术官僚）的信任似乎也就成为公众的"唯一"选择。然而针对具有科学不确定性特征的邻避设施风险议题而言，科学自身的"无知"开始暴露出来，此时对科学知识以及技术治理的"盲目信任"必然难以延续。例如，针对基站电磁辐射的"非热效应"（特别是"致癌性"）问题，虽然现有的科学知识无法确证相关健康危害的真实存在，但是与此同时也无法完全排除危害存在的可能性。在此情况下，一些民众报着"宁可信其有不可信其无"的心态加入反对基站建设的阵营[2]，很大程度上也可以视为一种"理性选择"。

而前述"组织性的不负责任"问题的揭示更是使得技术治理的合法性遭到质疑，从而进一步导致社会公众对科学专家与政府部门不信任的日益提升。这在屡屡发生的邻避冲突中得到了直接体现，信任缺失成为当前邻避冲突的重要特征。一些实证研究表明，信任的缺失会显著地提升社会公众对邻避设施危害性或风险程度的感知[3]，正因为如此，信任问题成为当前邻避僵局形成的另一重要原因。

归结来看，在技术治理范式下，我国政府部门在邻避冲突问题上主要诉诸科普教育等单向宣导手段以及公众"理解"和"接受"科学前提下的决策参与等途径，谋求以科学理性化解公众疑虑和"误解"。然而各种科学不确定性问题的彰显表明了邻避冲突问题的复杂化，"社会行动者处在科学安全保证的神话

---

[1] WYNNE B. Creating Public Alienation: Expert Cultures of Risk and Ethics on GMOs [J]. Science as Culture, 2001, 10 (4): 456.
[2] 杨君. 基站建设，"一闹就拆"如何解 [N]. 光明日报, 2015-10-13 (5).
[3] 李小敏, 胡象明. 邻避现象原因新析：风险认知与公众信任的视角 [J]. 中国行政管理, 2015 (3): 131-135.

173

下，实然上却必须面对与经历高度不安全性的现代风险社会"[1]。随着公众对相关科学专家与政府管理部门信任危机的产生，邻避冲突将无可避免，由此彰显出技术治理范式在科学不确定性背景下面临的内在困境。

---

[1] 周桂田. 风险社会的典范转移：打造为公众负责的治理模式 [M]. 台北：远流出版公司，2014：134.

第七章

民主治理：基于知识民主的邻避治理新范式

当前来看，政府治理的主要任务已经由"用科学技术解决问题"转变为"解决科学技术引发的问题"，科技风险型邻避冲突的治理也是如此。在风险社会情境下，科学不确定性问题的凸显在很大程度上挑战甚至消解了传统"技术治理"范式的有效性，因此需要思考如何通过治理范式的变革以回应科学不确定性的挑战，进而化解当前的邻避僵局。基于前文对邻避冲突生成根源以及技术治理内在困境等问题的探究，本研究认为现代邻避冲突治理应立足于科技风险的有效治理，以实现邻避冲突深层根源的化解。在具体的治理思路上，本研究主张邻避治理应当实现由"技术治理"向"民主治理"范式的转换。这种民主治理范式建立在"知识民主"的基础上，谋求打破科学专家与技术官僚对风险知识生产与邻避决策过程的垄断，重塑科学、政治与社会的关系。究其实质而言，基于知识民主的民主治理范式体现了"第二现代"理论所强调的"反身性"理念，它不再停留于对"选址冲突"本身的解决，而是深入现代性基础结构层面进行深刻反思，并谋求对基于科学理性的技术治理范式进行根本性变革。基于这一思路，本章将在对基于知识民主的民主治理范式进行界定的基础上，依次探讨邻避冲突民主治理的理性基础、实践模式、伦理原则以及目标诉求等问题，从而构建起一个完整的邻避治理体系，以期为陷入邻避冲突治理困境的政府管理部门提供启发借鉴。

第一节 民主治理：邻避治理的"反身性"范式

前文分析指出，科技风险型邻避冲突的核心是政府、专家与公众等主体之间或科学知识与"非科学知识"等不同知识类型之间的知识冲突。在技术治理范式下，科学知识成为邻避决策所需理性知识的"唯一"来源，通过科普教育等途径使抗争公众"理解"并"接受"科学知识被视为化解冲突的重要途径。然而科学不确定性问题的凸显则对上述技术治理逻辑构成了根本挑战，促使我们重新思考不同主体或知识类型之间的冲突问题。在这方面，科学社会学等相关理论对科学民主化、知识民主等问题的研究具有重要启发，它提醒我们需要重视理性知识或科学知识生产过程中的开放性与参与问题，为复杂性决策奠定更为充实的理性基础。基于这种知识民主理念，本研究认为对科技风险型邻避冲突的治理应当走向一种民主治理范式。对邻避冲突的民主治理强调对科学理性、社会理性以及民主政治的回应性与责任等问题的兼顾，要促成相关主体在争议性科技风险议题上达成新的共识性理解和信任，从而实现风险知识的有效生产。

由于民主治理涉及对技术治理范式理性基础与内在逻辑的根本性反思与重构，因此它所暗含的正是贝克等学者反复讨论的"反身性"（reflexivity）理念。如前所述，贝克用"反身性现代化"来表征风险社会或"第二现代"的核心特征，"反身性"不仅涉及现代性的"自我对抗"，还意味着经由深刻的自我反思或反省而重构现代社会的可能性。正是这种"反身性"理念为本研究倡导的民主治理赋予了特定内涵。有鉴于此，下文将在对基于知识民主的民主治理进行界定的基础上，借鉴"反身性"相关理论来讨论邻避冲突民主治理的基本取向及其治理逻辑问题。

一、知识民主：民主治理的新内涵

技术治理范式中科学理性（科学知识）对公众风险认知的排斥是经典的科学与民主原则之间的内在张力在邻避治理领域中的直接体现，而知识民主理念则涉及对科学理性与民主价值的重新调和与兼顾。在此基础上，知识民主理念推动了现代民主治理实质内涵的拓展，从而为邻避冲突技术治理范式内在困境的化解提供了新的可能性。

（一）科学与民主的内在张力

科学和民主是人类社会最为典型的两种社会价值。通常认为，科学指"对

<<< 第七章 民主治理：基于知识民主的邻避治理新范式

知识的系统性追求"①，以揭示"真理"为最高目标取向；民主指"人民自己统治自己"，强调全体人民对于公共事务治理过程的平等参与。在我国，科学与民主作为"舶来品"，自五四运动以来一直受到较高的推崇，近现代思想家对二者的关系持一种相当乐观的态度。然而在西方思想史上，科学与民主经常处于一种紧张对立的关系之中。从柏拉图的崇尚真知、贬抑民主到保罗·费耶阿本德（Paul Feyerabend）的维护民主、批判科学，二者的和谐统一似乎难以被视为理所当然的事情。例如在柏拉图看来，人们之间不存在平等的认知能力，"真知识"是由灵魂中的"理性部分"来把握的，不可传授，普通人无法获得。因此，他推崇"精英治国"，认为民主制会妨碍对科学智慧的追求。②而科学哲学家费耶阿本德之所以维护民主，主要在于他认为民主是"保障自由和平等的前提"③，科学至高无上的特殊地位会威胁到民主价值进而威胁到人类社会的自由。但是即便如此，费耶阿本德并没有认为普通民众具有科学精英那样的认知能力。他曾明确指出，"需要外行参加基本决策，即使这会降低决策的成功率"④。这句话已经暗含了普通公众相较于科学专家而言知识判断上的能力不及。

在政府决策领域，一般认为"科学"是对决策结果质量上的要求，体现为科学技术、方法、信息的应用，以保证政策方案的选择与实施能够及时有效地解决社会问题或实现政策目标；"民主"是对决策过程的程序要求，体现为多元利益或价值诉求的表达与妥协，集体协商与多数表决是其基本原则。从理性角度来看，科学更强调工具理性，民主更强调价值理性；科学更注重个体选择的理性，民主更注重集体选择的理性。一般而言，科学与民主的冲突并不是必然的，通过将两个原则分别应用于不同的领域、层面或环节，冲突在一定程度上可以被缓解或避免。代议制民主对选举与决策环节的分离正是这种体现。在代议制下，人民的角色在于通过定期选举将"贤良者"挑选出来掌控公共权力，

---

① 皮尔克. 诚实的代理人：科学在政策与政治中的意义 [M]. 李正风，缪航，译. 上海：上海交通大学出版社，2010：29.
② 何丹. 民主与科学的分与合 [J]. 华中科技大学学报（社会科学版），2010（5）：104.
③ 黄光国. 社会科学的理路 [M]. 台北：心理出版社，2001：213.
④ 法伊尔阿本德. 自由社会中的科学 [M]. 兰征，译. 上海：上海译文出版社，2005：102.

负责公共事务的具体决断。此时，民主参与主要集中在程序上，体现为两种功能：一是赋予政府及其政策以政治合法性；二是通过周期性选举淘汰那些被认为不合适的政治精英，体现民主机制的"纠错"功能。然而，在很多情况下，这种充满形式主义的参与机制使得现实的政府决策无法有效回应公众的内在需求，加深了公众与决策者之间的不信任，使得政策的执行过程充满了挑战。

为了增强政府政策的合法性和认受性，保证政策的顺利实施，决策过程中的民主参与问题在现代政治运作中的重要意义受到了越来越多的强调。与此同时，科学与民主原则的内在张力或冲突问题也在政府决策领域中得以集中呈现。冲突的核心在于知识论的层面上。政策议题的设置以及政策方案的选择与实施需要获取相关的政策信息，政策过程可以视为"不同知识进行交涉和得以运用的过程"[1]。这些知识包括多种类型，如政治（管理）知识、法律知识、科学专业知识以及普通公众的经验常识等。政府决策过程中科学与民主的冲突更多地体现为科学知识与公众常识的冲突。此处的科学知识主要指经由系统性学习、归纳与抽象而得出的专业性、理论性的知识类型；公众常识则指普通公众基于个人朴素的认知与价值观念而对周遭世界或社会问题产生的感知或体验性认识，一般是个体性的、与自身立场与诉求紧密相关的知识类型。公众常识被认为在提供决策信息的数量和质量上均劣于科学知识，当二者产生分歧时，后者更容易获得决策者的青睐。因此，在现实的政府决策实践中，科学专家的地位在获得不断提升的同时，普通公众的参与则要么被忽视，要么流于形式。公众意见很少能够直接被政府决策者所采纳。

公众常识劣于科学知识、普通公众的理性认知能力劣于科学专家的观念在很大程度上已经成为现代社会的"共识"。这种能力不足问题已经成为普通公众在有效参与政府决策中的最大困境。例如某地方政府官员曾指出："专家参与决策更科学，因为专家与公众在信息、知识、能力方面还是存在差异，公众……感情用事的比较多。"[2] 即便是公众参与的倡导者，也多承认阻碍公众参与的最主要原因是"参与者可能由于缺乏专业知识而不能理解政策质量标准中包含的

---

[1] 王锡锌，章永乐. 专家、大众与知识的运用：行政规则制定过程的一个分析框架 [J]. 中国社会科学，2003（3）：114-115.

[2] 贾西津. 中国公民参与：案例与模式 [M]. 北京：社会科学文献出版社，2008：37.

知识"①。更为严重的则是，理性认知能力的不足问题已经内化为许多社会公众对于自身的感知与评价，从而造成其对政府决策或公共事务治理参与意愿的不足。② 正是鉴于上述问题，如何对科学与民主价值之间的内在张力或冲突进行有效调和，已经成为现代社会公共事务治理或政府决策所要解决的重要问题。

（二）知识民主理念的兴起

随着现代社会的发展，科学知识日益涉入经济社会乃至政治生活的方方面面，成为支撑现代化发展的最为重要的知识形态。在此过程中，学界对科学知识自身的属性及其生产过程的研究也得以兴起并不断发展，这方面以科学社会学、科学知识社会学等领域的研究为代表。与传统研究将科学知识视为不受社会因素影响的客观、普适性知识形态不同，科学知识社会学研究意在考察科学知识自身的"社会性"生产过程，并得出了"科学知识是通过磋商过程而确立起来的，即在社会互动过程中通过对文化资源的解释而确立的"③ 这一结论。随着科学知识客观性或价值无涉性的"去魅"，科学研究与科学知识生产的民主参与问题在逻辑上成为可能。

而随着科学事业自身的发展，它逐渐从"纯科学"转向"应用型科学"，在此过程中经济社会乃至政治因素对科学研究过程及其产出（科学知识或技术）的影响日益加深。此时，从事科学研究或知识生产的主体不再是个体意义上的科学家，而是转变为囊括了更多主体的"科学共同体"。与此同时，科学研究不再仅仅是科学家"求知"的个人兴趣，而是逐渐转变为整个社会、政府或国家的"共同事业"，在此情况下，"民主问题成为科学知识生产的一个突出问题"④。对此，有研究具体指出了科学研究为何需要"民主"的三方面的原因。首先，现代科学研究工作需要不同主体之间的分工合作，由此凸显了对民主的需要。特别是在许多大型科研项目中，"科学家之间需要了解彼此的工作和要求，他们各自需要充分表达自己的观点，互相进行对话和沟通，最终统一行动，

---

① 贾西津. 中国公民参与：案例与模式 [M]. 北京：社会科学文献出版社，2008：35-36.
② HAWKESWORTH M. Theoretical Issues in Policy Analysis [M]. Albany：State University of New York Press，1988：27.
③ 马尔凯. 科学与知识社会学 [M]. 林聚任，译. 北京：东方出版社，2001：124.
④ 尚智丛，田甲乐. 科学知识民主研究的起源 [J]. 科学技术哲学研究，2017（1）：115.

这就必须通过民主的过程来实现"①。其次,科学知识生产的"可重复性"要求凸显了对民主的需要。可重复性是科学知识生产的基本原则,然而随着科学研究的日益复杂,该原则在现实中很难得到落实,此时"科学知识生产者就需要通过语言来游说科学共同体成员,对科学知识的承认走向一种民主过程"②。此外,现代科学研究对经费(公共资金)的需求和依赖在不断提升,由此也凸显了对民主的需要。不仅是政府管理者需要对公共资金的使用进行监督和管理,而且"公众作为纳税人,有权利知道和决定公共资金的支出渠道、方式和比例,有权利对科学知识生产所需经费的具体使用情况和产出结果进行质询和管理"③。

如果说上述三方面原因主要体现的是科学自身发展过程中对于"民主"的主动需求的话,科学知识与技术应用过程中所产生的负面效应(科技风险)问题则凸显出对科学知识或技术的生产与应用进行民主控制的必要性。特别是人文研究对科学主义(科技"异化"问题)的反思与批判,以及特定时期内一些国家或地区出现的"反技治主义"甚至"反科学"浪潮,"进一步强化了人们对科学民主化的期盼"④。此时,科学民主化改革已经被视为校准科学发展方向、化解科学与社会价值间冲突的重要措施。

从科学民主化的实践来看,它主要涉及两方面,即科学共同体与外部主体间的民主互动以及科学共同体内部主体间的民主互动。⑤ 科学共同体与外部的互动是指科学知识的生产要对政府与社会主体的需求与关注进行回应,该领域是"科学、技术与社会"(STS)研究的重要领域,相关研究不仅揭示了科学技术对社会系统带来的影响,也着重考察了社会政治因素对科学技术自身的制约作用。科学共同体内部的互动是指从事特定研究的科学专家之间通过交流、磋商与说服的方式取得共识,而这正是科学知识生产的重要途径。这方面研究以科学知识社会学为代表,如卡林·诺尔-塞蒂娜(Karin Knorr-Cetina)的研究揭示

---

① 尚智丛,田甲乐.科学知识民主研究的起源[J].科学技术哲学研究,2017(1):116.
② 尚智丛,田甲乐.科学知识民主研究的起源[J].科学技术哲学研究,2017(1):116.
③ 尚智丛,田甲乐.科学知识民主研究的起源[J].科学技术哲学研究,2017(1):116.
④ 章雁超,尚智丛.科学民主化研究的缘起、现状及意义[J].自然辩证法研究,2020(3):61.
⑤ 章雁超,尚智丛.科学民主化研究的缘起、现状及意义[J].自然辩证法研究,2020(3):62.

了"实验室中科学论文的建构过程实际上也是作者与其他评议人之间谈判磋商的结果",拉图尔(Bruno Latour)的研究则"体现了协商和说服在科学事实建构中的作用"①。

如果说科学民主化改革涉及科学研究与技术应用过程中的众多方面,那么"知识民主"则更为聚焦于知识(科学知识)自身生产过程的民主参与问题。② 有研究指出,"知识民主"概念产生于20世纪90年代初期,它所涉及的是知识社会中的人们对"生产什么样的知识、谁进行生产、为了谁的利益生产、为了什么目标生产"等问题的探究。③ 随着社会政治领域特别是政府决策过程中对于科学知识或理性知识的依赖,知识民主被视为民主政治发展的未来趋势,它意味着"社会中主导性和非主导性的行动者有平等的机会和能力来推动这些知识,从而为社会问题的解决做出贡献","这种知识民主在知识的获取、知识共享的方式以及知识在决策中的作用方面没有任何偏见"④。究其实质而言,知识民主倡导的是一种"多元认识论",认为就社会问题解决或政府决策所需的有效知识或理性知识而言,科学知识只是其来源之一,除此之外的法律知识、道德知识、公众经验常识等其他知识形态也应当成为有效理性知识的重要来源。而根据希拉·贾萨诺夫(Sheila Jasanoff)的理论,知识民主理念的核心是其所倡导的"公众认识论"(civic epistemology),该概念用于表达"那些产生于特定文化中的、基于政治和历史的公众知识和方法"⑤。这事实上是对普通公众所持知识及其理性认知能力的充分肯定。

知识民主理念的兴起代表了对传统科学知识生产模式的反思,由此出现了

---

① 章雁超,尚智丛. 科学民主化研究的缘起、现状及意义 [J]. 自然辩证法研究,2020 (3):62.
② 严格来说,"科学民主"与"知识民主"各自有着复杂的思想渊源与研究脉络,彼此之间存在交叉,也有很多差异。不过本研究不拟对二者进行细致梳理,而是基于研究需要在一般意义上使用"科学民主""知识民主"或"科学知识民主"等概念。在本研究中,"科学民主"是包含"知识民主"的内涵更为宽泛的概念,而"知识民主"中的"知识"特指科学知识或理性知识。
③ 尚智丛,樊春雨. 知识民主及其特征与局限 [J]. 自然辩证法研究,2019 (1):44.
④ 尚智丛,樊春雨. 知识民主及其特征与局限 [J]. 自然辩证法研究,2019 (1):46.
⑤ 贾萨诺夫. 自然的设计:欧美的科学与民主 [M]. 尚智丛,李斌,等,译. 上海:上海交通大学出版社,2011:380.

对诸如"公民科学"(citizen science)[1]、"后常规科学"(post-normal science)[2]等新的知识生产模式的倡导。这些新模式在正视科学知识所具有的不确定性与价值争议性特征的基础上，谋求通过公众与专家等多元主体的协商对话达成对科技问题的共识，以此作为科技决策的基础。以"后常规科学"范式下的科技决策为例，它明确认识到作为决策依据的事实和信息是不确定与不充分的，承认具有较高的决策风险。而为了化解风险，决策参与主体打破了政府与专家的垄断，改变为一种"扩展的对等共同体"(extended peer communities)。[3] 在对特定议题的讨论中，无论是专家还是"外行"，只要与该议题相关，即被视为有权参与的"对等者"。

在实践层面，许多国家也设计出了各种新的制度模式来保障公众在科学知识生产过程中的实质性参与。例如在科技决策领域，英国在核电项目决策中采用了"公开咨询"(public inquiry)制度[4]，也有许多欧盟国家实施了"参与式科技评估"(participatory technology assessment)等制度[5]。以"参与式科技评估"制度为例，它是20世纪90年代以来欧洲国家为了应对疯牛病、转基因、化学污染事件等的挑战而进行的制度创新。其中，荷兰的国家科技政策研究中心(Rathenau Institute)较具代表性。它最初是20世纪80年代成立的"荷兰科技评估办公室"，该机构是荷兰皇家科学院的分支机构，是独立于国会之外的、不受党派影响的独立科技评估部门。1994年，该办公室更名为国家科技政策研究中心，并开始注重"社会辩论"过程在科技评估中的作用，尝试了"非常强烈的公民参与模式"[6]。公民可以广泛地参与到议题设定、信息征集、评估方案审查等各个环节中。在这一过程中，多元主体经由互动与辩论过程，能够从更

---

[1] IRWIN A. Citizen Science: A Study of People, Expertise and Sustainable Development [M]. New York: Routledge, 1995: 166-167.
[2] 马奔, 李珍珍. 后常规科学视野下转基因技术决策与协商式公民参与 [J]. 江海学刊, 2015 (2): 117-118.
[3] 马奔, 李珍珍. 后常规科学视野下转基因技术决策与协商式公民参与 [J]. 江海学刊, 2015 (2): 119.
[4] 方芗. 中国核电风险的社会建构 [M]. 北京: 社会科学文献出版社, 2014: 123-124.
[5] 周桂田. 风险社会: 公共治理与公民参与 [M]. 台北: 五南图书出版公司, 2014: 49-51.
[6] 周桂田, 徐建铭. 建构开放与民主的社会对话之决策程序: 参与式科技评估 [J]. 人文与社会科学简讯, 2013 (4): 47.

多角度加深对科技与环境风险议题的理解。

总之，知识民主理念的兴起改变了人们对科学知识生产过程及其权威性的认识，正如贝克指出的，科学丧失了对"真理"的"垄断"。① 与此相对的则是，科学共同体外部的社会政治主体特别是普通公众的理性认知能力开始得到承认，他们被认为有资格与能力参与到政府决策所需理性知识的生产过程中。这一点正是我们对基于科学理性的技术治理范式进行反思与变革的重要基础。

（三）基于知识民主的民主治理

知识民主理念应用于公共事务治理或政府决策领域，则体现为民主治理原则。当前来看，无论是"民主"还是"治理"（governance）概念的应用均已泛滥，在不同语境下被赋予了极具差异的内涵。在某种程度上，"民主治理"概念亦是如此。因此为了避免混淆，有必要对本研究语境下的民主治理内涵进行界定。简单来说，本研究所谓的民主治理意在对公共事务治理的效果或绩效以及民主政治价值进行协同与兼顾。正如有学者所指出的，"民主治理就是民主政治下良善治理机制的建立"②。之所以强调其是对两种目标或价值的"兼顾"，是因为长期以来治理绩效与民主参与被认为存在内在的张力，这正是前述科学与民主之间的内在张力在公共事务治理领域的体现。技术治理范式所强调的"科学管理"与"专家政治"将参与主体限于科学专家群体而排斥了普通公众的参与，因此在很大程度上是对民主价值的偏离。

民主治理强调公众参与公共事务治理或政府决策的必要性，就此而言，民主治理并非一个新概念。不过，对公众参与的强调虽然有助于实现民主政治价值，但是对这种参与是否会降低公共事务治理或政府决策的效果或绩效这一问题则存在许多争议。如前所述，长期以来普通公众多被视为缺乏有效的理性认知能力，因此基于公众参与的民主治理面临着一种"知识困境"。即，政府决策中如何对"民意"与"专业"的冲突进行调和？既要确保理性专业知识的有效输入以带来治理效果的改善，又要防范科学专家与技术官僚"独大"与"失

---

① 贝克.风险社会：新的现代性之路［M］.张文杰，何博闻，译.南京：译林出版社，2018：204.
② 陈敦源.民主治理：公共行政与民主政治的制度性调和［M］.台北：五南图书出版公司，2012：26.

控"而对民主政治价值造成损害。

民主治理对于上述"知识困境"问题的解决具有不同的思路。现实中的民主治理实践主要体现为一种对专家决策的外部控制模式。即通过一定的制度设计来实现"科学"与"政治"领域的划分,通过"政治"对"科学"的制约与控制来防范"科学"的失控。在这方面,欧盟在食品安全风险治理领域进行的制度改革较具典型性。欧盟的改革将食品安全风险评估等科学咨询职能交给了欧洲食品安全局(EFSA),但是并没有向其进行风险管理与监管决策的授权。之所以如此,很大程度上是由于欧盟担心监管权力集中于一个独立机构可能会导致"民主负责原则被搁置"[1]。基于这种考虑,风险管理职能主要由欧委会、理事会与成员国机构共同负责,从而体现为一个政治过程,其目的在于对食品安全监管决策所涉及的"科学"与"非科学"方面进行调和。欧盟178/2002号法案中明确指出风险管理是指"在与相关利益方磋商后权衡不同的政策选择,考虑风险评估和其他合法因素,以及在必要时选择适当的预防和控制措施"[2]。这里的"其他合法因素"包括社会、经济、传统、道德和环境等"非科学"因素,它们作为对科学不确定性的补充,是风险管理阶段的重要考虑因素。欧盟食品安全风险治理中的"政治"对"科学"的制约还体现为委员会制度(comitology committees)对科学咨询过程的监督。现实中,风险管理立足于风险评估的结论,然而最终的监管决策还要接受由成员国代表所组成的规制委员会的审批,以此来体现民主控制原则[3],防止科学理性"独大"导致的专家政治之弊端。

不过,在外部控制模式中,公众对政府决策过程的直接参与仍然有限,而且这种参与更多地体现在程序上,是一种"程序性民主"而非"认识性民主"(epistemic democracy)。即便是在一些政府决策中吸纳了普通公众的参与讨论,强调了公众与专家的"对话",但是其前提往往是对公众进行"培训",使其接

---

[1] ALEMANNO A. The Evolution of European Food Regulation: Why the European Food Safety Authority is Not a EU-style FDA? [J]. Social Science Electronic Publishing, 2007 (8): 19.
[2] 张华. 论欧盟食品安全法中的风险预防原则:问题与前瞻 [J]. 欧洲研究, 2011 (4): 105.
[3] POLLACK M, SHAFFER G. Risk Regulation, GMOs and the Limits of Deliberation [J]. Legal Studies Research Paper Series, 2008, No. 13-35: 1.

受了"科学话语"之后，才被赋予参与讨论的"资格"。在这种情况下，"知识的流动依然是从专家到公众，而且决策本质上依然是由那些在专业知识上更有权威的人做出"①。从知识与决策的关系来看，公众的参与本质上是一种"伪参与"。而这正是传统民主治理模式的基本状况，科学（理性）与民主仍然被视为"两个不可通约的人类活动领域"②。

然而本研究所倡导的民主治理建立在"知识民主"的基础之上，它既承认科学的不确定性以及"无知"，也强调普通公民的理性认知能力以及"常民知识"的认识论价值。民主治理模式中的公众参与不再停留于形式，参与本身被视为知识生产的一部分。在参与过程中，普通公众并非仅仅是"民主的代表"，他们更是"认知的代表"（cognitive representation）③。在这方面，欧盟治理改革中也已经进行了许多有益的探索。欧委会在2000年提出的风险治理改革框架中明确强调科学不再作为风险决策中的"排他性因素"，相反，"专业知识成为多元的，能够被所有参与者获取"。④ 此外，欧委会于2001年发布的《关于建立民主化专业知识与科学参考系统》的工作报告中提出了一系列增强专业知识信誉和效力的行动方针，包括"完善专家名单、利用参与程序、扩展专家库"等，并明确指出用于决策的专业知识应当包括不同类型的知识（如自然科学知识、社会科学知识、伦理道德知识等），这些知识主要来自专家群体、利益相关者和公民社会。⑤

总体来看，基于知识民主的民主治理将改革的重点由对技术治理的外部控制转变为对技术治理内部之理性基础的反思与重构，从而为科学与民主、专业与民意、治理绩效与公众参与等价值之间的调和与兼顾提供了新的方向。正是基于这一思路，本研究将民主治理作为超越技术治理的邻避治理新范式。

---

① 谭笑．技术问题决策中的专家话语和公众话语：柯林斯《重思专能》的方案［J］．开放时代，2014（6）：218.
② 费雪．风险规制与行政宪政主义［M］．沈岿，译．北京：法律出版社，2012：17.
③ LEACH M, SCOONES I, WYNNE B. Science and Citizens: Globalization and the Challenge of Engagement［M］. London: Zed Books, 2005: 92.
④ European Commission. The TRUSTNET Framework: A New Perspective on Risk Governance ［R］. Brussels: European Commission Nuclear Science and Technology Directorate-General for Research, 2000: 15.
⑤ GEROLD R, LIBERATORE A. Report of the Working Group "Democratising Expertise and Establishing Scientific Reference Systems"［EB/OL］. Europe. eu, 2001-07-02.

二、由技术治理到民主治理：邻避治理的反身性变革

面对邻避冲突的治理困境，本研究认为邻避治理的基本范式应当由"技术治理"走向"民主治理"。民主治理强调邻避治理过程中公众参与的重要性。然而仅仅强调这一点的话，显然并不足以构成一种"范式"意义上的治理变革。如前所述，本研究倡导的民主治理建立在"知识民主"的基础上，它所针对的是传统技术治理范式中科学知识（科学理性）的垄断以及对各种"非科学知识"的贬低与排斥问题。这种对治理实践之知识基础或理性基础的强调与反思体现了第二现代理论中的"反身性"理念，正是这种"反身性"彰显了邻避冲突民主治理不同于技术治理范式的特殊属性与治理逻辑。

如前所述，贝克的风险社会理论揭示了"第一现代"向"第二现代"的转型。"第二现代"的本质是"现代性的现代化"，工业现代性本身成为现代化变革的对象。正因为如此，贝克等学者提出了"反身性现代化"的概念，用来指称"第二现代"的核心特征。在贝克看来，现代化的"反身性"涉及两个层面或两个阶段。"反身性"首先意味着现代化自身的"自我对抗"。即工业现代化的发展造成了科技风险的积累与彰显，而这反过来构成了对工业社会结构性基础的挑战甚至消解。对此贝克曾指出，风险社会的产生并不是源于工业现代化的失败，而恰恰是工业现代化的胜利或成功。科技风险的不断产生暴露出科学自身的"无知"（non-knowledge）问题，这种无知被贝克视为反身性现代化的动力。[1] 正是源于这种动力的存在，贝克指出"反身性"还意味着重构现代性的可能性。贝克将现代化的反身性过程视为一个"开放性过程"，它可能将我们带入一个"更好的社会"，但是这在现实中是否必然会发生，贝克并没有做出明确保证。[2] 归根结底，能否推动社会重构的关键在于人们是否能够对工业现代化中的科学"无知"以及支撑工业现代化发展的基础性结构中的各种深层次问题进行彻底的反思与变革。

前文分析指出，科学理性、技术治理、"技术—经济"发展导向以及各种安

---

[1] 贝克，吉登斯，拉什. 自反性现代化：现代社会秩序中的政治、传统与美学 [M]. 赵文书，译. 北京：商务印书馆，2001：221.

[2] SØRENSEN M P, CHRISTIANSEN A. Ulrich Beck: An Introduction to the Theory of Second Modernity and the Risk Society [M]. New York: Routledge, 2013: 37.

全控制与保护机制共同构成了工业现代性的结构性基础，科学理性则是这一结构性基础的核心。然而，当科学理性与科学自身的"无知"问题（或科学不确定性问题）遭遇进而呈现出自身的内在困境之后，这一结构性基础将面临瓦解。首先，当科学理性或科学知识无法再为治理决策提供充分的确定性知识之后，以此为基础的技术治理实践模式将面临失灵。正如哈耶克曾指出的，技术治理其实是对理性的滥用，"由于它不承认个人理性的能力有限，反而使人类理性没有发挥应有的作用"①。其次，科技风险的不断积累最终会导致原本"技术—经济"发展政策的"副作用"变为"主导性结果"，此时"技术—经济"发展优先的政策导向将使人类社会步入"发展—危害（风险）—更多发展—更多危害（风险）"的恶性循环。此外，科学不确定性或"无知"问题的彰显也会导致各种基于精确计算与预测的安全控制和保护机制无法有效发挥作用，如何为风险社会中的社会主体寻找新的安全保障成为有待解决的重要问题。

针对上述问题，哈贝马斯主张"用民主力量控制技术治理，减少其负面效应"②。正是借鉴这一思路，本研究主张邻避治理应当走向民主治理范式。这种邻避冲突的民主治理在本质上应体现出一种"反身性"治理思维。这里的"反身性"主要是指，民主治理的对象不再仅仅是"邻避冲突"本身，而是主要涉及邻避冲突的"技术治理"范式。即本研究所谓的邻避冲突的民主治理（反身性治理）是指对"邻避冲突技术治理"的"再治理"。这种"再治理"要求我们对技术治理范式的内在构成逻辑及其困境问题进行根本上的反思，进而实现邻避治理基础性逻辑的重构。

具体来说，民主治理范式的"反身性"要求我们对技术治理范式下"科学"与"非科学"、"政治"与"技术—经济"以及"专家"与"外行"等二分法进行深刻反思与批判。随着"科学"与"非科学"界限的模糊，需要重新审视科学理性的合理性，并思考科学不确定性背景下的理性重构问题，从而为邻避治理实践奠定更为稳健的知识基础。同时，技术治理范式认为包括邻避设施选址问题在内的"技术—经济"政策属于科学专业问题而非政治选择问题，因此其决策过程完全由科学专家与技术官僚垄断。然而民主治理范式则要求

---

① 哈耶克.科学的反革命[M].冯克利,译.南京：译林出版社,2003：593.
② 刘永谋.技术治理的逻辑[J].中国人民大学学报,2016（6）：126.

"技术—经济"政策领域的"再政治化"。因为邻避设施建设所涉及的不仅包括"有无风险"或"有多少风险"的问题,还涉及"要不要接受风险"的问题,后者则是典型的社会价值问题,需要接受公共讨论与政治审议。

而且,民主治理范式的"反身性"还体现在对"发展"与"安全(风险)"价值导向的重新权衡上。传统"技术—经济"发展导向体现的是"发展"优先于"安全"的思维,面对各种安全问题,也主要诉诸"更多的发展"来予以解决。而"反身性"治理在很大程度上则要赋予"安全(风险)"问题更高的优先性。在政府的"技术—经济"决策中,首要的是进行全面有效的科技风险评估,积极防范科技灾害的发生。就此而言,本研究所强调的"邻避治理"已经不仅仅局限于对已经发生的"邻避冲突"的治理,更为重要的则是对邻避冲突"风险源头"的治理。在本研究中,这一"风险源头"即为科技风险。因此,本研究认为邻避冲突的治理应由危机应急管理走向风险治理,而科技风险型邻避冲突的治理则需要立足于科技风险的有效治理,阻断科技风险的生成演化及其向社会领域的传导。

从现实来看,针对邻避设施"选址冲突"本身的教育或补偿等手段可能有助于特定冲突事件的解决,然而冲突本身的解决会"正当化"相关风险的生产与分配,并进一步强化工业现代化的基础性结构而隐藏其内在困境问题,最终实现邻避冲突的"再生产"。而本研究所倡导的民主治理这一"反身性"治理范式即是要从根本上反思和破解邻避冲突"再生产"的结构基础,从而实现对邻避冲突的长效治理。

第二节 风险理性:邻避冲突民主治理的理性基础

传统的邻避冲突技术治理实践建立在科学理性的基础上,针对邻避设施风险的科学分析与评估以及科学咨询制度被认为能够提供邻避设施选址以及冲突治理决策的确定性理性知识。然而科学不确定性问题的彰显则对科学理性构成了直接挑战,科学的不确定性已经成为风险社会情境下邻避治理决策的新背景与重要前提。在此背景下,对传统科学理性的依赖或"固守"事实上是以想象中的"确定性"来否认"不确定性",这种确定性思维可能导致科技风险或邻避冲突治理的滞后与延误。因此，本研究认为邻避冲突的治理改革首先需要实现理性的重构，为邻避治理实践寻找更为稳健的知识基础。

在本研究所倡导的邻避冲突民主治理中，理性的重构涉及两方面，一是在反思与批判的基础上对传统科学理性进行重新定位，二是在科学理性之外寻找其他"理性"或有效知识的来源。需指出的是，理性的重构并非对理性原则的摒弃，而是对理性的实质内涵与外在表现的重新界定。对于这一问题，贝克在对"第二现代"的讨论中也特别指出，"第一现代"的某些基本原则在"第二现代"中仍将延续，其中即包括"理性决策原则"，只不过理性的内涵发生了变化。① 同时，对科学理性的反思与批判也并非对科学理性或科学技术专业知识的完全抛弃，而是应当正视或承认科学的不确定性问题，走出"科技决定论"的误区。鉴于上述问题，下文将在对科学理性的内在悖论进行反思的基础上，提出"风险理性"的概念，用以作为科学不确定性背景下理性重构的目标指向。此外，后文还将对风险治理中的"预防原则"进行考察，该原则在很大程度上可以被视为风险理性的重要体现，它也是邻避冲突民主治理中的重要原则。

一、科学理性的内在悖论

本研究将邻避冲突置于现代性转型的宏观脉络中进行考察，然而，工业现代性的发展中内在地具有一种结构性悖论，正如有学者指出的，"现代性持续面对与处理现代性的悖论，是现今人类主要的社会生活处境"②。结构性悖论的存在使得风险社会的出现成为现代化不可避免的结果，这也是导致邻避冲突"再生产"与治理困境的深层根源。

在工业现代性的结构性悖论中，最为核心的是科学理性自身的内在悖论问题。如前所述，科学理性是工业现代性的理性基础，这又直接发源于启蒙理性。然而正如吉登斯所分析的，启蒙理性自身即存在着内在的悖论问题。具体来说，吉登斯认为启蒙理性的悖论根源于笛卡儿哲学。笛卡儿主张"怀疑"原则在实现理性认知中的重要性，然而这种怀疑主义方法论面临的困境在于，理性原则

---

① SØRENSEN M P, CHRISTIANSEN A. Ulrich Beck: An Introduction to the Theory of Second Modernity and the Risk Society [M]. New York: Routledge, 2013: 35.
② 顾忠华. 第二现代：风险社会的出路？[M]. 台北：巨流图书公司，2001：145.

本身是否需要怀疑？笛卡儿的解决方案是主张理性自身可以豁免于被怀疑，然而这一解决方案遭到后续学者的许多批判。① 吉登斯也曾指出基于怀疑主义的理性主义的内在悖论，"从一开始，启蒙主义理论中就包含有虚无主义的萌芽"，"如果理性的范围是完全不受约束的，就没有任何知识能够建立在毫无疑义的基础之上，因为即使是那些基础最为牢固的观念，也只能被看成是'原则上'有效的，或者说只是'在进一步的发现出来以前'才是有效的"②。

进一步地，吉登斯指出在现代性的基础性结构中，蕴含着一种"反思"与"反身"间的内在张力或结构性矛盾：

> 普遍怀疑主义原则（反思）是启蒙理性的最高体现，但这种原则的自我指涉则使启蒙理性本身成为质疑的对象，使启蒙理性悖论化，并因此而造成其内部的分裂和纷争，使所有的科学和知识主张都成了可争论的对象，而非终极可靠的东西，从而暴露出任何的理性化努力都是建立在某种假设上而缺乏必要的确定性基础的实质（自反③）。质言之，启蒙理性的方法论预设，以一种非常理性的"反思"形式获取的很可能是"自反"的知识效果，失去的是具有总体性效应的"真理"，获得的只有片面性的和建立在不可靠假设上的，即波普尔所说的沙滩上的知识。或者说，彻底化的反思方法恰恰会证明自身是不可靠的；既然方法本身不是终极可靠的，那运用它所得到的后果的可靠性当然就可想而知了！④

正是由于理性的运用缺乏绝对可靠的确定性基础，理性知识和理性行动往往产生非预期的"意外后果"，而这些意外后果"反过来进入社会生活之中，构成新一轮理性行动的未被认知到的条件，并理所当然地构成现代社会的基本内

---

① 肖瑛. 从"理性 vs 非（反）理性"到"反思 vs 自反"：社会理论中现代性诊断范式的流变 [J]. 社会, 2005（2）：14-15.
② 肖瑛. 从"理性 vs 非（反）理性"到"反思 vs 自反"：社会理论中现代性诊断范式的流变 [J]. 社会, 2005（2）：15.
③ 此处引文中用的是"自反"概念，所对应的英文概念是 reflexivity，在本研究中将其翻译为"反身"。
④ 肖瑛. 从"理性 vs 非（反）理性"到"反思 vs 自反"：社会理论中现代性诊断范式的流变 [J]. 社会, 2005（2）：16.

容和现代性的基础"，由此最终将会产生充满不确定性的风险社会。① 换句话说，启蒙理性的内在悖论指的是"理性试图用自身的有限性来把握对象世界的无限性之间的张力"②，这体现了理性自身的局限性。

当启蒙理性被具体化为科学理性后，其中的悖论问题更为明显。如前所述，科技风险的凸显在很大程度上暴露出科学技术以及科学理性自身的局限性，其中最根本的是科学的"无知"问题。这种科学"无知"在很多情况下并非可以通过"更多的科学研究"来予以解决，因为它可能是在根本上无法获知或"无能力"获知的问题。例如，电磁辐射对人体健康的确切影响可能要经由长期的人体试验过程才能获知，然而当前的科学研究伦理不允许人体试验的开展，而基于动物试验的结论面临着可推广性难题，最终导致一种安全性论证的悖论。在当前出现的许多争议性科技议题中，科学不确定性问题的暴露即是科学"无知"的直接体现。而当不确定性成为人类知识的基本状况时，如何通过"关于未来的知识"（风险知识）来提供"确定性与安全"成为贝克所认为的困扰人们的重大难题。③

正是基于科学"无知"与不确定性问题的彰显，贝克认为在风险社会中"科学的理性垄断诉求破灭了"④，建立在科学理性基础上的技术治理范式也面临着重大挑战。然而在现实中，技术治理的局限性或缺陷并没有得到有效承认，科学专业知识仍被认为能够提供政府决策所需的确定性理性知识。这种对科学理性的盲目推崇将会不断固化理性自身以及工业现代性基础结构中的悖论与困境，进而导致各类风险与冲突的不断发生，科技风险型邻避冲突即是其典型体现。

二、科学不确定性背景下的风险理性

随着科学技术的快速发展与应用，科学本身成为风险的重要成因，这是贝

---

① 肖瑛. 从"理性 vs 非（反）理性"到"反思 vs 自反"：社会理论中现代性诊断范式的流变 [J]. 社会，2005（2）：17.
② 肖瑛. 风险社会与中国 [J]. 探索与争鸣，2012（4）：47.
③ BECK U. Ulrich Beck: Pioneer in Cosmopolitan Sociology and Risk Society [M]. London: Springer, 2014: 81.
④ 贝克. 风险社会：新的现代性之路 [M]. 张文杰，何博闻，译. 南京：译林出版社，2018：17.

克等学者在对风险社会的讨论中所思考的重要主题。而科学不确定性问题的彰显使得科学与风险之间的关系更为复杂，这在很大程度上挑战了科学的权威性，促使我们对科学的基本原则进行反思。在这方面，有学者通过考察指出了科学与不确定性问题间的多维关系，其中尤为重要的是，科学本身对于不确定性并非自然而然地持有一种排斥立场：

> 科学原本就容许不确定性，从文艺复兴时代开始，科学为打破神学时期的权威思维，基本上是以怀疑精神，亦即以不确定性原则来寻求真理；而在科学实验过程中，保持着不确定性原则，企图以有计划、控制的行为来降低不安全及非期待的结果，增加期待值与安全性，因此，可以说，科学本身是一个"不确定性之科学化"过程，人们以"确定的"知识解释、操作"不确定的"问题现象。①

不过，现代科学对不确定性问题的承认以及怀疑原则的应用基本上是指向科学的外部对象世界（自然、社会或政治世界），而非科学自身，因此忽视了科学自身的有限性问题。这一状况被贝克称为"简单科学化"或"初级科学化"。在该阶段，"科学并没有把怀疑主义有条理地运用到科学理性自身的知识与启蒙诉求上"②。与此相对的则是"反身性科学化"（reflexive scientization），它是一种"彻底的科学化过程"，"这种科学化把科学的怀疑主义扩展到它自身的内在基础和外在结果上"，由此科学的"真理"地位与启蒙诉求便遭到了"去魅"。③

而随着科学不确定性或"无知"问题的凸显，真正的理性需要将怀疑的对象指涉自身，它指的是"能够自觉地意识到自身理性能力的有限性的那种能力"④。既然科学理性本身无法解决不确定性与"无知"问题，那么就需要从科

---

① 周桂田. 知识、科学与不确定性：专家与科技系统的"无知"如何建构风险 [J]. 政治与社会哲学评论，2005（13）：158.
② 贝克. 风险社会：新的现代性之路 [M]. 张文杰，何博闻，译. 南京：译林出版社，2018：192.
③ 贝克. 风险社会：新的现代性之路 [M]. 张文杰，何博闻，译. 南京：译林出版社，2018：193.
④ 肖瑛. 从"理性 vs 非（反）理性"到"反思 vs 自反"：社会理论中现代性诊断范式的流变 [J]. 社会，2005（2）：22.

学理性外部寻找新的理性来源,贝克等人所寻找到的即是"社会理性"。相较于科学理性而言,社会理性往往被视为社会伦理或道德价值的体现,是对科学理性的"补充"(而非替代)。易言之,在许多人看来,科学理性主要体现在"认知"方面(解答事实判断问题),而社会理性则主要体现在"价值"方面(解答伦理选择问题)。不过,基于对知识民主理念的强调,本研究认为社会理性事实上也往往能够体现在认知层面。也即,科学自身无法延续理性知识生产中的垄断地位,科学共同体外部的社会主体往往也能够参与到理性知识的生产过程中。这种社会理性在贝克看来即体现为一种"替代性的专门知识"或"替代性科学"。他指出,在对科学的批判中,各种形式的"替代性科学"开始涌现,"它们把整个'科学戏法'同其他原则和利益联系起来,并由此得出了截然相反的结论","新的以公众为指向的科学专家出现了,替代性科学细致缜密地揭露了科学论证基础中那些可疑的方面,与此同时,众多科学也在其应用实践领域经受了崭新的'政策化测试'"[1]。

正因为如此,本研究所强调的社会理性并非对科学理性的简单"补充",相反,二者往往能够进行相互的替代。对此,贝克主张"用社会理性控制科学理性,让前者为后者立法"[2]。对各种新兴科技而言,科学研究及其技术应用必须服从于社会整体对该种科技"是否合理""是否安全"或"是否需要"的认知与价值判断,当这些判断尚处于激烈争论中时,科学技术的"冒进"必然缺乏充分的正当性。

基于科学理性与社会理性的结合,贝克进而提出了一种"风险理性"的概念,作为"目的理性"的对立面。目的理性作为一种理性原则,其实现在很大程度上依赖于人们对行为结果的确定性计算与判断。而这种确定性计算在风险社会中的知识不确定性状态下将面临失灵,即风险社会情境中的个体将面临严重的理性选择难题。正是这一社会特征使得"个体行动者'目的理性'的计算方式失去效准,这是贝克大声疾呼要以'风险理性'来超越'目的理性'之局

---

[1] 贝克. 风险社会:新的现代性之路 [M]. 张文杰,何博闻,译. 南京:译林出版社,2018:200.
[2] 肖瑛. 从"理性 vs 非(反)理性"到"反思 vs 自反":社会理论中现代性诊断范式的流变 [J]. 社会,2005(2):20.

限的理由"①。具体来说，贝克所谓的风险理性是指"在一种开放的、允许充分弹性的新思维模式下，全方位地认识风险的各种可能来源与可能后果"，它所强调的是"整体的关联性，不执迷于专业化，也尊重风险的文化差异，但务求标本兼治风险所衍生的问题"②。这种风险理性所强调的"开放""弹性"与"差异"原则破除了对科学"确定性"与理性支配的迷思，强调了风险认知中"社会理解"的重要性，也对长期以来的"技术—经济"发展导向的合法性进行了"去魅"，从而有助于破解科学不确定性背景下的风险治理困境。正因为如此，本研究认为基于反身性科学化与社会理性的风险理性应当成为邻避冲突民主治理实践的理性基础。

在邻避冲突问题中，风险理性要求科学专家与政府管理者承认科技应用过程中各种不确定性问题的普遍存在，并以此作为邻避选址与治理决策的前提。公众对科学技术潜在危害的忧虑不应再被简单地视为"非理性"恐慌，而应被视为社会理性的体现。具体来讲，公众对特定科技或工程项目的抵制事实上可能是"事情正在朝错误的方向发展"的一种信号③，这种错误方向即"技术—经济"发展优先的政策导向。因此，我们需要思考的不仅是"建在哪里"的问题，还应涉及"建还是不建"以及更为基础的"经济发展"与"环境"或"安全"何者优先的问题。在这方面，贝克曾指出"风险仅仅暗示了什么不应当被做，而不是什么应当被做"④。至于到底什么"应当做"或"可以做"，风险理性认为任何主体都无法给出永恒的决定性答案，具体的选择则应当体现为一个持续性的集体反思、沟通与学习的过程。在不断的反思与学习中完善对于邻避设施相关科技风险问题的理解，进而实现安全与发展、经济增长或科技进步与公众接受或满意之间的平衡。就此而言，"第二现代"的理性也被称为"学习型理性"⑤。事实上，贝克在对反身性科学化的讨论中也强调了理性的"学习"问题：

---

① 顾忠华. 第二现代：风险社会的出路？[M]. 台北：巨流图书公司，2001：35.
② 顾忠华. 第二现代：风险社会的出路？[M]. 台北：巨流图书公司，2001：26.
③ BAUER M. Resistance to New Technology [M]. Cambridge：Cambridge University Press，1995：393.
④ 贝克. 世界风险社会 [M]. 吴英姿，孙淑敏，译. 南京：南京大学出版社，2005：182.
⑤ 顾忠华. 第二现代：风险社会的出路？[M]. 台北：巨流图书公司，2001：121.

我们致力于寻找科学理性的"学习理论"。这种理论通过探讨自我生产的威胁，认为科学理性是可以改变的。这种理论之所以不同于分析的科学理论，是因为它把科学理性设想成历史的某种即时状态，需要不断修复。于是，科学的知识诉求变成了一项指向未来的事业，它不会只因自己的当前形态就被盖棺论定。主流科学实践的非理性证据不足以表明科学的终结，就像驳倒牛顿力学也不意味着物理学的终结。但这里也有前提条件，即我们要把研究实践中传承下来的实质的批判和学习能力传递到知识的基础与运用方面。这就相当于把现代化进程中实际潜伏的自反性增强为科学的自觉意识。①

总之，对科学不确定性问题的有效应对既需要科学理性自身的"反身性"重构，也需要对社会理性的承认与吸纳。风险理性概念的提出正是对二者的有效结合，它也能够契合第二现代中反身性治理的根本诉求。就此而言，贝克将风险理性也称为"反身性理性"②。随着科学理性向风险理性的转换，邻避冲突的治理也将实现根本性的变革。

三、基于风险理性的预防原则

鉴于现代邻避冲突中科学争议与未知问题的大量存在，政府管理者首先应当承认科学不确定性的存在，并积极推动更多的科学研究，以更多、更优质的科学知识来降低不确定性。不过对政府管理部门来说，鼓励和推动更多的科学研究并不意味着"等待科学"。因为与纯粹的科学研究不同，政府针对科技风险问题的监管或治理决策面临着更多的现实压力和时间约束。"为了回应公众对风险的担忧，监管者常被催促加快搜集和评估证据的进度"，在风险监管背景下，

---

① 贝克. 风险社会：新的现代性之路 [M]. 张文杰，何博闻，译. 南京：译林出版社，2018：229.
② BECK U. Ulrich Beck：Pioneer in Cosmopolitan Sociology and Risk Society [M]. London：Springer，2014：63.

"一个需要等待更多数据支持的决策"就等于"一个不作为的决策"[①]。面对科技应用带来的潜在危害，政府管理者的消极等待或无所作为往往会造成风险应对的迟滞。即当科学证据足够充分时，真实的危害可能已经发生且无法挽回，此时"等待科学"本身就被视为一种不可接受的风险。因此，对科学不确定性的承认还要求政府管理部门据以采取更加积极的应对行动。在这方面，西方一些国家在风险治理领域中应用的风险预防原则（precautionary principle）较具代表性。

预防原则最先出现于德国环境领域，后被欧盟应用于食品安全与健康领域。预防原则是指针对环境与健康领域可能出现的潜在危害，即便在科学评估证据并不充分或者未能完全确定的情况下，管制者也可以提前采取高水平的管制措施用以保护消费者安全。就其本质而言，预防原则并非对科学理性的摒弃，而是体现了一种不同的科学认知模型并以此作为风险评估的基础。它承认科学知识自身的不足，特别是科学无法处理社会价值与伦理问题，因此不确定性情境下的风险决策既要考虑科学咨询意见，还要考虑公众的价值偏好与风险接受性等问题。有研究者将这归结为预防原则所纳入的两类规范性义务：探究潜在危害时的"谨慎义务"，以及判断所能获得的科学知识是否充分有效时的"道德义务"。[②] 前者体现了科学理性价值，后者则体现了社会理性价值。也正是由于预防原则对科学不确定性问题的确认以及对科学理性与社会理性的兼顾，本研究认为该原则正是风险治理实践中风险理性的重要体现。

如前所述，技术治理范式下的政府管理者经常诉诸科学意见来推卸决策责任，没有确定科学证据的风险议题则被视为"不存在"，从而不被纳入政府职责范围。然而在预防原则下，"科学不确定性的存在不能用作拖延行动的理由"[③]。即便是没有可靠的科学意见作为决策依据，政府也应基于公共利益的考虑采取

---

① 贾萨诺夫. 第五部门：当科学顾问成为政策制定者 [M]. 陈光，译. 上海：上海交通大学出版社，2011：108.

② LEVIDOW L, CARR S, WIELD D. European Union Regulation of Agri-Biotechnology: Precautionary Links Between Science, Expertise and Policy [J]. Science and Public Policy, 2005, 32 (4)：263.

③ CUMMINGS L. Rethinking the BSE Crisis: A Study of Scientific Reasoning under Uncertainty [M]. London: Springer, 2010：210.

行动,并为此承担责任。从另一个角度来说,预防原则要求政府管理部门以尽可能严格的方式来承担自己的风险治理责任,此时必然带来政府或国家安全保障职责的扩展,即从传统对"确定性危险"的防范或事后救助,到对"不确定性风险"的事前预防。这在很大程度上意味着政府对科技发展与应用的干预时机的提前。然而这种"提前"干预是否会阻碍科技进步的正常进程进而损害人类社会福利,则是一个需要谨慎探讨的问题。特别是对科学不确定性问题而言,科技应用引发的危害只是一种"可能性",在缺乏充分证据证明确实有害的情况下,政府是否还有责任或必要基于预防原则而对科技发展与应用进行限制?

上述问题在学界引发了广泛的争论,人们针对预防原则的具体适用范围与实现方式等问题形成了不同观点与立场。对此,有学者将其总结为"最弱""较弱"与"强意义"上的预防原则三种类型。其中,最弱意义上的预防原则只是要求政府应当警惕科技风险问题,这一点基本上不存在质疑。较弱意义上的预防原则主张"缺乏事实上损害的明确证据,不应当成为一个政府拒绝监管的理由"[①]。这一原则性规定本身没有问题,问题在于在实践中如何恰当界定政府监管或干预的范围与力度。实践中的监管或干预主要是基于"成本—收益"分析来进行考量,反对政府对科技发展的过度干预。与此相对的则是,强意义上的预防原则主张突破"成本—收益"分析的约束,要以"安全边界(margin of safety)是否获得确立"作为核心任务。[②] 表面来看,强意义上的预防原则过于"极端",很容易引发反对意见。然而,正如有学者分析指出的,"应对科技风险的问题,实际上属于'实践伦理学'这个学科范畴,即如何将伦理道德这样的规范性要求应用于具体的问题上","在这个意义上,预防原则所扮演的,并不是认知性规则,也不是程序性要求,更加不是决定规则,它本身就是一种价值或者原则","而此时的成本效益分析,则是作为某种策略性选择的政策,它本身仍然需要在预防原则允许的范围内发挥作用"[③]。由此,基于预防原则来对科

[①] 陈景辉. 捍卫预防原则:科技风险的法律姿态 [J]. 华东政法大学学报,2018(1):62.

[②] 陈景辉. 捍卫预防原则:科技风险的法律姿态 [J]. 华东政法大学学报,2018(1):62.

[③] 陈景辉. 捍卫预防原则:科技风险的法律姿态 [J]. 华东政法大学学报,2018(1):68.

技风险进行更为积极的预防和干预，已经成为政府管理部门的一项合理且重要的职能。这也应当成为政府管理部门在应对科技风险型邻避冲突问题时的基本原则。

从实践层面来看，预防原则已经在一些西方国家得到了广泛应用。例如，欧盟鉴于疯牛病危机的教训，在20世纪90年代末发起的风险治理改革中开始直面科学不确定性问题，科学不确定性自身已经成为欧盟风险治理的行动基础。在2001年发布的《欧洲治理白皮书》中，欧盟明确强调要在风险评估与管理中应用预防原则，以此来重塑公众对科学咨询的信任。[1] 而且，预防原则在邻避冲突的治理实践中也有应用。例如，在电磁辐射风险监管领域，世界卫生组织曾在2000年发布的研究报告中建议将"预防框架"用于基站建设的风险管理与沟通过程中。[2] 此外如前所述，在英国电磁辐射监管改革中，2000年发布的斯图尔特报告并没有对"非热效应"等科学不确定性问题进行简单否认与排斥，而是明确承认现有科学评估证据的不足，进而指出"知识中的缺口足以采取预防路径"[3]。预防原则的重要特征是"在面对不确定性信息时，可以抗衡科学保守主义和维持现状的压力"[4]，英国国家辐射防护委员会（NRPB）与斯图尔特报告分别持有的消极与积极监管态度正是其直接体现。正是基于预防原则，斯图尔特报告具体提出了电磁辐射信息公开、更新安全限值、吸纳多主体参与、基站选址服从规划审批、资助更多研究等监管建议。

然而在国内，预防原则尚未有效地应用于科技风险监管或治理领域。同样以电磁辐射风险为例，世界卫生组织所宣称的"限值以下的电磁辐射是安全的"等观点在我国被反复用来论证基站的安全性，但是相关预防原则的建议则被长期忽视。2014年原环保部发布的《电磁环境控制限值（GB8702—2014）》中提到"在满足本标准限值的前提下，鼓励产生电场、磁场、电磁场设施（设备）

---

[1] European Commission. European Governance：A White Paper [R]. Office for Official Publications of the European Communities, 2001: 18.

[2] 彭心仪. 论无线通讯基地台之资讯公开（上）——兼评英国行政法院 Sitefinder 案判决 [J]. 月旦法学, 2010 (5): 157.

[3] IEGMP. Mobile Phones and Health [R]. Chilton: National Radiological Protection Board, 2000: 3.

[4] MCLEAN C, PATTERSON A. The Regulation of Risk: Mobile Phones and the Siting of Phone Masts [J]. Science and Public Policy, 2012 (39): 829.

的所有者遵循预防原则，积极采取有效措施，降低公众曝露"，这可以视为预防原则在该领域内的初步体现。然而该原则并没有被明确确立为政府管理部门的行动原则，而且只是"鼓励"的态度，实际执行的约束力有限。因此，如何将预防原则本身或者该原则所体现的风险理性贯彻于我国科技风险以及相关领域邻避冲突的治理实践中，应当是未来改革需要解决的重要问题。

第三节 包容性审议：邻避冲突民主治理的实践模式

本研究所倡导的邻避冲突民主治理范式强调公众参与邻避设施选址以及邻避冲突治理决策的必要性。重要的是，这种参与不能简单停留于程序意义上的参与，而是应当体现为一种知识生产意义上的实质性参与。正因为如此，本研究中所谓的"民主治理"实质上是一种"认知性民主"（知识民主），而非"程序性民主"。不过，基于知识民主的民主治理本身是一个较为抽象的治理理念，因此还需要进一步探讨它在邻避治理中的实践模式问题。借鉴当前学界对风险治理或邻避治理中民主参与等问题的相关讨论以及一些国家和地区进行的相关制度实践改革经验，本研究提出"包容性审议"（inclusive deliberation）的概念，用以指称一种新的邻避治理实践模式。

"包容性审议"模式的提出，意在对治理决策过程中的理性价值与民主价值进行调和。具体来说，包容性审议借鉴了"审议民主"（deliberative democracy）的基本理念。审议民主是 20 世纪 90 年代以来西方民主理论的最新进展，它指的是公民在理性思考的基础上，经由自由、充分而平等的对话、讨论等方式，参与政治生活与公共决策。由于对"政治平等"与"理性讨论"的共同强调[1]，审议民主有助于消弭传统自由主义民主（"聚合式民主"）因忽视民众的真实意愿或政策偏好而出现的"正当性危机"。在哈贝马斯看来，审议民主事实上更

---

[1] 谈火生教授曾指出，审议民主中的"审议"和"民主"两个词代表的是两种"无法相容的元素"——慎思和平等，正是对二者进行融合的努力，构成了审议民主与传统民主模式的主要区别。参见：谈火生.审议民主[M].南京：江苏人民出版社，2007：（编选说明）1.

接近于民主的原始含义,即"与理性的公共运用相联系的对话"①。这种"对话"形式的民主模式的主要特征为:第一,它要求参与者在提出自己的主张时要陈述其理由;第二,参与者所提出的理由应当能够被所有人理解;第三,参与的目的是影响决策,因此审议过程有一定的时间限制;第四,审议过程是动态的,始终保持开放继续对话的可能性。②

在很大程度上可以说,审议民主的基本理念与前文讨论的"知识民主"问题具有高度的契合性,也正是知识层面上的参与讨论,构成了审议民主与传统程序性民主模式的根本区别。当然,也有一些审议民主的倡导者存在对"理性"(审慎)的高度强调,在现实中这又往往被置换为对科学专业知识或科学推理的推崇,从而产生对普通公众认知能力的质疑甚至否定。为了破除科学理性对民主审议的限制,本研究在"审议"前面加上"包容性"一词,以凸显民主审议实践中参与主体的广泛性。特别是普通公众也被承认具有参与审议的资格与能力。这种参与主体的广泛性正是邻避冲突民主治理的重要特征。事实上,贝克在对风险社会中各种问题解决方案的设想中,也主要是诉诸审议民主的思路,强调"公众、专家和政治家们应当充分参与决策过程,而不只是由专家和决策者们关起门来进行协商","要求持有各种不同观点的公民以一种审慎的方式参与立法和决策过程"③。在贝克看来,经由"技术—经济"决策的"再政治化"过程,广泛性的对话讨论可以防范技术风险的产生。

在明确了"包容性审议"的基本内涵后,下文将分别从邻避治理的参与主体、责任分配、决策模式等方面进行讨论,以进一步明确邻避冲突民主治理实践的具体操作原则与模式。

一、基于包容性理念的邻避治理多元参与

"包容性"(inclusiveness)被视为善治的一个重要维度或标准④,也是民主

---

① 谭安奎. 慎议与民主的张力:慎议民主中公民的能力平等问题 [J]. 中山大学学报(社会科学版), 2011 (2): 179.
② 林火旺. 审议民主与公民养成 [J]. 台大哲学评论, 2005 (29): 114-115.
③ 贝克, 邓正来, 沈国麟. 风险社会与中国:与德国社会学家乌尔里希·贝克的对话 [J]. 社会学研究, 2010 (5): 217.
④ 李春成. 包容性治理:善治的一个重要向度 [J]. 领导科学, 2011 (19): 4.

<<< 第七章 民主治理：基于知识民主的邻避治理新范式

价值的重要理念之一。包容性一般涉及治理过程中的"参与"问题，而包容性治理的倡导者则对此提出了更多的规范性要求。例如在风险治理领域，英国学者安迪·斯特林（Andy Stirling）较早提出了"包容性审议"的概念，他指出许多国家对科技风险治理中协商讨论与包容过程的兴趣在不断提升，与之相对的则是"公众对传统基于专家与量化途径的风险治理的信心在不断下降"[1]。斯特林进一步指出，传统上多将公众参与视为纯粹的民主过程，而非对专业知识局限性的反思以及决策质量的改善问题，因此包容性经常被简单地视为专家科学评估工作的"附加物"[2]。而包容性风险治理则强调要对公众参与的作用进行重新界定，改变公众与科学专家在治理决策过程中的不均衡地位。

著名风险治理学者奥特温·雷恩（Ortwin Renn）指出风险治理的改革要能够对专业知识、政治合法性、资源利用效率以及社会价值与偏好进行有效整合，包容性理念则有助于实现上述目标。他认为包容性风险治理建立在以下规范性信念的基础之上："对知识与价值的整合能够很好地通过将多元行动者纳入风险决策过程中来实现，在此过程中他们能够贡献相关知识与差异性价值，而这对于制定出有效、公平且道德上可接受的风险决策是必需的。"[3] 国际风险治理理事会（IRGC）也指出，"包容性治理的前提假设是所有利益相关者都能对风险治理过程做出某种贡献"[4]。具体地，包容性理念要求在治理过程中吸纳政府、企业、科学界与公众所有群体代表的参与，并对参与者进行赋权以使他们的参与更加活跃且有效。而且参与不能流于形式，要保障所有主体都能平等地表达自己的观点和偏好，在对话中实现风险问题的共同界定，并保证对话结果能够反映在风险决策的执行中。

包容性治理对参与过程的强调包括"涵盖范围"（inclusion）与"结束条件"（closure）两方面。"涵盖范围"是传统研究关注的对象，具体是指由谁来

---

[1] STIRLING A. Inclusive Deliberation and Scientific Expertise: Precaution, Diversity and Transparency in the Governance of Risk [J]. Participatory Learning&Action, 2001（40）: 66.

[2] STIRLING A. Inclusive Deliberation and Scientific Expertise: Precaution, Diversity and Transparency in the Governance of Risk [J]. Participatory learning&Action, 2001（40）: 66.

[3] RENN O, SCHWEIZER P. Inclusive Risk Governance: Concepts and Prospects [J]. Environmental Policy and Governance, 2009（19）: 2.

[4] IRGC. An Introduction to the IRGC Risk Governance Framework [R]. Lausanne: EPFL International Risk Governance Center, 2008: 18.

参与、参与的层次或规模、哪些问题与政策选项以及价值偏好需要被纳入等问题；而"结束条件"问题则多被忽视，这涉及参与审议过程的结果或政策方案的选择问题。① 即面对协商讨论中的各种差异观点与价值诉求，什么才是可接受的论据、什么观点才符合治理实践需要、什么样的政策选项需要被优先考虑等，这些问题需要被认真考虑。随着包容性的扩展，审议过程中纳入的观点、利益或价值越来越多，共识将会更难达成。因此，所谓"结束"往往并不意味着在风险等问题上有了最终方案，它所代表的更多的是审议对话的暂时结果。治理中的包容需要同时处理好"涵盖范围"与"结束条件"问题，对二者进行有效的平衡是治理改革的重要任务。

对应于科技风险型邻避冲突问题中，对包容性理念的强调除了是对公众等主体参与诉求的民主性回应外，还在于科技风险议题自身的特殊性。在邻避冲突所涉及的许多环境与健康争议问题中，科学知识自身具有高度的不确定性，因此相关决策在本质上是"超科学"（trans-science）的。② 即这些因科学技术而引发的问题仅靠科学自身无法解决，因此需要将知识来源扩展至"非科学"领域，通过多元主体的共同参与和知识合作来解决问题。

此外，针对邻避治理过程中参与主体的范围问题，除了政府、专家等主体外，一般认为应主要吸纳邻避设施选址地附近的居民代表来参与。因为这些居民是邻避设施风险的"被分配者"，也是现实中的邻避抗争主体。不过，本研究所强调的"包容性"理念则要求将参与主体的范围扩展至整个社会，要包括政府、专家与公众在内的所有社会成员。之所以如此，是因为从长期来看，邻避设施所涉及科技风险的真实影响具有跨域性特征。现代社会中的人们已经无法摆脱对科技与工业文明的依赖，因此各种科技"副作用"或潜在风险无法被完全根除，而必然要由人类社会来承受。贝克指出风险具有"飞去来器效应"，这使得"现代化风险迟早会冲击风险的制造者或受益者"③。尽管诸如化工厂、核

---

① AVEN T, RENN O. Risk Management and Governance: Concepts, Guidelines and Applications [M]. London: Springer, 2010: 182.
② CORBURN J. Street Science: Community Knowledge and Environmental Health Justice [M]. Cambridge: The MIT Press, 2005: 40-41.
③ 贝克. 风险社会：新的现代性之路 [M]. 张文杰, 何博闻, 译. 南京：译林出版社, 2018: 9.

电站等邻避设施的风险在短期内只是由"附近的"少部分人来承担,然而从长期来看,没有人可以在风险面前独善其身。因此,邻避治理过程中包容性审议的实践单位应当扩展为整个社会,所有社会成员均应当有权利参与邻避问题的讨论,其观点与诉求均应得到充分的重视。

总体来看,包容性更多的是对邻避治理过程的"程序性"要求,这种程序性改革是应对复杂性风险与冲突问题的必然要求。对此,OECD曾指出,"系统复杂性越高,越依赖于程序理性"①。不过在本研究看来,这种包容性并非简单停留在参与的程序或过程上,更重要的是参与的实质性内容或效果。即承认所有主体都能对邻避治理做出实质性的知识或价值贡献,在此基础上通过包容性程序对所有相关知识与价值进行整合,以此作为邻避治理决策的重要基础。当前来看,这一理念已经在一些国家的风险治理或邻避治理实践中得到了体现。例如,在英国手机与基站电磁辐射监管改革中,无论是斯图尔特调查委员会中的普通公众代表、各种公共会议对多元主体意见诉求的吸纳,还是诸如信息公开、参与协商等多种监管措施的实施,非科学主体的广泛参与已经成为基本的治理实践模式。相较而言,我国邻避治理过程中的参与主体范围还较为受限,特别是普通公众的参与机会和渠道不足,因此包容性改革应当成为未来邻避治理改革的重要方向。

二、基于责任伦理的邻避治理责任分配

基于包容性理念的邻避治理多元参与主要体现的是民主治理的"权利"维度,除此之外,对邻避治理中多元参与的强调也是基于"责任"实现的客观要求。如前所述,科学不确定性背景下的邻避冲突技术治理面临着典型的"组织性的不负责任"问题,如何破解这一责任困境成为邻避治理范式变革中需要解决的重要问题。事实上,针对风险社会情境下科技风险的产生与扩散,如何实现风险责任的界定以及治理责任的分配等问题,已经引起了许多学者的思考。在这方面,本研究认为"责任伦理"原则可以为科技风险以及邻避治理中责任困境的化解提供重要借鉴。

---

① OECD. Risk and Regulatory Policy: Improving the Governance of Risk [M]. Paris: Organization for Economic Cooperation and Development, 2010: 101.

"责任伦理"概念由韦伯提出，用以区分"信念伦理"。在韦伯看来，信念伦理主要考虑的是行动者的行为意图，而责任伦理强调的是必须考虑行为的结果，并且责任伦理优先于信念伦理。① 不过，韦伯所谓的"考虑后果"并非结果论或功利主义（行为结果产生后进行利害计算），而是强调在行动之前就需要"事先"考虑可能的后果，"与其说它最关注的是如何获得最大效果，不如说它最关注的是如何防止最坏的后果"②。

沿着韦伯的思路，德国哲学家汉斯·约纳斯（Hans Jonas）提出了著名的"责任原则"。约纳斯所思考的是科技时代的伦理原则问题，他认为科技时代的特点在于"行为主体的整体性以及行为后果的长远性及不确定性"，此时无法清楚确认危害"肇事者"的身份及具体过失，因此传统的"义务"原则已经难以适用。③ 在此情况下，约纳斯用"责任"进行替代，这里"责任"是指人们应当"自觉地意识到自己行动直接或间接导致的后果"④，并为此承担一种"前瞻性责任"，从而区别于"事后问责"。约纳斯特别强调了科技的"远程效应"问题，即随着科学技术的快速发展，人们越来越难以预测技术的未来后果及对子孙后代会产生的影响。此时，需要建立一种"未来伦理学"，"如果一个决定是负责的，那么，此一决定就不仅应考虑到行为的即时、直接后果，也应考虑行为的远程效应、行为的后果的后果的后果……"⑤。因此，责任伦理原则也强调当代与后代人之间的责任共担问题。

就本研究所考察的科技风险型邻避冲突的治理而言，它正是"为了未来的安全而规制当下的行为"⑥。由于科技风险本质上是一种"人造风险"，它源于人的决策或主动选择，而"责任与决定是相关的，做决定者须负责"⑦。在当前的"大科学"时代，科学研究与技术发明不再只是专业领域内科学工作者的行为，政府、企业、社会主体甚至普通公众等多元主体共同参与其中，因此这些主体应当成为科技责任的共同承担者。约纳斯的责任原理即是对整个人类提出

---

① 韦伯. 学术与政治 [M]. 冯克利, 译. 北京：生活·读书·新知三联书店, 1998：116.
② 何怀宏. 政治家的责任伦理 [J]. 伦理学研究, 2005（1）：11.
③ 甘绍平. 一种超越责任原则的风险伦理 [J]. 哲学研究, 2014（9）：88.
④ 顾忠华. 第二现代：风险社会的出路？[M]. 台北：巨流图书公司, 2001：38.
⑤ 顾忠华. 第二现代：风险社会的出路？[M]. 台北：巨流图书公司, 2001：81.
⑥ 赵鹏. 风险规制：发展语境下的中国式困境及其解决 [J]. 浙江学刊, 2011（3）：38.
⑦ 顾忠华. 第二现代：风险社会的出路？[M]. 台北：巨流图书公司, 2001：77.

>>> 第七章 民主治理：基于知识民主的邻避治理新范式

的伦理要求，他认为对科技时代出现的各种危机而言，"都难以归责给个人，不是'你们'或'我'，而是'我们'必须共同承担集体作为的后果"①。

具体来说，对许多新兴科技的研究与应用而言，科学专家作为风险责任承担者的角色在一定程度上能够得到强调，然而现实表明这种强调往往并不充分，未来还需要有效的制度规范进一步夯实"负责任创新"的原则。除科学主体外，企业、政府与社会主体的责任未能得到有效落实，甚至在很大程度上被忽视。事实上，在现代科技研发过程中，科学与产业界的关联日益紧密，产业利益在很大程度上会引导甚至主导科技创新的方向，因此科技企业需要与科学工作者共同承担责任。而"大科学"时代的重要特征即在于"国家意志"开始涉入科学研究进程，通过科技产业政策的扶持与大量财政投入推动科学技术发展已经成为包括我国在内的世界主要国家的重要战略选择。在此情况下，国家事实上扮演了"风险制造者"的角色，由此必须为自己的决定承担主体责任。此外，就社会公众而言，正是公众对各种科技产品或服务的消费客观上推动了技术的发展，人们在享受科技带来的利益改善的同时，也无法回避技术发展可能引发的负面后果，因此也要承担相应责任。

在责任实现方式上，约纳斯特别强调对科技负面后果的关注，他认为责任伦理的目标并非追求最大的"善"，而是避免极端的"恶"。约纳斯认为对科技潜在危害后果的"恐惧"不应被视为一种负面情感，而应将其看作一种"敬畏"价值，"基于对未来的恐惧，人类行动就变得不再鲁莽，而是小心谨慎地行事，肩负人的世间责任"②。这种"敬畏"或"谨慎"体现为对科技力量使用与掌握的"克制"甚至"放弃"，"根本不拥有所涉及的力量，也许更好些"③。根据这一原则，邻避设施的兴建需要考虑对所有相关主体甚至人类后代所分配的风险，此时选址问题（建在哪里）已经不再重要，重要的则是何时兴建以及"建还是不建"的问题。就此而言，有学者基于"避免最大的恶之准则"呼吁

---

① 顾忠华. 第二现代：风险社会的出路？[M]. 台北：巨流图书公司，2001：38.
② 约纳斯. 技术、医学与伦理学：责任原理的实践 [M]. 张荣，译. 上海：上海译文出版社，2008：译者序 11.
③ 约纳斯. 技术、医学与伦理学：责任原理的实践 [M]. 张荣，译. 上海：上海译文出版社，2008：48.

一种"放弃之美德",因为"不做的风险比做的风险更容易估量"①。许多邻避抗争者并非纯粹地要求"不要在我家后院",而是呼吁"不要在任何人后院",即可视为"不做"伦理的体现。

上述责任伦理原则在现实的科技风险治理实践中主要体现为风险预防原则,它要求国家监管机构"以尽可能严格的监管方式来承担自己的责任"②,此时必然带来国家安全保障职责的扩展,即从传统对"确定性危险"的防范或事后救助,到对"不确定性风险"的事前预防。就此而言,许多邻避冲突的发生正是由于国家或政府管理部门忽视了科技风险的前瞻性预防责任,往往等到风险转化为真实的危机或灾害之后才进行干预,从而导致了风险治理的迟滞。

而对社会公众而言,其责任的落实除了积极参与邻避治理过程本身外,还需要思考如何在科技应用带来的利益与风险之间进行有效权衡。正如有学者所指出的,"人们一方面严肃批判各种风险生产机制,积极寻求风险规避的有效方法,另一方面又不愿意放弃现代化给自己带来的各种便利和福祉,甚至渴望这种福祉和便利的不断扩大,这就是"风险社会中人类生存的一种困境"③。例如,一些人一方面不希望垃圾处理厂建在自己家附近,另一方面又缺乏生活垃圾"减量"意识,这使得邻避抗争必然走向"以邻为壑",而无法从根本上解决整个城市或整个社会面临的生活垃圾处理困境。因此,就科技风险型邻避冲突而言,其真正化解有赖于人们对相关科技应用的各种利弊进行有效权衡,进而就"技术—经济"发展决策做出一种理性审慎的选择,这也应当是所有社会主体的应有责任。

三、基于风险沟通与集体学习的邻避决策

基于知识民主的邻避冲突,民主治理范式强调公众对于邻避设施选址以及邻避冲突治理决策过程中的实质性参与。在参与过程中,不同群体的代表能够在科技风险议题上表达自身的认知立场和价值诉求,并进行彼此之间的交流互

---

① 甘绍平.一种超越责任原则的风险伦理[J].哲学研究,2014(9):93.
② 陈景辉.捍卫预防原则:科技风险的法律姿态[J].华东政法大学学报,2018(1):59.
③ 李友梅.从财富分配到风险分配:中国社会结构重构的一种新路径[J].社会,2008(6):7.

<<< 第七章 民主治理：基于知识民主的邻避治理新范式

动。这实际上凸显了风险沟通机制的重要性。就此而言，包容性审议实践即是政府、专家与公众等多元主体针对争议性科技风险议题的风险沟通或讨论对话过程。

不过现实中的风险沟通主要体现为政府或专家对科学知识的单向宣导（"科普"），这种方式无助于风险争议的化解。例如，有研究在对基站抗争的考察中指出，公众不断抗争的症结在于"风险议题沟通的失灵"以及基站管理及设置程序里"剥夺风险承受者的参与权"[①]。事实上，真正的风险沟通不再是传统的政府或专家自上而下地向民众传达信息的单向沟通模式，而是应当改变为多元主体间的平等互动模式。而且，风险沟通不应停留于邻避设施选址决策完成之后的信息发布，而应贯穿于选址决策全过程之中。这种风险沟通也不再是一次性的，而是应当随着参与主体的拓展以及新知识的引入而持续性进行。

因此在民主治理范式下，需要对既有的科学咨询制度进行改革，要通过一系列制度建设构建起科学、政治与社会进行科技沟通与风险对话的渠道和平台。正如贝克在思考风险社会的出路问题时所指出的，"科学研究有必要就特定步骤或计划的风险提前进行充满争议、剑拔弩张的讨论"，"这种讨论不仅应当出现在专业小圈子内部，也需要在制度的保障下，扩展至跨专业的局部公共领域"[②]。通过沟通对话平台或机制的构建，促成各类专家以及公众之间充分有效的交流对话，政府则主要作为这种交流对话的"促成者"或"协调者"角色。从实践来看，一些国家或地区已经开始注重通过风险沟通机制的构建来解决科技争议问题。例如，欧委会 2000 年发布的《欧洲的科学、社会与公民》文件中明确将风险沟通界定为"科学与社会对话的主要平台"[③]。为了更好地实现"对话"，欧盟风险治理改革中设置了共识会议、公民陪审团、在线论坛等一系列沟通与协商机制。而且在风险沟通过程中，科学专家的角色也相应地发生了转变，除了作为技术性风险评估者外，还要"负责技术性风险评估社会影响方面信息

---

① 王瑞琦. 基地台设置的风险沟通与公民参与之困境 [D]. 台北：台湾大学，2010：26.
② 贝克. 风险社会：新的现代性之路 [M]. 张文杰，何博闻，译. 南京：译林出版社，2018：301-302.
③ European Commission. Science, Society and the Citizen in Europe [R]. Office for Official Publications of the European Communities, 2000：12.

的沟通,该任务要求专家扮演科学的咨询者、推动者与协调者角色"①。

就其作用而言,有效的风险沟通一方面有助于科学共同体自身对技术应用可能引发的风险后果进行充分了解与慎重对待,另一方面也有助于提升政府和社会公众等"非科学"主体对复杂科技风险问题的认知、反思与批判意识和能力。在此意义上,风险沟通也是一个集体学习或社会学习的过程,通过学习来实现风险治理决策知识基础的扩展、充实与更新。相较于传统技术治理范式下科学专家对理性知识的垄断而言,这种集体学习的实现正是科学不确定性所提供的一种可能性。正是在此意义上,有学者指出不确定性可以被视为组织学习的基本动力。②

需指出的是,为了保证风险沟通对话的实质进行,需要解决不同主体在知识层面上的"可理解性"问题。即既要保证普通公众能够理解专业的科技知识与技术原理,也要保证科学专家能够理解其所在学科之外的其他学科或领域知识,由此沟通对话才不至于沦为各个主体的"自说自话"。在这方面,柯林斯强调同时掌握专业与社会知识的"互动型专家"(interactive expert)的作用③,他们能够作为科学专家与公众间协调沟通的桥梁,因此如何推动这种互动型专家的培养和作用发挥至关重要。

此外还需注意的是,就其功能或目的而言,风险沟通或集体学习机制意在促使不同群体在风险议题上达成共识性理解,这种"共识"将成为理性决策的基础。然而现实中风险沟通与对话交流并不一定能够在政府、专家与公众之间达成"共识"。例如,为了化解公众对手机与基站电磁辐射风险的争议,瑞典曾于2004年至2005年举办了"移动通信透明论坛",邀请各方代表进行对话,然而结果表明论坛的举办反而引发了更激烈的论争。④ 不过尽管如此,"共识"缺

---

① EVERSON M, VOS E. Uncertain Risks Regulated [M]. Abingdon: Routledge, 2009: 393.
② BROWN L. Scientific Uncertainty and Learning in European Union Environmental Policymaking [J]. Policy Studies Journal, 2000, 28 (3): 578.
③ COLLINS H, EVANS R. Rethinking Expertise [M]. Chicago: The University of Chicago Press, 2007: 28.
④ SONERYD L. Deliberation on the Unknown, the Unsensed, and the Unsayable? Public Protests and the Development of Third-Generation Mobile Phones in Sweden [J]. Science, Technology & Human Values, 2007, 32 (3): 304-306.

失下的风险沟通仍有其重要价值,正如有研究者曾指出的,"沟通讨论的主要目标不是消除冲突,而是明确冲突的实质是什么"①。有效的风险沟通有助于政府管理者更好地理解邻避抗争主体的真正诉求及其合理性,以及风险认知中科学与"非科学"方面的差异及其各自价值,在此基础上制定出更具包容性的设施选址或邻避治理决策。

第四节 认知正义:邻避冲突民主治理的伦理原则

在风险社会中,风险分配的逻辑成为社会运行的主导逻辑。邻避设施选址是一个典型的风险分配过程,邻避抗争与冲突则是对风险分配中的不正义问题(不平等或不公平)的直接反应。因此,实现邻避设施风险分配的正义成为化解邻避冲突的必然选择。前文分析指出,邻避设施风险分配中的正义问题不应仅仅局限于"分配"环节,而应当拓展至风险的"生产"。不仅要思考"建在哪里"的问题,还需要认真思考"所分配的风险是什么/有多少"以及与此相关的"建还是不建"等问题。之所以如此,是因为风险并非某种"既定的客观事实",而是知识建构或定义的结果。针对邻避设施科技风险的"知识冲突"则成为现代邻避冲突的核心。因此,本研究认为对邻避设施风险分配正义原则的讨论不能局限于现有的"分配正义"范式,而应当将邻避设施风险的"生产"纳入正义原则框架内进行考量,此即"认知正义"原则。

前文分析指出,"认知不正义"现象的存在是邻避冲突产生的深层根源。这种认知不正义具体体现为邻避决策中科学知识对各种"非科学知识"(特别是普通公众的风险认知)的贬低与排斥,其实质是一种知识层面上的权力支配现象。相应地,认知不正义问题的解决需要重新定位邻避设施风险知识生产中各种认知主体或知识类型的地位与作用。本研究倡导的"知识民主"理念正是意在解决这一问题。正因为如此,认知正义原则理应成为邻避冲突民主治理的伦理

---

① LEVIDOW L, CARR S, WIELD D. European Union Regulation of Agri-Biotechnology: Precautionary Links between Science, Expertise and Policy [J]. Science and Public Policy, 2005, 32 (4): 264.

原则。

一、基于常民知识的风险公民身份

风险知识生产过程中科学专家（科学知识）对普通公众的排斥是否属于"认知不正义"，这主要取决于两方面，一是科学知识自身的权威性，二是公众持有的"非科学知识"的理性认知价值。关于科学知识自身的权威性或有效性问题，前文对科学不确定性问题的讨论已经指出了科学知识自身的局限性。除此之外，还需要进一步讨论普通公众的风险认知能力问题。在这方面，科技与环境风险领域中关于"公民身份"问题的讨论具有重要借鉴价值。

公民身份是一个内涵丰富且充满争议的概念，主要是指"个体在政治共同体中拥有的正式成员资格，以及与这一资格联系在一起的权利、义务、认同、参与等"[1]。简单来说，风险领域中的公民身份主要涉及公众主体在科技或环境风险决策过程中的参与资格问题。正是在各种形式的公众参与中，公民身份得以生成，因此有学者认为"当前环境的危险已无可避免地创造出某种形式的公民身份或社会契约"，它是一种"关于复杂性的新社会契约"[2]。

基于不同的理论传统，公民身份具有不同的内容主张。迈利萨·利奇（Melissa Leach）与阿兰·斯库恩斯（Ian Scoones）在关于"风险、科学与社会"关系的讨论中考察了公民身份建构的三种理论传统。[3] 其中，自由主义传统视公民为能够理性促进其利益的个人，国家的角色是保护并落实此类权利。该传统认为风险治理实践要依赖于科学技术与专业知识，而公众参与是间接的，更多地体现为在众多服务选项中进行选择。与自由主义相对的是社群主义传统，它强调"社会嵌入性的公民"与社群的成员资格问题，主张对共同善的追求应高于个人利益。该传统认为公众应当积极、直接地参与科技与环境风险等公共事务，这不是自由选择的权利问题而是责任问题。与自由主义对科学知识的推崇不同，

---

[1] 郭忠华. 公民身份的核心问题 [M]. 北京：中央编译出版社，2016：301.
[2] FRANKENFELD P. Technological Citizenship: A Normative Framework for Risk Studies [J]. Science, Technology & Human Values, 1992, 17 (4): 459.
[3] LEACH M, SCOONES I, WYNNE B. Science and Citizens: Globalization and the Challenge of Engagement [M]. London: Zed Books, 2005: 21-26.

社群主义承认地方性"常民知识"的存在及价值。第三种理论传统是致力于对自由主义与社群主义进行融合的市民共和主义,它承认社会多元利益群体的存在,认为共同善是经由自由公民的理性辩论而达成,辩论过程中不同诉求应当得以表达但仍遵循集体决策程序。在该传统看来,科技论争中涉及不确定性与社会及伦理判断,因而需要透过多元观点的包容与审议过程以达成具有社会合理性和可接受性的决策。不过现实中的包容性审议过程在很大程度上仍局限于主流科学话语框架之内,"科技决策中的公民参与往往被掌权的主流问题框架所支配"[1]。

科技或环境风险领域中关于公民身份议题的讨论不可避免地聚焦于公众参与中的知识或能力问题,或者理性风险知识的来源或生产模式问题。在这些问题上,风险社会理论与科学知识社会学领域的研究者进行了许多讨论,提出了极具差异的理论主张,从而分别形成了"消极"与"积极"的公民身份观。其中,消极公民身份观主张公众对于竞争性专家或科学知识的自由"选择"权利。与早期"公众理解科学"运动将公众视为科学知识的被动"接受者"不同,这种公民身份观点强调了公众作为"消费者"的选择权。不过,风险知识最终仍来源于科学知识,公众在与科学专家交流沟通的过程中所拥有的事实上是并不对等的对话者身份。

而积极的公民身份观建立在对普通公众理性的风险认知能力的肯定上。在这方面,以英国社会学者布莱恩·温(Brian Wynne)为代表的一些学者对公众自身所拥有的知识类型进行的认识论研究具有重要价值。温明确指出公众拥有的"常民知识"(lay knowledge)也是一种重要的知识类型,尽管与科学知识相比存在形式与内容上的各种差异。他认为公众"对风险的非专业性感知是建立在特定知识资源之上的,这些知识资源应当被视为与专家判断同样重要且富有理性"[2]。具体来说,公众自身拥有的"知识资源"不同于"专家知识的普遍化

---

[1] LEACH M, SCOONES I, WYNNE B. Science and Citizens: Globalization and the Challenge of Engagement [M]. London: Zed Books, 2005: 26.

[2] WYNNE B. Frameworks of Rationality in Risk Management: Towards the Testing of Naïve Sociology [M] //JENNIFER B. Environmental Threats: Perception, Analysis and Management. London: Belhaven Press, 1989: 39.

趋势",而是"倾向于基于特定情境的、地方性的"理解。① 这些知识来自公众的文化背景和日常的生活经验。公众在评估专家风险判断的说服力和可信性时,涉及"对塑造专家风险知识的社会文化框架和兴趣的认识",在温看来,"这一知识在外行人的评估中并不是'扭曲'的因素,而是重要的分析评估因素"②。只不过在现实中,这一状况被视为公众对科学的"误解"。在"公众理解科学"问题上,温指出需要谨慎对待"理解"的含义,"理解也许意味着有能力有效地使用技术知识,但是没有能力使用这种知识并不必然意味着缺乏理解",理解科学可能意味着"理解它的制度特征、资助和控制形式及其社会含义"③。

具体到公众与专家的关系,"外行人经常反对或直接挑战专家对风险的判断"这一状况在温看来,其实质是由于专家制度"缺少自省的盲目"所导致的"对原住民知识的不屑一顾",是自上而下的"体制化科学"对普通公众生活化的意义框架(如公众所关心的"我们希望成为什么样的人,生活在什么样的人类社会里")进行排斥的结果。④ 因此,公众与专家及其知识的关系是"高度复杂且摇摆不定"的,公众在做出风险判断的时候,并非仅仅是在众多专家知识中进行"选择",相反是"通过使用或不使用风险专家知识来建构他们自己的专业知识"⑤。在科技或环境风险领域,"专家"与"非专家"的区分并非想象中的那样明确,贾撒诺夫即指出,"一些非专家可以通过处理自己身边长期存在的风险而成为处理某种情境的专家","而专家有可能对于某一方面的风险情况掌握大量的知识储备,但在其他相关联问题上只能被称为门外汉"⑥。

甚至公众对特定科学知识的"无知",在温看来,也并不一定意味着认知上

---

① LASH S, SZERSZYNSKI B, WYNNE B. Risk, Environment and Modernity: Towards a New Ecology [M]. London: Sage, 1996: 70.
② 勒普顿. 风险 [M]. 雷云飞, 译. 南京: 南京大学出版社, 2016: 88.
③ 贾撒诺夫, 马克尔, 彼得森, 等. 科学技术论手册 [M]. 盛晓明, 孟强, 胡娟, 等, 译. 北京: 北京理工大学出版社, 2004: 277.
④ 彼得·泰勒-顾柏, 詹斯·O. 金. 社会科学中的风险研究 [M]. 黄觉, 译. 北京: 中国劳动社会保障出版社, 2010: 116.
⑤ LASH S, SZERSZYNSKI B, WYNNE B. Risk, Environment and Modernity: Towards a New Ecology [M]. London: Sage, 1996: 50.
⑥ 方芗. 中国核电风险的社会建构: 21世纪以来公众对核电事务的参与 [M]. 北京: 社会科学文献出版社, 2014: 29.

的缺陷。"无知不是认知的真空或缺乏知识所造成的空白，相反，它是一个积极的概念，不乏在科学的社会维度上的认知内容"①。例如，温在其经典的"牧羊人"案例中考察发现，英国威尔士地区的羊群因核泄漏事故而遭受辐射影响后，科学家通过实验得出的辐射物质在较短时间内就会在羊体内被代谢掉的科学结论受到很多当地牧民的质疑，然而牧民并没有通过学习相关科学知识来与科学家进行论争，而是呈现出一种"无知"状况。如某牧民所说的，"你无法与科学家进行争论，因为你不懂（科学知识）"②。然而这种"无知"并不意味着牧民没有自己的认知或判断，正如另一位牧民所说的，"我们无法与科学家论争，但是你可以有自己的想法，我坚持认为辐射仍然存在"③。这种"无知"是一种"有意选择"，表明了牧民对自己基于生产和生活经验而做出的风险判断却被专家所"漠视"的不满和回应，牧民"感受到他们在自身领域内作为专家的社会身份遭到了诋毁"，因而通过表达常识知识以及科学知识上的"无知"来捍卫自己的"专家"身份。④

总之，温的研究揭示出常民知识作为一种有别于专家知识或科学知识的知识类型，在科技与环境风险问题上具有重要的认知价值，因此这些不同类型知识应当受到同等重视。现实中公众与专家的冲突，更多的是由于"非专家知识一直被忽略和被排除在风险决策的体系之外"⑤。也正是由于公众自身的知识类型一直未被承认，因此科技与环境事务中的公众参与大多建立在公众缺乏实质参与能力或理性认知能力的假设基础之上。因此，以温为代表的研究倡导一种更具实质性的公众参与，以及更加积极的公民身份概念。公众应当基于自身对科技与环境风险问题的理解或感知而参与到风险知识的生产中，在这一过程中，

---

① 贾撒诺夫，马克尔，彼得森，等．科学技术论手册［M］．盛晓明，孟强，胡娟，等，译．北京：北京理工大学出版社，2004：290.
② IRWIN A, WYNNE B. Misunderstanding Science? The Public Reconstruction of Science and Technology［M］. Cambridge：Cambridge University Press，1996：40.
③ IRWIN A, WYNNE B. Misunderstanding Science? The Public Reconstruction of Science and Technology［M］. Cambridge：Cambridge University Press，1996：40.
④ IRWIN A, WYNNE B. Misunderstanding Science? The Public Reconstruction of Science and Technology［M］. Cambridge：Cambridge University Press，1996：39.
⑤ 方芗．中国核电风险的社会建构：21世纪以来公众对核电事务的参与［M］．北京：社会科学文献出版社，2014：132.

公众并非"民主的代表"而是"认知的代表"（cognitive representation）①，并非特定知识的"接受者"或"选择者"（消费者），而是"知识生产者"和风险决策的"议程设定者"。②

二、邻避冲突民主治理中的认知正义

认知不正义的发生源于不同知识类型之间的冲突、支配与排斥，在邻避冲突中则表现为科学知识在邻避设施风险的定义中对常民知识的贬低与排斥。随着对科学知识权威性的批判以及对常民知识作为一种有效风险知识来源的重视，公众与科学关系的根本性重构得以奠基，也为科技或环境风险领域中"积极"公民身份的确立提供了可能。

不过，需指出的是，对科学知识的批判并非"反科学"或"反技术"，而是要将科学或技术"问题化"，通过积极的反思来洞察科学知识与技术的局限性或不确定性及其可能造成的负面影响。同时，对常民知识的承认或重视也并非否认公众"犯错"的可能，而是意在矫正长期以来科学专家与技术官僚主导下的邻避决策对普通公众的漠视、贬低与排斥的不合理状况。事实上，在剔除了认知上的错误以及逻辑上的自相矛盾之后，包括科学知识与常民知识等在内的所有知识类型只有形式上的区别，并没有本质上的对错或优劣之分。所有的知识类型都属于"地方性知识"（local knowledge），即"仅仅是关于地方情境的知识"③。地方性知识概念所强调的是一种新的理解和应用知识的方式，"任何知识的意义与价值仅仅体现于特定的时间、空间、文化传统以及现实社会态势中，脱离了现实问题情境而谈某类知识的抽象价值是没有意义的"④。

这种地方性知识观念在利奇与斯库恩斯看来，体现了一种社群主义的公民

---

① LEACH M, SCOONES I, WYNNE B. Science and Citizens: Globalization and the Challenge of Engagement [M]. London: Zed Books, 2005: 92.
② LEACH M, SCOONES I, THOMPSON L. Citizenship, Science and Risk [J]. IDS Bulletin, 2002, 33 (2): 6.
③ FISCHER F. Citizens, Experts and the Environment [M]. Durham, N.C.: Duke University press, 2000: 194.
④ 张海柱. 知识与政治：公共决策中的专家政治与公众参与 [J]. 浙江社会科学, 2013 (4): 68.

身份研究传统,该传统强调公众应当积极参与到共同体知识的生产中,这不仅是一种权利,更是一项责任。在他们关于风险、科学与公民身份问题的研究中,利奇与斯库恩斯提出了"认知正义"(cognitive justice)的概念,将它视为科技与环境风险领域中公民身份研究的规范性理念与根本价值诉求。所谓认知正义,是指"不同类型的知识以及与此相关的实践和存在方式(ways of being)应当共存,并且在影响人们生活的决策中应当被同等对待"[1]。认知正义原则要求承认知识的"多元性",抵制"支配性知识系统的霸权"。[2] 例如,在邻避设施风险争论中,人们不应当仅仅从科学技术的角度来界定风险,更应该立足于更广的社会、文化或政治背景来理解不同风险话语中所蕴含的多重意义与价值诉求及其正当性。

利奇与斯库恩斯对认知正义的讨论与弗里克讨论的"认知不正义"问题具有高度的契合性。如前所述,弗里克认为"认知不正义"涉及"证明不正义"和"解释不正义"两种形式。相应地,在弗里克的理论中,认知正义的实现也必然涉及"证明正义"和"解释正义"的实现。在邻避设施风险知识生产过程中,当普通公众作为理性"认知者"的身份得到充分的承认和尊重之后,也就实现了"证明正义"。就此而言,需要对邻避抗争者进行"去污名化"(而非许多人认为的对邻避设施进行"去污名化"),普通公众的风险认知与判断不应再被简单地斥为"过度夸大"甚至"谣言",而应当被视为邻避决策的重要知识来源。

同时,为了实现"解释正义",需要破解普通公众等非专家群体在风险认知与沟通对话过程中对科学认知框架与概念的依赖。即在邻避设施风险分配过程中,相关社会群体要能够借助特定的"解释资源"(如概念)来准确描述自己的切身遭遇以及利益或情感诉求。现实中,往往只有基于"科学话语"的描述才被认为是有效的,但是这些"科学话语"对公众自身状况的描述与判断可能并不准确。因此,如何推动公众自身"解释资源"的有效生产成为实现"解释

---

[1] LEACH M, SCOONES I, WYNNE B. Science and Citizens: Globalization and the Challenge of Engagement [M]. London: Zed Books, 2005: 36.

[2] VELDEN V. From Communities of Practice to Communities of Resistance: Civil Society and Cognitive Justice [J]. Development, 2004, 47 (1): 78.

正义"的重要前提。在这方面,前文考察的基站电磁辐射风险论争中"轶事证据"概念的提出具有一定的启发性。如前所述,现实中许多国家的政府管理部门与科学机构均否认诸如"电磁波敏感症"等"轶事证据"在电磁辐射风险评估中的有效性。然而,随着各种"轶事证据"的大量提出,一些官方机构的态度也逐渐发生了转变。例如,英国斯图尔特调查报告中即明确建议"在未来的研究议程中……需要将轶事证据纳入考虑"①。当"轶事证据"这一描述公众风险遭遇的"专属概念"得到有效承认之后,"解释正义"的实现也就具有了可能性。

总之,如果现代科技的发展以及相关工业设施的兴建必然会涉及风险分配,那么为了化解风险分配引发的争议或冲突,有必要在相关决策中体现正义原则。而这种正义原则除了分配程序以及结果上的正义外,还必须将上述认知正义原则纳入其中。认知正义要求破解普通公众与科学专家认知上的对立。在这一问题上,有学者明确指出,"专家与普通人之间的认识论鸿沟是资本主义与技术治理制度安排的结果,而非其原因"②。因此,认知正义的实现需要对"技术治理"取向的邻避治理模式进行根本性变革,重构风险专家与公众的关系模式,由传统科层式的、自上而下的关系模式(由专家到公众的单向知识流动)改变为互动式的、合作生产的关系模式(平等、双向的知识流动)。这正是邻避冲突民主治理的改革诉求。

第五节 信任重建:邻避冲突民主治理的目标诉求

政府、专家与公众之间信任的缺失已经成为当前邻避冲突的重要特征。前文分析指出,这种信任的缺失也构成了科学不确定性背景下邻避治理的重要困境。因此,如何化解这种信任困境应当成为邻避冲突民主治理改革的重要任务。

---

① STILGOE J. The (Co-) Production of Public Uncertainty: UK Scientific Advice on Mobile Phone Health Risks [J]. Public Understanding of Science, 2007, 16 (1): 53.
② VALKENBURG G. Sustainable Technological Citizenship [J]. European Journal of Social Theory, 2012, 15 (4): 480.

<<< 第七章 民主治理：基于知识民主的邻避治理新范式

事实上，当前的信任缺失问题已经不仅仅体现于邻避冲突场景中，而是广泛性地体现在政府风险治理或社会治理的各个领域内。正因为如此，有学者提出了"后信任社会"（post-trust societies）的概念，用以指称风险情境下的社会发展特征。大量研究表明，信任是影响公众风险感知的最为重要的因素之一。① 信任对公众风险感知的影响不仅体现在影响风险感知的程度上，而且也可能导致科学问题的"政治化"。例如有研究表明，欧洲一些国家之所以出现激烈的转基因作物风险论争与冲突，其重要原因即在于信任缺失问题，"转基因作物的安全性本身是一个技术问题，但是由于公众对科学的不信任，风险规制日益被政治论争所主导而不断复杂化与冲突化"②。而且在信任缺失的情况下，传统自上而下的风险治理模式将难以奏效，由此凸显出进行风险治理模式变革的重要性③，这也正是本研究倡导由邻避冲突的"技术治理"走向"民主治理"的重要原因。

信任的丧失可能在短期内就得以发生，然而信任的形成或重建则往往需要一个漫长的过程。就此而言，本研究认为应当将邻避冲突问题场景中不同主体之间信任的重新构建作为邻避治理改革的重要目标，而非仅仅以冲突的化解作为目标指向。之所以如此，其原因即在于前文所指出的，在一个缺乏信任的社会环境下，任何邻避治理实践都将难以展开，民主治理范式所强调的多元主体沟通对话也必然流于形式。而且，本研究所倡导的基于知识民主的邻避治理更多地体现为一种程序性改革，这种程序性改革并不一定能够带来实质性的治理结果。如前所述，多元主体参与下的风险沟通对话并不一定能够达成"共识"，而"共识"的缺失在一定程度上意味着，基于参与沟通的邻避决策可能很难在短时间内完成，民主治理改革可能也很难在短期内化解所有的风险争议与冲突。不过，即便如此，包容性的参与治理以及多元主体间风险知识层面上持续性的沟通对话仍有其重要价值，即有助于主体间信任的构建。正因为如此，本研究主张将信任的重建作为邻避冲突民主治理的目标诉求。

---

① LÖFSTEDT R. Risk Management in Post-Trust Societies [M]. New York：Palgrave Macmillan，2005：xv.
② 张海柱.食品安全风险治理中的科学与政治：欧盟经验与启示 [J].自然辩证法通讯，2019（4）：87.
③ LÖFSTEDT R. Risk Management in Post-Trust Societies [M]. New York：Palgrave Macmillan，2005：10-11.

在明确了邻避冲突民主治理改革中信任重建的重要性后，还需要进一步探讨信任构建的途径问题。如前所述，本研究是在知识（"无知"）层面上考察信任问题，就此而言，科学不确定性的彰显以及"知识民主"理念对于信任的构建提供了新的思考方向。

一、从盲目信任走向批判性信任

按照吉登斯的理论，公众对于由科技系统、专家系统与知识系统所构成的"抽象系统"的信任之所以重要，很大程度上是由于公众的"无知"。信任是公众"应对自己几乎不理解的专家知识系统或技术知识所必需的，因为他们没有接受过这方面的培训"①。就此而言，这种信任实质上是一种知识缺失下的"盲目信任"。然而，科学不确定性问题的彰显表明了"抽象系统"可信任性的丧失。邻避冲突中公众对科学专家做出的风险评估与判断的质疑或争论很大程度上正是信任丧失的直接体现。因此在科学不确定性问题凸显的情况下，传统意义上的盲目信任将难以延续，此时有效的信任机制应当是"批判性信任"，它建立在政府、科学专家与公众在科技风险议题上交流互动与反思的基础之上。只有社会公众真正建立起对科技发展的批判性审视与反思的意识和能力之后，对"抽象系统"与政府管理部门的真正信任才有可能重建。

相较于盲目信任而言，批判性信任建立在对科学不确定性问题的有效承认的基础之上。就此而言，一些科学专家与政府部门往往持有一种错误观念，即认为对科学不确定性的承认将会损害科学的权威性，进而造成公众对科学的不信任。然而真实情况可能恰恰相反，正如有研究指出的，"民众并不是因为期待科学家提供他们无法提供的零风险和确定性而产生负面的反应，反而是因为科学家常常在否认缺乏控制或是否认自己的无知，而其实人们反倒认为这些都是可以接受的"②。从长期来看，对科学不确定性问题的承认不仅不会削弱科学的形象，反而有助于重塑公众对科学体制的信任，这一点在相关实证研究中得到

---

① 勒普顿. 风险 [M]. 雷云飞，译. 南京：南京大学出版社，2016：64.
② WYNNE B. 风险社会、不确定性和科学民主化：STS 的未来 [J]. 周任芸，译. 科技、医疗与社会，2007（5）：37.

了证明。①

从知识与信任的关系来看，不同于盲目信任对公众的"无知"假设，批判性信任的实现需要建立在公众有效的理性认知能力基础之上。而前文讨论的普通公众拥有的"常民知识"正是批判性信任实现的知识基础。就此而言，批判性信任事实上也可以被视为一种"认知性信任"（epistemic trust），它所涉及的是"基于专业知识的信任"，而其中尤为重要的则是"少数群体所拥有的专业知识"②。而且需指出的是，当公众自身的理性认知能力得到有效承认之后，信任的构建也就具有了相互性，不仅要重建公众对政府与专家的信任，同时也要构建政府与专家对公众的信任。在当前的邻避冲突问题中，当务之急是要建立起政府与专家对公众的信任，摒弃公众"非理性""自私自利"等刻板印象，这是相互信任建立的前提和基础。

二、风险知识合作生产中的信任重建

在本研究所倡导的邻避冲突"民主治理"改革中，一个基本的假定是对公众参与的吸纳有助于改善公众对专家、政府及其治理决策的信任。然而一些研究表明，"参与"与"信任"之间呈现出复杂的非线性关系。对公众的贬低与排斥是造成信任缺失的重要原因，然而引入公众参与并不一定带来信任水平的提升，在一些案例中甚至会导致公众对政府或专家更多的不信任。③ 之所以如此，一个重要原因在于现实中的公众参与往往流于形式，更多地服务于程序性民主价值而非实质性认知价值。最终决策仍然立足于科学理性，而非公众所关注的伦理道德、生活质量或公平等社会价值。

然而正如前文所分析的，公众的参与审议除了体现程序性的民主价值之外，还可以作为风险知识生产的重要主体，对邻避决策做出实质性贡献。因此，信任的重建需要建立在专家与公众在风险知识生产层面的交流互动基础

---

① SVEDIN L, LUEDTKE A, HALL T. Risk Regulation in the United States and European Union: Controlling Chaos [M]. London: Springer, 2010: 94.
② CATSLA A. Democracy, Trust, and Epistemic Justice [J]. The Monist, 2015 (98): 432.
③ LÖFSTEDT R. Risk Management in Post-Trust Societies [M]. New York: Palgrave Macmillan, 2005: 21.

之上。只有当公众的角色由消极的科学知识"接受者"或"被教育者"转变为积极的风险知识"生产者"之后，对科学体制的信任才有可能被重新建立。因此，本研究认为当前邻避冲突场景中对信任的重建有赖于风险知识合作生产的实现。

就实践来看，这种基于风险知识合作生产的信任重建思路在欧盟2000年开始进行的一系列的风险治理改革中已经有所体现。2001年欧委会发布的《欧洲治理白皮书》中明确指出"人民对于欧盟制度与政治的不信任日益增加"这一严峻问题，并将解决途径诉诸"开放决策过程，让更多公众和组织参与欧盟政策的制定与执行"，以此来"重建公众对决策者利用专家建议方式的信任"[①]。更进一步地，欧盟风险治理改革中提出了"专业知识的民主化"诉求，这正体现了风险知识"合作生产"的改革理念。欧委会《关于建立民主化专业知识与科学参考系统的工作报告》中提出要通过引入科学之外的社会、经济、性别、环境、法律和文化等领域的多元观点来扩充风险决策的知识基础，在欧盟管理者看来，这种专业知识民主化改革除了有助于提升决策质量外，还有助于信任的重建。[②] 更具代表性的改革是欧委会于2014年发布的《欧洲公民科学白皮书》，其中所谓的"公民科学"（citizen science）是指普通公众与传统科学社群共同协作来推进科学研究的各种形式，从而实现"知识的合作生产"。[③] 就其效果来看，欧盟改革在很大程度上实现了预期诉求，如2004年与2010年针对欧洲食品安全风险监管机构的两次评估表明，包括欧盟管理机构与公众在内的多元主体均对该机构所提供的科学咨询意见持高度肯定的态度。[④]

总之，无论是在理论上还是就实践中一些国家或地区的改革经验来看，基于"知识民主"的邻避治理改革既有助于邻避决策质量的改善，也有助于政府、

---

① European Commission. European Governance: A White Paper [R]. Office for Official Publications of the European Communities, 2001: 33.
② GEROLD R, LIBERATORE A. Report of the Working Group "Democratising Expertise and Establishing Scientific Reference Systems" [EB/OL]. Europa.eu, 2001-07-02.
③ Socientize Consortium. White Paper on Citizen Science for Europe [R]. Zaragoza, Spain: University of Zaragoza, 2014: 11, 23.
④ 戚建刚，易君. 论欧盟食品安全风险评估科学顾问的行政法治理 [J]. 浙江学刊, 2012 (6): 154-155.

专家与公众间信任的重建，由此彰显出以"民主治理"替代"技术治理"范式的必要性。就我国而言，因信任缺失而导致邻避治理的僵局这一问题已经得到了普遍的认识，然而长期以来较少有人意识到知识民主改革在信任重建与邻避僵局化解中的重要性，这正是本研究的主要价值所在。

结　语

走向合作：风险社会中的秩序重构

现代社会中以高度复杂性与不确定性为基本特征的科技风险议题日益成为社会论争的焦点，并引发了激烈的社会抗争或冲突，邻避冲突即是其中的典型体现。基于对科技风险问题的关注，本研究选择将邻避冲突置于风险社会的理论与现实语境中进行考察。科技风险型邻避冲突的不断发生是风险社会的重要表征，只有深入考察风险社会的基础性结构与运行逻辑，才能真正理解邻避冲突的生成根源与演化机理。同时，也正是由于邻避冲突现象嵌入风险社会的内在结构之中，因此邻避冲突的长效治理不能只着眼于冲突本身的解决，而必须与对现代性自身转型发展问题的思考关联在一起。正因为如此，本研究借鉴了贝克等学者提出的"第二现代"理论，特别是其中的"反身性"理念，用以讨论邻避冲突的治理变革问题。"第二现代"指出了现代性发展的"另一种"类型，进而揭示出风险社会的可能出路。对应于本研究中，"民主治理"范式的提出是对邻避治理中多元主体结构性关系的根本调整，而这在某种程度上也暗含着风险社会中秩序重构的可能性。

如前所述，工业现代化通过各种安全控制手段来应对危险或风险，这事实上是一种"控制理性"的体现。[①] 控制的对象既包括自然也包括社会，既包括科技应用引发的潜在危害自身，也包括邻避冲突中抗争公众的行为、心理甚至认知，由此谋求构建出一种稳定的自然与社会秩序。然而在风险社会中，基于科学确定性的控制机制已经难以奏效，如何在不确定性状况下重建秩序，成为"第二现代"所要解决的重要问题。对此本研究认为，应以"合作"思维来替

[①] 顾忠华. 第二现代：风险社会的出路？[M]. 台北：巨流图书公司，2001：120.

结　语　走向合作：风险社会中的秩序重构

代"控制"思维，谋求全社会整体的合作，以此构建一种新的社会秩序。

就社会合作的必要性而言，这既是前文所述风险知识"合作生产"的要求，同时也是风险社会中风险生产与分配逻辑作用下的结果。贝克指出风险具有"飞去来器效应"，"风险的制造者和受益者迟早都会和风险狭路相逢"①。对化工厂、核电站、通信基站等邻避设施的建设而言，尽管其风险在短期内只是由少部分人来承担，然而从长期来看，没有人可以在风险面前独善其身。因此风险社会中的人类社会在整体上形成了一个"风险共同体"。所谓"风险共同体"是指特定主体在共同面对的现代性风险面前所形成的命运互助共同体。邻避冲突中的抗争力量即是由"我害怕"的焦虑所促成的风险共同体。从社会结构变迁的角度来看，相较于工业现代化过程中的"个体化"趋势而言，风险社会中"风险共同体"的形成实质上是经由"反身性"过程而反向地唤起"社会连带"意识的体现。② 在此意义上有研究指出，贝克所谓的个体化所指的"不只是社会联系的中断，也涉及社会的再整合"③。

风险共同体也是一个"想象的共同体"，共同体的形成是基于社会成员对邻避设施之风险后果的共同想象，而这种共同的风险想象则可以作为风险沟通的重要基础。④ 与科学评估所追求的"事实证据"不同，风险沟通要依赖于"想象"在很大程度上是因为对风险的结果到底是什么缺乏经验证据进行准确判断。正如卢曼所认为的，"损害的后果遂可以被想象，而借由想象而来的畏惧图像甚至可以被作为政策正当性的理由之一"⑤。事实上，在现代性发展过程中，科技与社会系统的关系在不断变化，人们对科学或"技术物"的"想象"也在发生改变。例如，关于本研究开篇提到的对二甲苯，工业化初期人们对此产生的"想象"可能更多地与"科技创新""经济发展""社会财富"等相关联，而在今天则可能会产生越来越多的关于"毒性"或"危害（风险）"的负面"想象"。这些负面"想象"的积极意义在于，它可以提醒我们对传统的"技术—

---

① 贝克. 风险社会：新的现代性之路[M]. 张文杰，何博闻，译. 南京：译林出版社，2018：29.
② 顾忠华. 第二现代：风险社会的出路？[M]. 台北：巨流图书公司，2001：37.
③ 顾忠华. 第二现代：风险社会的出路？[M]. 台北：巨流图书公司，2001：104.
④ 冯庆旭. 论风险伦理[J]. 中州学刊，2013（6）：96.
⑤ 赖沅晖. 新兴科技发展中的民主与治理[M]. 台北：韦伯文化出版公司，2005：30.

经济"发展导向进行反思,进而在"安全"与"发展"之间做出谨慎的权衡选择。

在邻避冲突的治理中,社会合作思维要求超越邻避冲突问题理解中的"地方性"认知,而应从社会整体角度来看待这一问题。具体来说,当前人们多将邻避冲突视为一种"地方性冲突",仅仅与特定科技设施或工程项目选址周边的部分居民存在利益相关性,其他社会主体则成为"旁观者"。然而事实上,邻避冲突中所涉及的科技风险问题是一个涉及所有社会成员的公共性议题(如要不要通过焚烧方式处理生活垃圾),该议题应由社会整体共同负责,其相应风险也应由社会整体共同承担。现实中通过"选址"将现代社会发展中弥漫的风险集中于特定的空间与人群,很大程度上已经偏离了社会正义原则。正是基于上述考虑,本研究认为邻避治理的实现并非通过科普教育、利益补偿等各种方式去化解"部分人"的反对态度,而是需要唤起社会"所有人"的风险与责任意识,共同面对科技应用的利弊后果,进而做出更具包容性的审慎选择。

参考文献

一、中文文献

（一）中文著作

［1］方芗．中国核电风险的社会建构［M］．北京：社会科学文献出版社，2014．

［2］王佃利．邻避困境：城市治理的挑战与转型［M］．北京：北京大学出版社，2017．

［3］薛晓源，周战超．全球化与风险社会［M］．北京：社会科学文献出版社，2005．

［4］周桂田．风险社会：公共治理与公民参与［M］．台北：五南图书出版公司，2014．

［5］周桂田．风险社会的典范转移：打造为公众负责的治理模式［M］．台北：远流出版公司，2014．

［6］顾忠华．第二现代：风险社会的出路？［M］．台北：巨流图书公司，2001．

［7］黄懿慧．科技风险与环保抗争：台湾民众风险认知个案研究［M］．台北：五南图书出版公司，1994．

［8］赖沅晖．新兴科技发展中的民主与治理［M］．台北：韦伯文化出版公司，2005．

（二）中文译著

［1］贝克．风险社会：新的现代性之路［M］．张文杰，何博闻，译．南京：

译林出版社, 2018.

[2] 贝克. 世界风险社会 [M]. 吴英姿, 孙淑敏, 译. 南京: 南京大学出版社, 2004.

[3] 贝克, 吉登斯, 拉什. 自反性现代化: 现代社会秩序中的政治、传统与美学 [M]. 赵文书, 译. 北京: 商务印书馆, 2001.

[4] 贝尔. 后工业社会 [M]. 彭强, 译. 北京: 科学普及出版社, 1985.

[5] 布朗. 民主政治中的科学: 专业知识、制度与代表 [M]. 李正风, 张寒, 程东波, 等, 译. 上海: 上海交通大学出版社, 2015.

[6] 费雪. 风险规制与行政宪政主义 [M]. 沈岿, 译. 北京: 法律出版社, 2012.

[7] 吉登斯. 现代性的后果 [M]. 田禾, 译. 南京: 译林出版社, 2000.

[8] 吉登斯, 皮尔森. 现代性: 吉登斯访谈录 [M]. 尹宏毅, 译. 北京: 新华出版社, 2000.

[9] 吉登斯. 超越左与右: 激进政治的未来 [M]. 李惠斌, 杨雪冬, 译. 北京: 社会科学文献出版社, 2009.

[10] 吉登斯. 失控的世界 [M]. 周红云, 译. 南昌: 江西人民出版社, 2001.

[11] 哈耶克. 科学的反革命 [M]. 冯克利, 译. 南京: 译林出版社, 2003.

[12] 贾撒诺夫, 马克尔, 彼得森, 等. 科学技术论手册 [M]. 盛晓明, 孟强, 胡娟, 等, 译. 北京: 北京理工大学出版社, 2004.

[13] 贾萨诺夫. 第五部门: 当科学顾问成为政策制定者 [M]. 陈光, 译. 上海: 上海交通大学出版社, 2011.

[14] 贾萨诺夫. 自然的设计: 欧美的科学与民主 [M]. 尚智丛, 李斌, 等, 译. 上海: 上海交通大学出版社, 2011.

[15] 卢曼. 信任: 一个社会复杂性的简化机制 [M]. 瞿铁鹏, 李强, 译. 上海: 上海人民出版社, 2005.

[16] 马尔凯. 科学与知识社会学 [M]. 林聚任, 译. 北京: 东方出版社, 2001.

［17］马森，魏因加. 专业知识的民主化？——探求科学咨询的新模式［M］. 姜江，马晓琨，秦兰珺，译. 上海：上海交通大学出版社，2010.

［18］诺沃特尼，斯科特，吉本斯. 反思科学：不确定性时代的知识与公众［M］. 冷民，徐秋慧，译. 上海：上海交通大学出版社，2011.

［19］彼得·泰勒-顾柏，詹斯·O. 金. 社会科学中的风险研究［M］. 黄觉，译. 北京：中国劳动社会保障出版社，2010.

［20］艾丽斯·M. 杨. 正义与差异政治［M］. 李诚予，刘靖子，译. 北京：中国政法大学出版社，2017.

（三）中文论文

［1］贝克，邓正来，沈国麟. 风险社会与中国：与德国社会学家乌尔里希·贝克的对话［J］. 社会学研究，2010（5）.

［2］WYNNE B. 风险社会、不确定性和科学民主化：STS 的未来［J］. 周任芸，译. 科技、医疗与社会，2007（5）.

［3］陈景辉. 捍卫预防原则：科技风险的法律姿态［J］. 华东政法大学学报，2018（1）.

［4］陈俊宏. 邻避（NIMBY）症候群，专家政治与民主审议［J］. 东吴政治学报，1999（10）.

［5］成伯清. "风险社会"视角下的社会问题［J］. 南京大学学报（哲学·人文科学·社会科学），2007（2）.

［6］杜文苓. 环境风险与科技决策：检视中科四期环评争议［J］. 东吴政治学报，2011（2）.

［7］范玫芳. 科技、民主与公民身份：安坑灰渣掩埋场设置争议之个案研究［J］. 台湾政治学刊，2008（1）.

［8］范如国. "全球风险社会治理"：复杂性范式与中国参与［J］. 中国社会科学，2017（2）.

［9］甘绍平. 一种超越责任原则的风险伦理［J］. 哲学研究，2014（9）.

［10］郭巍青，陈晓运. 风险社会的环境异议：以广州市民反对垃圾焚烧厂建设为例［J］. 公共行政评论，2011（1）.

［11］何艳玲. "中国式"邻避冲突：基于事件的分析［J］. 开放时代，

2009（12）.

［12］何艳玲，陈晓运. 从"不怕"到"我怕"："一般人群"在邻避冲突中如何形成抗争动机［J］. 学术研究，2012（5）.

［13］胡正光. 风险社会中的正义问题：对"风险"与"风险社会"之批判［J］. 哲学与文化，2003（11）.

［14］刘永谋. 技术治理的逻辑［J］. 中国人民大学学报，2016（6）.

［15］尚智丛，樊春雨. 知识民主及其特征与局限［J］. 自然辩证法研究，2019（1）.

［16］王明远，金峰. 科学不确定性背景下的环境正义：基于转基因生物安全问题的讨论［J］. 中国社会科学，2017（1）.

［17］肖瑛. 从"理性vs非（反）理性"到"反思vs自反"：社会理论中现代性诊断范式的流变［J］. 社会，2005（2）.

［18］肖瑛. 风险社会与中国［J］. 探索与争鸣，2012（4）.

［19］徐凌. 科学不确定性的类型、来源及影响［J］. 哲学动态，2006（3）.

［20］张劼颖，李雪石. 环境治理中的知识生产与呈现：对垃圾焚烧技术争议的论域分析［J］. 社会学研究，2019（4）.

［21］章雁超，尚智丛. 科学民主化研究的缘起、现状及意义［J］. 自然辩证法研究，2020（3）.

［22］赵鹏. 知识与合法性：风险社会的行政法治原理［J］. 行政法学研究，2011（4）.

［23］周桂田. 知识、科学与不确定性：专家与科技系统的"无知"如何建构风险［J］. 政治与社会哲学评论，2005（13）.

二、英文文献

（一）英文著作

［1］AVEN T, RENN O. Risk Management and Governance：Concepts, Guidelines and Applications［M］. London：Springer, 2010.

［2］BAUER M. Resistance to New Technology［M］. Cambridge：Cambridge

University press, 1995.

[3] BECK U. Ulrich Beck: Pioneer in Cosmopolitan Sociology and Risk Society [M]. London: Springer, 2014.

[4] BUCCHI M. Beyond Technocracy: Science, Politics and Citizens [M]. London: Springer, 2009.

[5] COHEN M. Risk in the Modern Age [M]. New York: Palgrave, 2000.

[6] COLLINS H, EVANS R. Rethinking Expertise [M]. Chicago: The University of Chicago Press, 2007.

[7] CUMMINGS L. Rethinking the BSE Crisis: A Study of Scientific Reasoning under Uncertainty [M]. London: Springer, 2010.

[8] EVERSON M, VOS E. Uncertain Risks Regulated [M]. Abingdon: Routledge, 2009.

[9] FIELDER J. Autonomous Technology, Democracy and the Nimbys: Democracy in a Technological Society [M]. Netherlands: Springer, 1992.

[10] FRICKER M. Epistemic Injustice: Power and the Ethics of Knowing [M]. Oxford: Oxford University Press, 2007.

[11] IRWIN A. Citizen Science: A Study of People, Expertise and Sustainable Development [M]. New York: Routledge, 1995.

[12] IRWIN A, WYNNE B. Misunderstanding Science? The Public Reconstruction of Science and Technology [M]. Cambridge: Cambridge University Press, 1996.

[13] JUMA C. Innovation and Its Enemies: Why People Resist New Technologies [M]. New York: Oxford University Press, 2016.

[14] LASH S, SZERSZYNSKI B, WYNNE B. Risk, Environment and Modernity: Towards a New Ecology [M]. London: Sage, 1996.

[15] LEACH M, SCOONES I, WYNNE B. Science and Citizens: Globalization and the Challenge of Engagement [M]. London: Zed Books, 2005.

[16] LÖFSTEDT R. Risk Management in Post-Trust Societies [M]. New York: Palgrave Macmillan, 2005.

[17] MCAVOY G. Controlling Technocracy: Citizen Rationality and the NIMBY

Syndrome [M]. Washington, DC: Georgetown University Press, 1999.

[18] PERROW C. Normal Accidents: Living with High-Risk Technologies [M]. New York: Basic Books, 1984.

[19] SØRENSEN M, CHRISTIANSEN A. Ulrich Beck: An Introduction to the Theory of Second Modernity and the Risk Society [M]. New York: Routledge, 2013.

（二）英文论文

[1] BROWN L. Scientific Uncertainty and Learning in European Union Environmental Policymaking [J]. Policy Studies Journal, 2000, 28 (3).

[2] DRAKE F. Protesting Mobile Phone Masts: Risk, Neoliberalism, and Governmentality [J]. Science Technology & Human Values, 2011, 36 (4).

[3] FRANKENFELD P. Technological Citizenship: A Normative Framework for Risk Studies [J]. Science, Technology & Human Values, 1992, 17 (4).

[4] FUNTOWICZ S, RAVETZ J. Uncertainty, Complexity and Post-Normal Science [J]. Environmental Toxicology and Chemistry, 1994, 13 (12).

[5] HUGHES D. When Nimbys Attack: The Heights to Which Communities will Climb to Prevent the Sitting of Wireless Towers [J]. The Journal of Corporation Law, 1998 (23).

[6] HUNTER S, LEYDEN K. Beyond NIMBY: Explaining Opposition to Hazardous Waste Facilities [J]. Policy Studies Journal, 1995, 23 (4).

[7] KOOPMANS R, OLZAK S. Discursive Opportunities and the Evolution of Right Wing Violence in Germany [J]. American Journal of Sociology, 2004 (1).

[8] LAKE R. Rethinking NIMBY [J]. Journal of the American Planning Association, 1993, 59 (1).

[9] MOORE A, STILGOE J. Experts and Anecdotes: The Role of "Anecdotal Evidence" in Public Scientific Controversies [J]. Science, Technology & Human Values, 2009, 34 (5).

[10] O'HARE M. Not on My Block You Don't: Facility Siting and the Strategic Importance of Compensation [J]. Public Policy, 1977, 25 (4).

[11] RENN O, SCHWEIZER P. Inclusive Risk Governance: Concepts and

Prospects [J]. Environmental Policy and Governance, 2009 (19).

[12] SONERYD L. Deliberation on the Unknown, the Unsensed, and the Unsayable? Public Protests and the Development of Third-Generation Mobile Phones in Sweden [J]. Science, Technology & Human Values, 2007, 32 (3).

[13] STILGOE J. Controlling Mobile Phone Health Risks in the UK: A Fragile Discourse of Compliance [J]. Science and Public Policy, 2005, 32 (1).

[14] STILGOE J. The (Co-) Production of Public Uncertainty: UK Scientific Advice on Mobile Phone Health Risks [J]. Public Understanding of Science, 2007, 16 (1).

[15] STILGOE J. Scientific Advice on the Move: The UK Mobile Phone Risk Issue as a Public Experiment [J]. Palgrave Communications, 2016 (28).

[16] STIRLING A. Inclusive Deliberation and Scientific Expertise: Precaution, Diversity and Transparency in the Governance of Risk [J]. Participatory Learning&Action, 2001 (40).

[17] WYNNE B. Creating Public Alienation: Expert Cultures of Risk and Ethics on Gmos [J]. Science as Culture, 2001, 10 (4).